财政部规划教材

全国中等职业学校财经类教材

会计基础与实训

张 华 高学礼 主编

中国财政经济出版社

图书在版编目（CIP）数据

会计基础与实训/张华，高学礼主编. —北京：中国财政经济出版社，2011.2
财政部规划教材. 全国中等职业学校财经类教材
ISBN 978 - 7 - 5095 - 2731 - 3

Ⅰ.①会… Ⅱ.①张… ②高… Ⅲ.①会计学 - 专业学校 - 教材 Ⅳ.①F230

中国版本图书馆 CIP 数据核字（2011）第 011349 号

责任编辑：张　铮　　　　责任校对：黄亚青
封面设计：陈　瑶　　　　版式设计：董生萍

中国财政经济出版社出版

URL：http：//www.cfeph.cn
E - mail：cfeph @ cfeph.cn

社址：北京市海淀区阜成路甲 28 号　邮政编码：100142
发行处电话：88190406　财经书店电话：64033436
北京中兴印刷有限公司印刷　各地新华书店经销
787 × 1092 毫米　16 开　16 印张　384 000 字
2011 年 3 月第 1 版　2015 年 7 月北京第 4 次印刷
定价：31.00 元
ISBN 978 - 7 - 5095 - 2731 - 3/F · 2323
（图书出现印装问题，本社负责调换）
本社质量投诉电话：010 - 88190744
反盗版举报热线：88190492、88190446

编写 说明

本书是财政部规划教材，由财政部教材编审委员会组织编写并审定，作为全国中等职业学校财经类教材。

为了满足全国财经中专、中职学校会计专业教学的需要，为学习相关专业课程奠定基础，编者根据多年的教学实践经验与研究成果，撰写了这本《会计基础与实训》教材。本书可以作为财经中专、中职教学用书、中职升高职考试用书，还可以作为在职财会人员的培训和自学用书。

与同类教材相比，本书具有以下特点：

1. 通俗易懂，贴近学生。作为中专、中职学校会计专业的入门教材，本书的语言逻辑具有条理清楚、重点突出、言简意赅的特点。本书的体例安排遵循由浅入深、循序渐进、结构完整的教学规律和认知规律，且充分考虑到中专、中职学生的实际，在教学内容的易学性、适度性等方面进行了有益的探索。为配合教学的需要，在每章之前均有“教学目标”，每章正文之后安排有“练习与实训”，可有针对性地对所学内容进行巩固和操作。

2. 内容新颖，特色鲜明。本书按照财政部教材规划要求，依据财政部2006年颁布的《企业会计准则》和《企业会计准则——应用指南》及其他现行相关法律和规章制度编写。全书以工业企业生产经营过程为主线，生动形象地讲述了企业从筹集资金到编制财务会计报告整个生产经营过程中主要经济业务的确认、计量、记录、报告的基本理论、基本知识和基本技能。内容中穿插了大量的“相关链接”、“相关知识”“思考”等模块，既适应了中职学生的认知水平，又具有很强的前瞻性和新颖性。

3. 注重实践，突出技能。在教材的编写中，我们始终坚持“以能力为本位、以学生为主体、以就业为导向”中职教学指导思想，强调学生的动手操作能力，增加了大量的会计实务操作内容。如第7章“主要经济业务核算”中有意识地增加了一些会计凭证，加强了会计理论教学的可操作性。特别是增加了第10章“会计基础综合实训”，通过提供仿真的会计凭证、会计账簿和会计报表，不仅让学生学会“书本上的会计”，更要全面系统地掌握“实务工作中的会计”。

本书配备了与教材章节内容相配套的电子课件及课后练习与实训的答案，用书学校任课老师可向中国财政经济出版社索取。E-mail：chenbing@cfeph.cn。

本课程总学时为108学时，各章课时分配见下表（仅供参考）：

章节	课程内容	学时数			
		讲授	实训	机动	合计
第1章	总 论	4			4
第2章	会计要素	10	2		12
第3章	会计等式与会计核算方法	8			8
第4章	账户和复式记账	8	2		10
第5章	会计凭证	8	2		10
第6章	会计账簿	12	2		14
第7章	主要经济业务核算	18	8		26
第8章	财产清查	4			4
第9章	财务会计报告	4	2		6
第10章	会计基础综合实训	2	10		12
	机动			2	2
合计		78	28	2	108

本书由张华、高学礼教授主编并总纂。具体编写分工是：张华编写第1、2章，赵英编写第3、10章，孙继红编写第4、8章，高学礼编写第5、6章，卓夏彬编写第7、9章。

本书编写过程中，参考了财政部统编且畅销全国多年的中等财经学校教材《基础会计》，在此一并表示感谢。

由于编者水平所限，疏漏之处在所难免，恳请读者提出宝贵意见。

编　者

2011年1月

目　录

第1章 总　论 1

第一节 会计概述 1

第二节 会计职业 4

第2章 会计主体与会计要素 9

第一节 会计主体 9

第二节 会计要素 12

第3章 会计等式与会计核算方法 28

第一节 会计要素之间的关系 28

第二节 会计核算方法 34

第4章 账户与复式记账 40

第一节 会计科目 40

第二节 账户 44

第三节 复式记账与借贷记账法 46

第5章 会计凭证 56
第一节 会计凭证的意义及种类 56
第二节 原始凭证的填制与审核 64
第三节 记账凭证的填制与审核 70
第四节 会计凭证的传递与装订 77
第6章 会计账簿 82
第一节 会计账簿的意义和规则 83
第二节 总账与明细账的平行登记 90
第三节 明细账的登记 94
第四节 总账的登记 102
第五节 对账和结账 111
第7章 主要经济业务的核算 121
第一节 筹集资金的业务核算 121
第二节 供应过程主要经济业务的核算 127
第三节 生产过程主要经济业务的核算 134
第四节 销售过程主要经济业务的核算 146

第五节 利润形成过程主要经济业务的核算 153

第8章 财产清查 165

第一节 财产清查概述 165

第二节 财产清查的方法 167

第9章 财务会计报告 177

第一节 财务会计报告概述 177

第二节 资产负债表 179

第三节 利润表 186

第10章 会计基础综合实训 194

第一节 会计基础综合实训概述 194

第二节 会计基础综合实训业务（一） 196

第三节 会计基础综合实训业务（二） 226

第四节 会计基础综合实训业务（三） 242

附 录 《小企业会计制度》与《企业会计准则》主要会计科目对比 244

参考文献 246

第1章 总论

学习目标：☐ 掌握会计的概念和职能，理解会计的特点
☐ 了解会计职业的准入制度
☐ 了解会计人员的职责及应遵守的职业道德

王晓楠刚刚考入了一所中专学校的会计专业，但对于将要学习的会计知识，王晓楠并不很了解。

王晓楠的父母经营着一家家政服务公司，主要提供保洁、维修等服务工作。利用暑假期间，王晓楠到父母经营的家政服务公司帮忙，也想利用这个机会了解一下会计工作都做些什么。

一个月过去了，王晓楠发现公司发生了许多业务：支付了下半年的房屋租金，购入了三套清洁设备，淘汰了一套旧设备，与另一个企业签订了家政服务合同，新聘了五名员工，支付了员工工资，缴纳了税款……到了月末，各种票据攒了一大摞。晓楠问父母，辛苦工作了一个月，公司挣了多少钱？父母笑着说：等你到学校学会了会计，你就可以给公司算算账了！

新学年要开设“基础会计”课程了，究竟会计是什么呢？让我们一起去学习吧！

第一节 会计概述

一、会计的概念——会计是什么？

首先，会计是一种管理活动。

会计作为管理经济活动的一种商业语言，以其专门的方法，运用货币为主要计量工具，

系统全面地记录着纷繁复杂的社会经济活动。会计不仅对过去的事项进行计量、记录，而且也对未来的经济活动进行分析、预测，为经济决策提供信息，为管理提供依据。

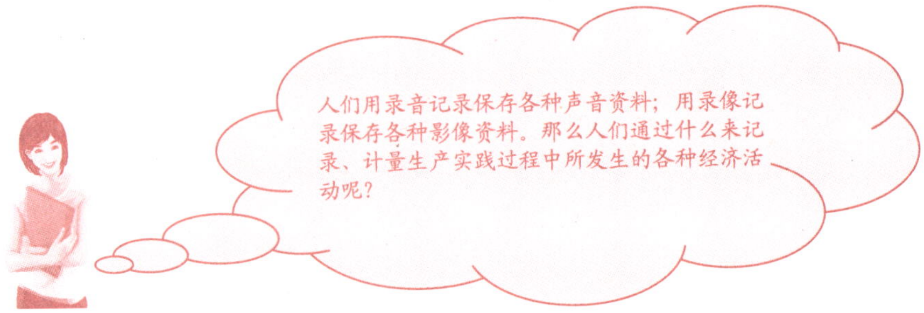

其次，会计是一个信息系统。

会计从经济管理活动中产生，并最终为经济管理活动提供信息服务。人们进行会计活动所要实现的目的——即会计的目标——是提供财务信息，提高经济效益。这些财务信息记录、反映了有关经济活动的过程与结果，会计信息使用者可以充分利用这些财务信息，作为管理与决策的依据，从而提高经济效益，促进生产力的进一步提高。

相关知识

你知道会计信息的使用者一般有哪些吗？

1. 企业外部的信息使用者：

- 政府管理部门。如税务部门、证券监管部门、行业主管部门等，通过提供的会计信息，对企业进行监督管理。
- 利益关系人。如企业的所有者、债权人、供应商、客户等，通过提供的会计信息，了解企业的财务状况、经营成果，作为决策的依据。

2. 企业内部的信息使用者：

- 企业管理者。企业管理者根据提供的会计信息，进行分析判断，并对生产、营销、筹资、投资等经济活动作出决策。
- 企业职工。企业职工可以根据会计信息，了解企业状况，维护自身权益。

最后，会计有一套科学完整的方法体系。

会计理论源于会计实践，人们在不断的生产实践中不断丰富和完善了会计理论和会计方法，逐步总结归纳形成了一套科学完整的会计方法体系，使会计成为一门独立的学科。进入20世纪后，计算机和互联网的迅速普及，为会计的发展提供了更为广阔的空间，涵盖预测、计划、决策、控制、分析等各个管理层面的“计算机会计”时代已然来临。

综上所述，**会计是以货币为主要计量单位，运用专门的方法，对经济活动进行核算和监督的一种管理活动。**

二、会计的基本职能——会计能干什么？

会计职能是指会计在经济管理活动中所具有的功能和作用。《会计法》明确规定了会计的基本职能是：会计核算与会计监督。

（一）会计核算职能

会计核算职能是指会计以货币为主要计量单位，通过确认、计量、记录、报告等环节，对经济活动进行记账、算账、报账，为有关方面提供会计信息的功能。

- **确认**，是运用专门的会计方法，确定交易事项是否发生；
- **计量**，是对于确认的交易事项按恰当的金额进行描述；
- **记录**，是把已确认的交易事项采用专门的方法予以记载；
- **报告**，是在确认、计量和记录的基础上，对财务状况、经营成果和现金流量情况向有关方面予以反映。

会计核算是最基础的工作，是对企业已经发生的经济业务活动进行的计量和记录，是进行经济管理的基础资料。会计核算职能的实现，依赖于科学、系统、的会计核算方法，这些专门的方法相互联系，相互配合，构成了一套完整的方法体系，保证了会计发挥其应有的职能。

应该说，会计核算贯穿经济活动的全过程。会计核算从时间上看，包括事前、事中和事后的核算。事前核算侧重于预测有关数据资料，为经营管理决策提供依据；事中核算与会计监督相结合，对经济活动进行控制和监督；事后核算则是通过记账、算账、报账、分析、考核、反馈等形式，综合反映经济活动的全过程。

（二）会计监督职能

会计监督职能是指会计在进行会计核算的同时，对经济活动的合法性、合理性进行审查的功能。

会计监督的主体是会计人员，这是《会计法》赋予会计人员的神圣且不可推却的责任。

会计监督的核心是对经济活动的全过程进行监督，按实行的时间，可以分为事前监督、事中监督和事后监督。即会计人员应当结合具体情况，灵活选择监督的方法，对将要发生和正在发生的经济活动进行会计监督，及时发现问题防患于未然；对已经发生的经济活动实施会计监督，以利于全面、真实、准确地掌握经济活动的全过程，提高会计信息质量。

会计监督的依据是会计法律、法规、规章、制度。会计人员要对每项经济活动的合法性进行审查、监督，促使经济活动在遵纪守法的轨道上健康运行。

通过会计监督，一方面有利于维护国家财经法纪，确保作为经济管理工作基础的会计工作在依法遵章的范围内健康发展，防范和制止违反财经法规的行为，保证经济秩序平稳运行。另一方面可以强化单位内部的经营管理，保证各单位的经济活动在遵守国家财经法纪的同时，符合本单位的计划、预算和经营管理的要求，以便提高经济效益。

三、会计的特点

（一）会计以货币作为主要计量单位

会计是从数量方面反映经济活动的。经济活动的数量可以通过实物量度、劳动量度和货币量度三种计量尺度来反映。实物量度，如计量财产物资的实物数量时，以千克、米、件、吨为单位；劳动量度，如计量工作量时，以小时、工时为单位；货币量度，如计量财产物资的价值量时，以元、角、分为单位。

会计在反映经济活动时以货币作为主要计量单位。因为只有货币计量尺度才可以将千差万别的财产物资、劳动、损耗统一折合成价值量，综合地反映、计量、记录经济活动的过程和结果。在实际工作中，会计核算有时也需要使用实物量度和劳动量度，但最终还必须利用货币计量单位，对经济活动进行综合核算和监督。

（二）会计对经济活动的反映具有系统性、连续性、全面性和综合性。

会计需要运用一套专门的方法，对经济活动进行确认、计量、记录和报告，体现了会计的系统性；会计需要按照经济活动发生的时间顺序不间断地进行记录，使所提供的信息具有连续性；会计需要将经济活动发生过程中的有用信息进行详实的反映，以满足会计信息使用者的需要，体现了会计的全面性；会计需要提供反映经济活动过程和结果情况，以考核企业的经济活动效益，为企业经营管理提供服务，体现了会计的综合性。

第二节 会计职业

一、会计准入制度

由于会计是一项政策性、专业性很强的技术工作，会计人员的专业知识水平和业务能力如何，直接影响到会计工作的质量。加之会计工作是经济管理活动的基础，因此各国政府对会计从业人员的资格一直有着严格的要求。

我国《会计法》明确规定，**从事会计工作的人员，必须取得会计从业资格证书。**

会计从业资格证书又称“会计上岗证”、“会计证”。会计证是具有一定会计专业知识和技能的人员从事会计工作的资格证书，是从事会计工作必须具备的基本要求和前提条件，是证明能够从事会计工作的唯一合法凭证，是进入会计岗位的“准入证”。

（一）如何取得会计证?

按照《会计人员从业资格管理办法》的规定，目前我国实行会计从业资格考试制度。凡具有高中以上学历、符合基本条件的人员均可报名考试，考试合格者即可获得“会计从业资格证”。

相关链接

《会计从业资格证》考试科目：

财经法规与会计职业道德、会计基础、初级会计电算化（或者珠算五级）。

如申请人具备国家教育行政主管部门认可的中专以上（含中专）会计类专业学历的，自毕业之日起2年内（含2年），免试会计基础、初级会计电算化（或者珠算五级）。

提示：《会计法》明确规定：各单位不得任用不具备会计从业资格的人员从事会计工作。

当然，取得会计从业资格证书，进入会计行业，并不是一劳永逸的。为净化会计环境，全面提高会计队伍素质，督促会计人员珍惜所从事的会计职业，有关部门对已从事会计职业的人员还作出了两项禁止性规定：

1. 违法将被吊销会计证。违反《会计法》有关条款的规定，被依法吊销会计从业资格证书的人员，自被吊销之日起5年内（含5年）不得参加会计从业资格考试，不得重新取得会计从业资格证书。

2. 严重违法，终身禁止进入会计行业。因有提供虚假财务会计报告，做假账，隐匿或者故意销毁会计凭证、会计账簿、财务会计报告，贪污、挪用公款，职务侵占等与会计职务有关的违法行为，被依法追究刑事责任的人员，不得参加会计从业资格考试，不得取得或者重新取得会计从业资格证书。

（二）会计职业发展前景

经济越发展，会计越重要。会计工作是一个机遇与挑战并存的职业，会计专业发展的巨大潜力、会计产业发展的宽泛领域，为每一名有志从事会计职业的人员提供了广阔的发展空间。与此同时，会计在突破了传统的"做账会计"的基础上，对会计人才也提出了更高的要求。加之会计仍属热门职业，每年有大批的会计专业毕业生涌向社会，在这种现状下，普通和初级财务人员队伍十分庞大，应如何在日益激烈的人才竞争中占据优势呢？

首先，必须学好会计理论知识，扎实的会计理论是会计职业发展的基础。其次，会计是一门应用实践型科学，会计职业的发展离不开丰富的会计实务工作经验。此外，宽泛的会计相关业务知识是良好发展的必备条件。一个优秀的会计职业者，不仅要有深厚的会计理论与实务，而且要学好财务、税务、管理、营销等相关方面的知识，才会在会计职业道路上越走越好。

应当说，会计职业入门并不难，如何在跨入会计工作的门槛后，能不断地提高自身素质、保持职业竞争力呢？参加会计专业考试就是一个提高专业能力的较好方法。

现阶段，有多种会计职业考试，为不同层面的人员提供了会计职业发展方向（见表1-1）。

表1-1　会计职业资格考试

类　别	适合人群	考试内容	难度指数
会计从业资格考试	• 高中以上学历 • 符合基本条件 • 有志从事会计工作者	• 财经法规与会计职业道德 • 会计基础 • 会计电算化基础	★
初级会计专业技术资格考试	• 在财会岗位任职的人员	• 初级会计实务 • 经济法	★★
中级会计专业技术资格考试	• 在财会岗位任职的人员	• 财务管理 • 经济法 • 中级会计实务	★★★
注册税务师考试（CTA）	• 大专以上学历 • 有相应工作经验或取得相关专业中级技术资格证书 • 从事税务代理业务满1年	• 税法（一） • 税法（二） • 税务代理实务 • 税收相关法律 • 财务与会计	★★★★
注册会计师考试（CPA）	• 准备在国内从事会计职业的高级人才	• 会计 • 审计 • 财务成本管理 • 经济法 • 税法	★★★★★

（三）会计职业规划

传统的会计职业发展规划是以会计专业为基础的纯粹会计职业之路：从企事业单位最基层的会计职员做起，通过不断的自我提高，逐步成为助理会计师、会计师、高级会计师，也会有一部分佼佼者可以走上领导岗位。

随着经济的发展，会计的产业之路也越来越宽泛。目前，会计的产业发展方向已成为会计人员职业规划中必不可少的部分。如创办会计服务公司，代客户记账、纳税、编制报表等等；再如创办会计培训机构，为会计人员不断“充电”，提升自身的专业能力提供方便。

二、会计人员职责

1. 依法进行会计核算。会计人员要对实际发生的交易、事项进行会计核算，及时地提供真实可靠的能满足有关各方需要的会计信息。

2. 有效地实施会计监督。会计人员要依法对本单位的会计资料、财产物资实行会计监督，对核算中发生不合理、不合法的财务收支要进行制止和纠正，制止无效的应向上级主管部门报告，请求处理。

3. 拟订本单位办理各项交易、事项的具体办法。各单位要按照国家统一会计制度的规定，结合本单位实际情况，建立健全会计人员岗位责任制度、内部牵制和稽核制度等，明确办理各项交易、事项的程序和具体办法。

4. 参与拟订本单位经济计划、财务计划，编制预算，考核、分析财务计划的执行情况。

5. 妥善、完整地保管好各种会计档案资料，办理其他会计事务。对于认真执行法律法规，忠于职守，坚持原则，做出显著贡献的会计人员，还要给予奖励；对于违法的会计人员，要给予严厉的处罚，如吊销会计从业资格证书，情节严重的要依法追究刑事责任。

三、会计人员职业道德

诚信为本
操守为重
坚持准则
不做假账

1. 敬业爱岗。即要求会计人员热爱本职工作，安心本职岗位，恪尽职守地做好会计工作。

2. 熟悉法规。会计人员必须熟悉财经法律、法规和国家统一的会计制度，保证所提供的会计信息合法、真实、准确、及时、完整。

3. 依法办事。即会计人员应当依法进行会计核算，实施会计监督，树立良好的职业形象和人格尊严。

4. 客观公正。即会计人员在办理会计事务中，应当实事求是、客观公正。

5. 搞好服务。即会计人员应当熟悉本单位的生产经营和业务管理情况，以便运用所掌握的会计信息和会计方法，为改善单位的内部管理、提高经济效益服务。

6. 保守秘密。即会计人员应当保守本单位的商业秘密，除法律规定和单位领导人同意外，不能私自向外界提供或者泄露单位的会计信息。

案例

俗话说："常在河边走，哪有不湿鞋"。有人认为，会计人员整天与钱物打交道，只要坚守住"不触犯法律"这一底线就行了。真是这样吗？

一企业为顺利签下一大笔销售合同，拟向购买方的有关人员支付好处费8万元。销售部主管请示总经理后，到财务部申领该款项。财务部主管王宇认为该项支出不符合有关规定，支出后也不好做账，但转念一想，既然总经理已经批了，并且该项销售实现后，会给企业带来一百多万的利润，于是同意支付了该笔款项，并叮嘱销售部主管，让其想办法弄来8万元的费用发票，以便以后做账。

思考：王宇的行为违背了哪些会计职业道德？

分析：王宇的行为违背了依法办事的会计职业道德要求。依法办事，要求会计人员在处理业务过程中，严格按照会计法律制度办事，不为他人言行意志左右。会计人员在进行核算和监督的过程中，只有依法办事，才能在事非面前，以法律为准绳，维护国家利益和正常的经济秩序。

四、会计工作岗位

会计工作岗位是在会计机构内部按照会计工作需要进行的合理分工，以明确责权，各司其职。从某种意义上说，会计机构的设置是否有效，在很大程度上依赖于会计工作岗位设置和会计分工是否合理。因此，为了规范会计工作秩序，提高会计工作效率，保证会计工作质量，各单位应建立、健全会计工作岗位责任制。

相关知识

企业可以设置的会计工作岗位

企业可以设置的会计工作岗位有：会计机构负责人或会计主管人员、出纳、稽核、资本基金核算、财产物资核算、收入支出核算、债权债务核算、工资核算、成本费用核算、财务成果核算、总账报表、会计档案管理等。

采用会计电算化核算的单位，除了可以设置这些基本岗位之外，还应该设立会计电算化核算岗位。

各单位应根据自身管理需要、内部控制要求、会计工作手段、成本效益原则来合理确定具体的会计工作岗位。这些岗位可以一岗一人或一岗多人，也可以一人多岗，但必须符合内部控制制度的要求，实行会计稽核制度和内部牵制制度，做到不相容职务相分离。只有科学合理地设置会计工作岗位，且要定期进行岗位轮换，才能使会计机构有效运转，保证会计核算质量，发挥会计监督职能。

五、会计法律规范体系

会计法律规范体系是指国家为管理会计工作而颁布的法律、规章、制度等规范性文件的总称，是组织和从事会计工作必须遵守的规范。我国会计法律规范体系主要包括会计法律、会计行政法规和国家统一的会计制度。

（一）会计法律

会计法律，即《中华人民共和国会计法》，自1985年1月21日我国第一部《会计法》诞生后，为了适应市场经济发展的需要，先后于1993年和1999年进行了两次修订，新修订的《会计法》于2000年7月1日起实施。它标志着我国会计法制化建设进入了一个新的时期。

《会计法》是调整我国经济生活中会计关系的法律规范，是指导会计工作的最高准则，是会计工作的基本法，也是制定其他会计法规的法律依据。

（二）会计行政法规

会计行政法规是指由国务院制定的、用以调整经济生活中某些方面的会计关系的法律规范。会计行政法规的制定依据是《会计法》。如《企业财务会计报告条例》、《总会计师条例》等。

（三）国家统一的会计制度

国家统一的会计制度是指国务院财政部门根据《会计法》制定的关于会计核算、会计监督、会计机构和会计人员以及会计工作管理的制度，包括会计规章和会计规范性文件。

国家统一的会计核算制度包括会计准则体系和会计制度体系，如《企业会计准则》、《小企业会计制度》等；会计机构和会计人员制度如《会计从业资格证书管理制度》、《会计人员继续教育制度》等；《会计基础工作规范》、《会计档案管理办法》等则属于会计工作管理制度。

练习与实训

练习与实训一

你知道什么是会计吗？结合生产生活中的实际，简要地谈谈你对会计的认识。

练习与实训二

请为你的会计职业生涯进行简单的规划。

第2章

会计主体与会计要素

学习目标：☐ 理解会计主体的含义及企业资金周转过程
☐ 掌握企业会计六要素的概念及内容
☐ 学会对企业会计六要素的具体内容进行初步辨识
☐ 理解企业的经济业务活动对会计要素引起的变化

大连华达有限责任公司投资成立了一个新公司——兴业纺织品有限公司。注册资本349万元。从办理工商执照、进行税务登记、购建办公楼、厂房、购买生产设备、办公设备，到招聘管理人员、技术专家、业务员、生产工人等，公司经过精心筹备开始正式进行生产运营。企业的资金运动也随即开始进行“供应—生产—销售”这一周而复始的循环过程。

公司的会计人员该如何运用会计理论和方法对企业资金运动的全过程进行核算，提供真实完整的会计信息？

公司的会计人员该如何履行会计监督职能，确保企业的各项经济活动合法、合理、合规？

让我们以会计主体的经济业务活动为起点，寻找复杂经济活动背后所隐藏的会计真谛。

第一节 会计主体

一、会计主体

（一）会计主体的概念

什么是企业？简单地说，企业就是依法设立的以营利为目的、从事商品的生产经营和服务活动的独立核算的经济组织。如我们经常听到的海尔集团、宝山钢铁公司、华北制药集团有限责任公司等，都属于企业。

会计作为一种重要的经济管理手段，必然要对企业发生的相关经济活动进行核算和监督。而市场经济中错综复杂的经济活动时时刻刻在进行着，会计应该如何界定其核算和监督的范围呢？会计主体（会计核算的基本前提之一）为我们划定了会计工作的空间范围。

会计主体是指会计工作为之服务的特定单位或经济实体。

《企业会计准则——基本准则》规定，企业应当对其本身发生的交易或者事项进行会计确认、计量和报告。

我们可以从三方面对会计主体进行理解：

第一，凡是从事相关经济活动的企、事业单位、经济组织，都要对其发生的交易或事项进行核算、监督。

第二，每一个企业的经济活动，都会与其他企业、单位、部门相关联。经济业务发生后，会计人员必须站在具体的立场上进行核算监督。

例如：A 企业向 B 商场销售一批甲商品，商品已发出，货款已结算。

这样一笔简单的交易，A、B 企业都需要进行会计核算。A 企业的会计人员应站在本企业的立场上，确认此笔交易为销售商品实现收入、收到货款的账务处理；而 B 商场的会计人员应站在本商店的立场上，确认此笔交易为购进商品、支付货款的账务处理。

第三，会计主体的界定，明确了会计的工作范围只是企业本身的交易或事项，既区分了企业自身与其他主体的经济业务活动，也区分了企业自身与企业的所有者的经济业务活动。

对企业而言，只有准确地界定会计主体，才能客观真实地反映该会计主体的财务状况和经营成果，提供的会计信息才是真实完整的。

（二）会计主体与法律主体

需要指出的是，会计主体与法律主体是两个不同的概念。**法律主体是指在政府部门注册登记，有独立的财产而能够承担民事责任的法律实体**；而会计主体则强调会计活动的空间范围。从会计实践上看，会计主体与法律主体经常不对等。例如：在规模较大的企业下设几个独立核算的分厂，但分厂对外不承担法律责任。因此，这些分厂不是法律主体，但因其进行独立核算都是会计主体。又如，在控股经营的集团公司（母公司）的下属各分公司（子公司）都是独立法人，独立进行核算，所以各分公司既是法律主体，又是会计主体。因此法律主体通常都是会计主体，但会计主体不一定是法律主体。

（三）实训操场

我们以兴业纺织品有限公司作为会计主体，分析其经济业务活动：

大连华达实业有限公司成立了兴业纺织品有限公司，注册资本为 349 万元。

在公司成立过程中，应按照公司开办的流程做好各项工作：如企业名称预先登记、出资人到指定银行入资、申请刻制印章、开立银行账户、进行税务登记等。

前期准备做好后，资金的运动也开始了：

- 大连华达公司出资新建了兴业纺织品有限公司。作为会计主体——兴业纺织品有限公司，拥有了资金，有了可以进行生产经营的“本钱”。

企业有了“本钱”，可仍旧不能进行生产经营活动，还需要购置必需的设备、材料、劳动力等生产要素。让我们看一下，兴业纺织品有限公司所筹集资金的去向：

1. 购买各种原料、燃料，储存起来，以备生产耗用。此时，企业的资金由货币资金变为储备资金。

2. 购建厂房、购买设备、支付人工薪酬、购买材料、耗用材料，进行生产，此时，企业的资金由货币资金、储备资金状态变为生产资金状态。

- 产品生产完工，形成企业的产品。产品中凝结着消耗的材料、机器设备损耗的价值、支付的人工薪酬等。此时，企业的资金由生产资金变为成品资金。
- 将生产完成的产品对外销售，企业的资金由成品资金又回复到货币资金状态。

当货币资金又再一次投入到生产经营周转中，资金又开始在企业中进行新一轮的运动，这种运动循环往复，周而复始，形成资金周转，如图 2－1 所示。

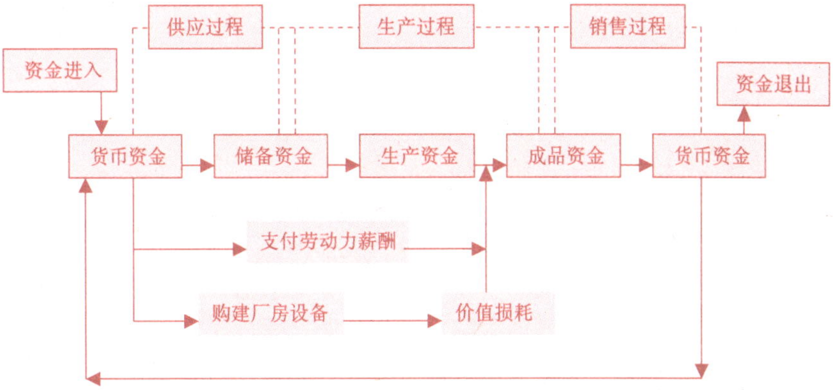

图 2－1　企业的资金周转过程

从企业资金周转的过程中，我们可以清楚地看出两点：

第一，资金在进入企业和退出企业的过程中，会引起资金所有权归属的变化；

第二，资金在企业内部运动时，会引起资金形态的变化。

无论是资金所有权归属的变化，还是资金形态的变化，都属于企业的会计对象。

二、会计对象

企业进行生产经营活动，必然会与企业外部的单位或个人发生交易，如新的投资者对企业进行投资、从银行借入款项、购买设备和生产用的材料、销售商品等。与此同时，企业进行内部的生产和管理，也必然会发生引起资金运动的事项，如生产领用材料、支付水电费、购买办公用品等。这些**能够引起资金运动的经济业务事项，即会计事项，就是会计核算和监督的内容，即会计对象**。这些会计事项是会计核算和监督内容，需要会计人员运用专门的会计方法进行会计处理。

练一练

试判断兴业纺织品有限公司发生的下列经济业务活动是否属于会计对象：

1. 与一企业正在进行商务谈判，准备签订一笔销货合同。
2. 从银行借入一笔款项，金额 2 万元。
3. 购入一台设备，价值 4 万元，款项已经支付。
4. 董事会正在研究五年发展规划，计划于两年后新建一幢厂房。

分析：

业务1. 经济业务还没有发生，没引起资金运动，因此不属于会计对象。

业务2. 2万元资金已进入企业，其来源是从银行借入的，资金发生了运动，因此属于会计对象。

业务3. 资金的存在状态发生了变化，即由货币状态变为设备状态，因此属于会计对象。

业务4. 只是一项计划，现在尚未发生，因此不属于会计对象。

第二节　会计要素

我们已经了解了在企业的经济活动中能够引起资金运动的经济业务事项，都是企业的会计对象。这些需要会计进行核算监督的内容，纷繁复杂，十分庞大。因此，要从整体上把握会计对象，只有对其进行恰如其分的分类，即将会计对象划分为相互独立又相互联系的几个部分，进而有助于人们更好地了解会计主体的资金运动状况，这就形成了会计要素。

会计要素是对会计对象进行的基本分类，是会计核算对象的具体化，是设置账户和编制会计报表的基本依据。

《企业会计准则——基本准则》规定，企业会计要素按照其性质分为**资产、负债、所有者权益、收入、费用和利润**六项。

在资金运动过程中，资产、负债和所有者权益侧重于反映企业的财务状况，构成资产负债表的主要内容，是资金运动的静态表现；收入、费用和利润侧重于反映企业的经营成果，构成利润表的主要内容，是资金运动的动态表现。如图2－2所示。

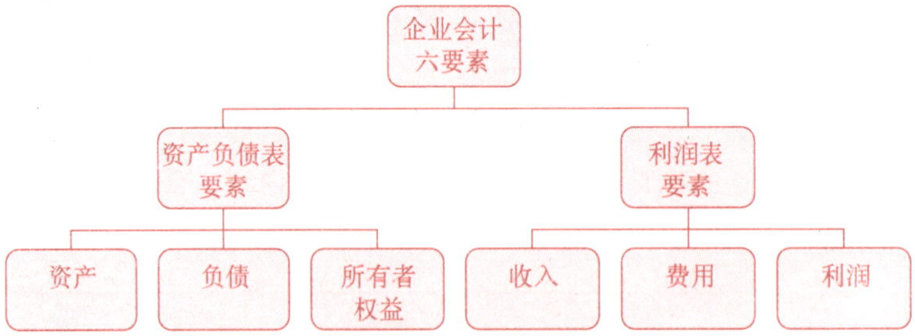

图2－2　企业会计六要素

一、资产

（一）资产的概念及特征

资产是指企业过去的交易或者事项形成的、由企业拥有或者控制的、预期会给企业带来

经济利益的资源。

作为企业的资产，应具有如下特征：

第一，资产是由过去的交易、事项形成的。企业过去的交易或者事项包括购买、生产、建造行为或其他交易或者事项。例如，企业“昨天”购买了一台机床，该机床即形成了企业“今天”的资产。

与之相对应的，未来发生的交易或事项不能形成企业的资产。例如：企业预计在两年后建造一栋现代化厂房，则该厂房因其相关的交易、事项尚未发生，不能形成企业目前的资产。

第二，资产必须是由企业拥有或者控制的资源。资产的所有权归属是判断企业是否拥有资产的重要标准。当然，在一些特殊情况下，企业对某项资产从形式上看虽然没有所有权，但是从实质上看，企业能够完全控制该项资产，可以支配使用、享受该资产的利益，承担该资产的风险，这种情况下也应当将其确认为本企业资产，比如融资租入固定资产。

第三，资产预期会给企业带来经济利益。也就是说资产应具有直接或者间接导致经济利益流入企业的潜力，否则不能确认为资产。比如：一批严重毁损没有任何价值的材料，尽管实物形态上仍然存在，但实际上它不能再用于产品生产，不能为企业带来经济利益。这样的材料，就不应该再确认为企业的资产。否则，就会夸大资产，造成会计信息失真。

相关知识

什么是经济利益

经济利益可以理解为直接或间接流入企业的“货币”。如企业拥有商品这项资产，企业可以通过销售商品而收到“货币”，则可以认为商品“这项资产预期会给企业带来经济利益”。

如该商品已严重毁损，根本没有任何价值，则可以认为“这项资产不会给企业带来经济利益”。

从时间上看，资产产生于“过去”的交易或事项，形成企业“现在”的资源，即将于“未来”给企业带来经济利益。

从一个具体的企业来看，资产的形式表现多种多样，比如企业存放在开户银行的款项、用于生产产品的材料、生产和管理用的厂房、机器设备等，只要符合资产的特征要求，均可认定为企业的资产。

相关链接

《企业会计准则》规定，资产的确认除了符合资产的定义，还应同时满足以下两个条件：

1. 与该资源有关的经济利益很可能流入企业；
2. 该资源的成本或者价值能够可靠地计量。

（二）资产的分类

资产按照流动性分为流动资产和非流动资产。

提示： 在这里，流动性是指资产变为现金的难易程度或资产被耗用的难易程度。越容易变为现金，或者越容易被耗用，这项资产的流动性越强。

1. 流动资产。**流动资产是指可以在一年或者超过一年的一个营业周期内变现或者耗用的资产。**主要包括库存现金、银行存款、应收及预付款项、存货等。

(1) 库存现金是指存放在企业保险柜由出纳人员保管的现钞，包括人民币和各种外币。库存现金是企业流动性最强的资产，需要专人保管，每日业务终了后进行清点核对，即“日清月结”，以确保其安全。

(2) 银行存款是指企业存放在银行或其他金融机构的各种款项。按照规定，企业在成立的时候，需要在当地银行开立一个基本存款户，企业的款项大部分都存放在开户银行的账号内。基本存款户主要用来办理转账结算和现金收付等业务。

(3) 应收及预付款项是指企业在日常生产经营过程中发生的各种债权。包括应收票据、应收账款、预付账款和其他应收款等。这些都是企业收取款项的权利。这些债权的流动性比库存现金和银行存款的流动性弱一些，一般在一年内会收回。

①应收票据是企业因销售商品、提供劳务等而收到的商业汇票，包括商业承兑汇票和银行承兑汇票。

• 企业将货物已经销售给买方，但还没收到货款，只收到承诺一定期限后给付款的票据。即“买方承诺了付款，现在欠企业的款项”。

②应收账款是企业因销售商品等应向购货方收取的款项。

• 企业将货物已经销售给买方，但还没收到款项。即“买方现在欠企业的款项”。

③预付账款是企业在商品交易中按合同约定预先支付的部分货款。

• 企业购买货物时先付了款，但卖方还没有给企业货物，即“现在卖方欠企业的货物”。

④其他应收款是除购销活动以外的非营业活动所引起的应收款项。

• 不是因为购买、销售关系引起的，企业其他的收款的权利。即“对方欠我们的款项”。

(4) 存货是指企业在日常活动中为生产或出售而储存的各种材料、在产品、产成品等，它们一般可以在一年内耗用或售出。包括各类原材料、在产品、半成品、库存商品等。顾名思义，存货可以理解为企业所拥有的，暂时储存的，等待耗用或者希望出售的“货物”。

①原材料是指企业为生产产品而库存的各种原料。如纺织公司为生产产品所储备的棉花、纱线；白酒生产企业为生产白酒储备的粮食等。

②库存商品是指企业已经加工完成入库，可以作为商品直接对外出售的产品。如木材加工企业库存的椅子、电视机生产企业库存的电视等。

2. 非流动资产。与流动资产在企业中快速频繁地“进进出出”相比，非流动资产的“进出”速度要慢得多，许多非流动资产会长期地为企业服务。因此，非流动资产的变现能力最弱。

非流动资产是指除流动资产以外的资产。主要包括固定资产、无形资产等。

(1) 固定资产是指为生产、提供劳务、出租或经营管理而持有的，使用期限超过一年的有形资产。如房屋、建筑物、机器、运输工具以及其他与生产经营有关的设备、器具、工具等。

• 固定资产的实物形态一般保持不变。可以理解为“看得见、摸得着、形态不变”，如房屋、设备等。

• 固定资产的价值较高，使用期限较长。可以理解为资产中的“大件”。

• 企业持有固定资产的目的是为了使用，而不是为了出售。但像汽车生产企业生产的汽车，是为了出售的目的而持有的，因而不能作为企业的固定资产。

（2）无形资产是指企业拥有或者控制的没有实物形态的可辨认非货币性资产。包括专利权、非专利技术、商标权、著作权、土地使用权等。

• 无形资产顾名思义，没有实物形态。可以理解为“看不见、摸不着、没形态”，如专利权、土地使用权等。

• 企业持有无形资产的目的是为了使用，而不是为了出售。

企业资产构成如图 2－3 所示。

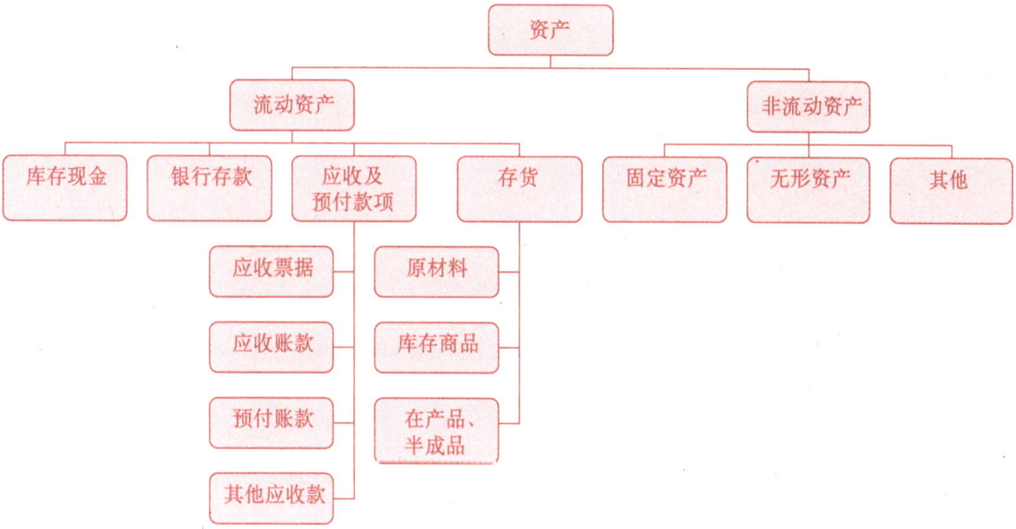

图 2－3　企业资产构成

（三）实训操场

实训 A：兴业纺织品有限公司有如下资产：厂房、用于生产产品的棉花、复印机、库存现金、汽车。按流动性由强到弱如何排序？哪些属于流动资产？哪些属于非流动资产？

分析：按流动性由强到弱排序：

库存现金 ⇨ 用于生产产品的棉花 ⇨ 复印机、汽车、厂房

（流动资产）　（流动资产）　（非流动资产）

实训 B：兴业纺织品有限公司有如下资产，试判断分别属于资产中的哪项内容：

①由出纳保管的现金 1 200 元。

②存放在开户银行的款项 18.5 万元。

③存放在仓库中用于生产产品的材料 17 500 元。

④厂房 35 万元。

⑤用于生产产品的设备 17.8 万元。

分析：①为库存现金；②为银行存款；③为原材料；④为固定资产；⑤为固定资产。

实训 C：兴业纺织品有限公司将库存现金 1 000 元存入开户银行。这项经济业务发生后，资金形态发生了怎样的变化？

分析：处于库存现金形态的资金减少，放在开户银行账号里的资金增加。
即：资产——库存现金　　　　减少 1 000 元，
同时，
　　资产——银行存款　　　　增加 1 000 元。

实训 D：兴业纺织品有限公司从银行提取现金 2 万元备用。这项经济业务发生后，资金形态发生了怎样的变化？

分析：处于库存现金形态的资金增加，放在开户银行账号上的资金减少。
即：资产——库存现金　　　　增加 2 万元，
同时，
　　资产——银行存款　　　　减少 2 万元。

实训 E：兴业纺织品有限公司用银行存款购买了一台机床，价值 2 万元。这项经济业务发生后，资金形态发生了怎样的变化？

分析：处于设备形态的资金增加，放在开户银行账号上的资金减少。
即：资产——固定资产　　　　增加 2 万元，
同时，
　　资产——银行存款　　　　减少 2 万元。

二、负债

（一）负债的概念及特征

负债是指企业过去的交易或者事项形成的、预期会导致经济利益流出企业的现时义务。

对企业而言，负债就是“欠账”。“欠账”的表现形式多种多样。比如企业从银行取得了借款，尚未归还，表现为“欠钱”；企业因出售商品先收了一笔钱，尚未交付商品，表现为“欠货”，等等。

从时间上看，负债产生于“过去”的交易或事项，形成了企业“现在”的债务，将于“未来”予以偿还。即：过去——曾有所得，现在——当有承担，将来——必有付出。

负债具有如下特征：

第一，负债是企业过去的交易或事项而形成的。即导致企业承担负债的交易或事项已经发生。未来将要发生的交易或事项、未来计划签订的合同等不会形成企业的负债。

第二，负债是企业承担的现时义务。这是负债的一个基本特征，即由负债导致的义务是企业在现时条件下必须要承担的，是不可回避的。

第三，负债的清偿预期会导致经济利益流出企业。俗语说：“欠债还钱，天经地义”。

企业作为独立核算的会计主体，对其负担的债务有按期清偿的义务。企业在未来履行偿债义务时，可以有多种方式，如“以钱偿债”——直接用现金偿还；“以物偿债”——在双方协商一致的情况下用商品、材料、设备等抵债；“以劳务偿债”——用劳动抵债等。无论采取哪些方式清偿债务，其结果都会导致经济利益流出企业。

例如：兴业纺织品有限公司于上月从银行借入 2 万元期限为 3 年的借款。

分析：

1. 这项交易于上月发生，即发生在过去，此为“前因”；

2. 目前，兴业纺织品有限公司欠银行 2 万元，此为“现时义务”，即负债 2 万元。

3. 3 年后，债务到期时，兴业纺织品有限公司必须连本带利偿还银行借款，经济利益必将流出企业，此为“后果”。

相关链接

《企业会计准则》规定，负债的确认除了符合负债的定义，还应同时满足以下两个条件：

1. 与该义务有关的经济利益很可能流出企业；

2. 未来流出的经济利益的金额能够可靠地计量。

思考：

1. 兴业纺织品有限公司因资金周转需要向银行借款 10 万元，已办理好借款的相关手续，款项已存入银行账户。这项借款是否应当确认为负债？

2. 因经营需要，兴业纺织品有限公司管理层计划再向银行借款 20 万元，董事会正在研究，款项尚未取得，这笔 20 万元的借款目前能确认负债吗？

分析：

1. 借款业务已经发生，导致现在企业承担了一项债务，将来需要按期偿还。因此，应确认 10 万元负债。

2. 借款业务尚未发生，现在企业没有承担这项债务，因此，不应确认 20 万元负债。

（二）负债的分类

负债按照流动性分为流动负债和非流动负债。

1. 流动负债。**流动负债是指将在 1 年（含 1 年）或者超过 1 年的一个营业周期内偿还的债务。**主要包括短期借款、应付票据、应付账款、预收账款、应付职工薪酬、应付股利、应交税费、其他应付款等。

（1）短期借款是指企业向银行或者其他金融机构借入的、偿还期在 1 年以内（含 1 年）的各种借款。企业在生产经营过程中，出现资金周转困难等情况时，可以申请向金融机构借款。期限在 1 年（含 1 年）以下的，为短期借款。

短期借款包括经营周转借款、临时借款等。

（2）应付票据是企业因购买货物等承兑的商业汇票。即：企业已经购买了货物，但尚未付款，只是承诺一定期限后付款。即“承诺了付款，目前未付，现在欠卖方的款项”。

（3）应付账款是指企业因购买材料、商品或者接受劳务等而发生的债务。即：企业已经购买了货物，但还未付款。即：“现在欠卖方的款项”。

（4）预收账款是买卖双方根据协议的规定，由销货方预先向购货方收取的一部分货款而产生的一种负债。即：企业销售货物时先收取了款项，但还没有付给对方货物。即“企业欠买方的货物”。

（5）应付职工薪酬是指企业根据有关规定应付给职工的各种薪酬。包括工资、职工福利、社会保险费等。职工薪酬是企业为获得职工提供的服务而给予各种形式的报酬以及其他相关支出。包括职工工资、奖金、津贴和补贴、职工福利、各种社会保险、住房公积金等。

（6）应付股利是企业应付给投资者的现金股利。股利又称为“股息”、“红利”。公司通常在年终结算后，将赢利的一部分作为股息按股额分配给投资者。股利的主要形式有现金股利、股票股利等。

应付股利是在企业向投资者宣告发放现金股利但尚未发放时形成的负债。

（7）应交税费是指企业按照税法规定计算应缴纳的各种税费所形成的一种负债。企业进行生产经营活动应依法纳税，如所得税、增值税、消费税、营业税、城市维护建设税、教育费附加等。依法纳税是企业的义务。

（8）其他应付款是指不包括以上各项之外的企业暂收或应付款。

2. 非流动负债。**非流动负债是指流动负债以外的负债。**主要包括长期借款、应付债券、长期应付款等。

（1）长期借款是指企业向银行或者其他金融机构借入的、偿还期在 1 年以上的借款。向金融机构借入期限在 1 年以上的长期借款，其用途一般为基建借款、资产投入借款、技术改造借款等。

（2）应付债券是企业为筹集长期资金而对外发行债券所形成的一种负债。

（3）长期应付款是企业除长期借款、应付债券之外的其他长期应付款项。

企业负债构成如图 2－4 所示。

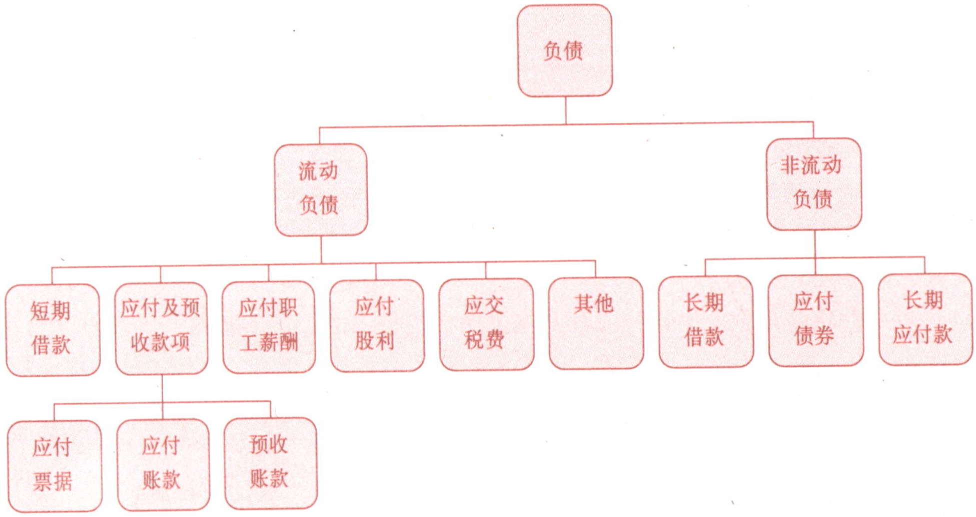

图 2－4　企业负债构成

（三）实训操场

实训 A： 兴业纺织品有限公司有如下负债，试判断分别属于负债中的哪项内容：

①从银行借入的期限为 6 个月的借款 3.5 万元。

②购入材料尚未支付的货款 3.2 万元。

③尚未支付给职工的工资 6 万元。

④从银行借入的期限为 2 年的借款 8 万元。

⑤尚未支付的所得税 3.8 万元。

分析： ①为短期借款；②为应付账款；③为应付职工薪酬；④为长期借款；⑤为应交税费。

实训 B： 兴业纺织品有限公司从银行借入一年期借款 10 万元，款项已存入企业的银行存款户。试着分析一下，资金发生了怎样的变化？

分析： 一方面放在企业开户银行账号上的资金增加；另一方面，这笔资金是从银行借入的，企业欠银行的负债增加。

即：资产——银行存款　　　　增加 10 万元，

同时，负债——短期借款　　　　增加 10 万元。

实训 C： 兴业纺织品有限公司购入一批棉纱，价款 3 万元，已验收入库，按照合同约定，给对方开出并承兑商业承兑汇票一张，面额 3 万元，期限为 3 个月。试着分析一下，资金发生了怎样的变化？

分析： 一方面企业处于储备形态的资金即原材料增加。另一方面，企业应该支付给卖方款项，但现在只承诺在 3 个月后付款，形成了现在企业欠卖方款项，负债增加。

即：资产——存货（原材料）　　　　增加 3 万元，

同时，负债——应付票据　　　　增加 3 万元。

实训 D： 企业购入一批棉花，价款 1 万元，已验收入库，款项尚未支付。试着分析一下，资金发生了怎样的变化？

分析： 一方面企业处于储备形态的资金即原材料增加。另一方面，企业应该付给卖方款项，尚未支付，形成企业欠卖方的款项，即负债增加。

即：资产——存货（原材料）　　　　增加 1 万元，

同时，负债——应付账款　　　　增加 1 万元。

实训 E： 兴业纺织品有限公司用银行存款 2.5 万元支付职工薪酬。试着分析一下，资金发生了怎样的变化？

分析： 一方面放在企业开户银行账号上的资金减少。另一方面，这笔资金的去向是用来偿还企业欠职工的薪金，偿还后，所欠职工的负债减少。

即：资产——库存现金　　　　减少 2.5 万元，

同时，负债——应付职工薪酬　　　　减少 2.5 万元。

三、所有者权益

（一）所有者权益的概念及特征

所有者权益是指企业资产减去负债后，由所有者享有的剩余权益。公司的所有者权益又称为“股东权益”。

对于任何一个企业而言，企业的资产来源不外乎两个方面：一是投资者的投入，二是债权人借入。无论是投资者还是债权人，都曾把他们的资金或财产投入到企业中，供企业在生产经营中运用。因此，他们也必然对企业的资产有要求权。即：投资者对企业资产的要求权——形成企业的所有者权益；债权人对企业资产的要求权——形成企业的负债。

所有者权益与债权人权益（即负债）相比，具有如下特征：

第一，所有者可以凭借所有者权益参与企业的经营管理和利润分配；而债权人凭借其权益，可以享有收回债务本金、收取利息的权利。

第二，所有者权益是投资人对企业净资产的所有权，一般不需要由企业归还给投资者，除非发生清算、减资的情况；而债权人的权益必须于一定的时期内偿还。

第三，所有者权益置于债权人权益之后。在企业清算时，企业的剩余财产在清偿所有负债后才返还给投资者。因此，所有者权益又称为“剩余权益”。

（二）所有者权益的内容

所有者权益的内容包括实收资本、资本公积、盈余公积和未分配利润等。

1. 实收资本是指投资者按照企业章程或合同、协议的约定，实际投入企业的资本，它表现为企业的注册资本。实收资本是企业的“本钱”，其来源是投资者的投入。

相关链接

《公司法》对公司的注册资本规定了最低限额：有限责任公司的最低注册资本3万元，股份有限公司的最低注册资本500万元。

投资者可以用货币出资，也可以用实物、知识产权、土地使用权等作价出资。

当然，《公司法》也明确规定：劳务、信用、自然人姓名、商誉、特许经营权或者设定担保的财产等不允许作价出资。

2. 资本公积是指由投资者或他人投入到企业的资本超过法定资本部分的资金构成的（或股本）溢价以及直接计入所有者权益的利得和损失等。资本公积的主要用途是用来转增资本。

例如：甲公司由A、B、C共同出资组建。公司的注册资本60万元，其中，投资人A、B、C投入企业的货币资金各20万元，款项已存入企业的银行存款户。

三年后，另一投资人D愿拿30万与A、B、C合伙，其中的20万元作为D投资的资本，其余的10万元则作为资本溢价，由四位投资人共同享有。

此时，A、B、C、D各自出资20万元，构成了甲公司的实收资本为80万元，四位投资人共同享有的资本公积为10万元。

3. 盈余公积是指企业按照规定从净利润中提取的各种公积金。包括法定盈余公积、任意盈余公积等。企业在生产经营中赢利了，即有了盈余。为今后着想，需要留出一部分，积累起来，即为盈余公积。这也是属于企业所有者的权益。

提示：《公司法》规定了公司提取盈余公积主要用途有两方面：(1) 弥补亏损；(2) 扩大公司生产经营或转为增加公司资本。

4. 未分配利润是指企业实现净利润后经过弥补亏损、提取盈余公积、向投资者分配利润后，留存在企业中未进行分配的利润。

盈余公积和未分配利润又称为留存收益，它们都是企业历年实现的净利润留存于企业的部分。

企业实现了利润，一般于下一年进行分配。在利润分配过程中，需要按照法律规定的顺序进行。如图 2－5 所示，图中标出的顺序号即为利润分配的顺序。从图中可以看出，所提取的盈余公积和没有进行分配的未分配利润（顺序号为 2、3、5 的部分）都留存在企业，形成企业的留存收益。

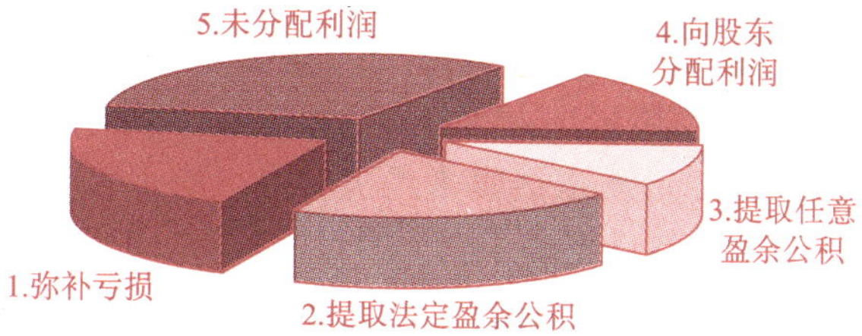

图 2－5　留存收益形成饼形图

综上所述，所有者权益内容构成情况如图 2－6 所示。

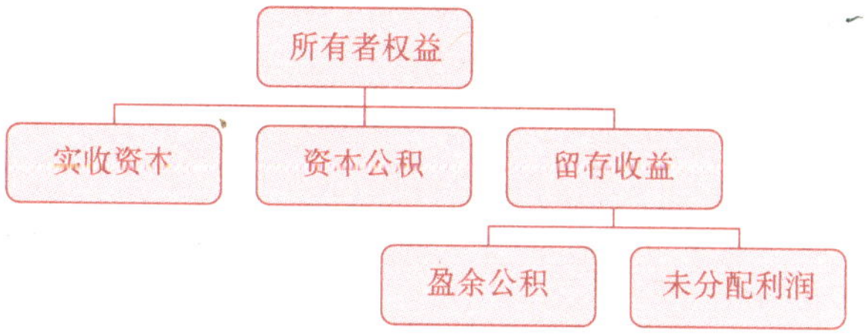

图 2－6　会计要素——所有者权益

（三）实训操场

试着分析一下，下列经济业务发生后，资金发生了怎样的变化？

实训 A： 兴业纺织品有限公司收到大连华达公司投资 349 万元，款项已存入企业的银行存款户。

分析： 一方面放在企业开户银行账号上的资金增加；另一方面，这笔资金的来源是大连华达公司投入的，该公司成为企业的所有者，企业的所有者权益增加。

即：资产——银行存款　　　　增加 349 万元，

同时，所有者权益——实收资本　　　　增加 349 万元。

实训 B： 兴业纺织品有限公司收到大连纺织实业公司投资厂房 70 万元，房屋产权转移手续已办理完毕。

分析：一方面企业的厂房形态资金增加；另一方面，这笔资金的来源是大连纺织实业公司投入的，该公司成为企业的所有者，企业的所有者权益增加。

即：资产——固定资产　　　　增加70万元，

同时，所有者权益——实收资本　　　　增加70万元。

四、收入

（一）收入的概念及特征

收入是指企业在日常活动中形成的、会导致所有者权益增加的、与所有者投入资本无关的经济利益的总流入。

收入具有如下特征：

第一，收入从企业的日常经营活动中产生。日常活动可以理解为企业的经常性活动，从事这种经常性活动是为了完成企业的经营目标，如工业企业销售商品、销售材料、提供劳务收入等都属于日常的经营活动。

与之相对应的，企业的有些活动也会带来经济利益，如出售房屋、机器设备等固定资产、取得的罚款等，但由于这些活动不属于企业的日常活动，故不属于收入的范畴，而是属于企业的利得。

第二，收入的取得会导致经济利益流入企业，且流入额能够可靠计量。这种经济利益的流入可能有以下几种表现方式：

（1）收入可能导致企业的资产增加。例如：兴业纺织品有限公司销售商品取得现金1 000元。这项销售商品取得的收入导致资产增加。

（2）收入可能导致企业的负债减少。例如：兴业纺织品有限公司销售商品，直接抵偿债务5 000元。商品的销售在实现收入的同时，公司的负债减少。

（3）收入可能导致资产增加，同时负债减少。例如：兴业纺织品有限公司销售商品1万元，抵偿债务3 000元，其余7 000元存入银行。销售商品实现了收入，导致资产增加、负债减少。

第三，收入只包括本企业经济利益的流入，不包括为第三方代收款项。如销售商品时收到的增值税销项税额、代收的利息等，尽管也引起了经济利益的流入，但不属于收入。

例如：兴业纺织品有限公司销售一批棉织品，价款3万元，代国家收取增值税款5 100元，共计收到款项35 100元。这项业务中，只有3万元能作为公司的收入，5 100元是该公司代国家征收的增值税，需上缴税务部门，故不属于企业的收入。

第四，收入会导致企业所有者权益增加。收入最终形成企业的利润，而利润为企业的所有者享有，即收入会导致所有者权益增加。不会导致所有者权益增加的经济利益流入，则不是企业的收入。

例如：兴业纺织品有限公司从银行借入5万元，该借款也引起了经济利益的流入，但同时企业承担了一项负债，并未使所有者权益增加，因此，不属于收入。

第五，收入与所有者投入资本无关。所有者对企业进行投资，也会导致经济利益流入企业，但不属于收入。

例如，企业接受一外商的投资2万元。则此投资行为会导致经济利益流入企业，但不属于收入。

（二）收入的内容

1. 企业的收入，按性质分包括销售商品收入、提供劳务收入和让渡资产使用权收入。

（1）销售商品收入是指企业对外销售商品而取得的收入；

（2）提供劳务收入是指企业提供各种劳务服务而取得的收入等；

（3）让渡资产使用权收入包括利息收入、使用费收入等。比如：出租固定资产、包装物等所取得的租金收入。

2. 按企业生产经营业务的主次，收入可以分为主营业务收入和其他业务收入。

（1）主营业务收入是指企业为完成经营目标而从事的日常活动中的主营项目收入。如工业企业的销售商品收入。

（2）其他业务收入是企业主营业务收入以外的其他日常活动所取得的收入。如工业企业销售生产用原材料所取得的收入。

提示：与日常活动相对应的是非日常活动，即偶然发生的交易或事项中形成的经济利润的流入，这不属于收入，而是利得。

收入构成如图 2－7 所示。

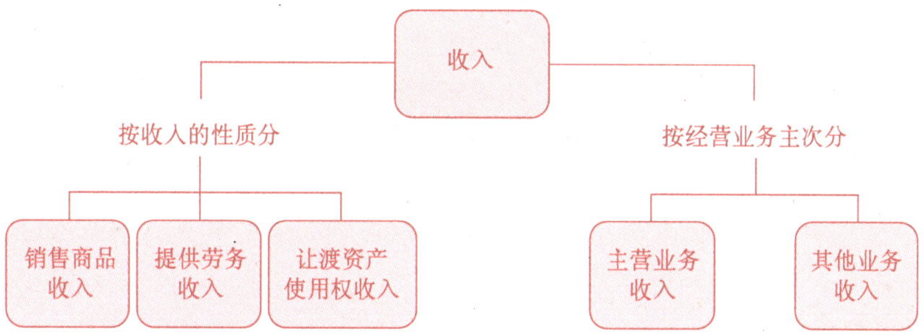

图 2－7　企业收入构成

（三）实训操场

实训 A：兴业纺织品有限公司销售产品一批，实际收到款项 36 100 元。其中，商品的价款 3 万元，代国家收取的增值税 5 100 元，代运输公司收取运费 1 000 元。此项经济业务发生后，兴业纺织品有限公司取得的收入是多少？

分析：

收到的 5 100 元增值税款，此为代国家收取，不属于收入；

收到的 1 000 元运费，此为代运输公司收取，将来要付给运输公司，不应作为收入；

收到的 3 万元商品的价款，此为销售商品实现的经济利益的流入，应作为收入。

五、费用

（一）费用的概念及特征

费用是指企业在日常活动中发生的、会导致所有者权益减少的、与向所有者分配利润无关的经济利益的流出。

从概念中可以看出，费用具有如下特征：

第一，费用是在企业日常经营活动中发生的经济利益的流出。日常活动的界定与收入概念中所阐述的日常活动相一致。

例如，企业销售商品取得了收入，而在生产这些商品时必须要消耗原材料、要支付人工工资和其他相关费用。这些支出是企业为了取得收入所付出的代价，因此，应将这种经济利益的流出作为费用。

与之相对应的，企业某些偶然发生的交易或事项也可能会发生经济利益的流出，如企业将生产经营用的机器设备出售、罚款支出，即为偶发的交易，导致的经济利益的流出不属于费用，而是损失，应作为营业外支出。

提示：收入、费用：发生在日常经营活动中；

利得、损失：发生在偶发的交易或事项中。

第二，费用可能表现为资产的减少，或负债的增加，或者二者兼而有之。

例如：管理部门购买办公用品所支付的库存现金，表现为资产的减少；企业尚未支付管理人员工资，表现为负债的增加；产品展销时的展览费，企业一部分支付了款项，一部分形成负债。

第三，费用会导致企业所有者权益减少。费用所导致的经济利益流出，会引起所有者权益减少，如果不会引起所有者权益的减少，则不属于费用。

例如，以2万元银行存款偿还前欠银行的借款，经济利益也流出了企业，同时引起了负债减少，而不是所有者权益减少，所以，此2万元的经济利益流出不属于费用。

第四，费用与向所有者分配利润无关。向所有者分配利润也会导致经济利益流出企业，但不属于费用。

例如，企业某年净挣了2万元，决定拿出15 000元分给所有者。则此分配行为会导致经济利益流出企业，但不属于费用。

（二）费用的分类

费用按照与产品的关系，可以划分为记入产品成本的费用和期间费用。

1. 记入产品成本的费用包括直接材料费用、直接人工费用、其他直接费用和制造费用。

2. 期间费用是指企业在生产经营期间发生的与产品关系不密切的费用，包括销售费用、管理费用和财务费用。

（1）销售费用是指企业在销售商品过程中发生的各种费用，如广告费、商品展览费等。

（2）管理费用是指企业为组织和管理企业生产经营所发生的费用，如企业管理部门购买办公用品所发生的支出、管理人员的薪酬、业务招待费等等。

（3）财务费用是指企业为筹集生产经营所需资金而发生的费用，如金融机构的手续费、有关的利息支出等。

费用构成如图2－8所示。

（三）实训操场

试着分析一下，下列项目哪些属于费用？哪些属于损失？

实训A：3月份，兴业纺织品有限公司发生如下支出项目：

①企业行政管理部门购买办公用品，支付了120元。

②企业为促销，支付了12 000元广告费。

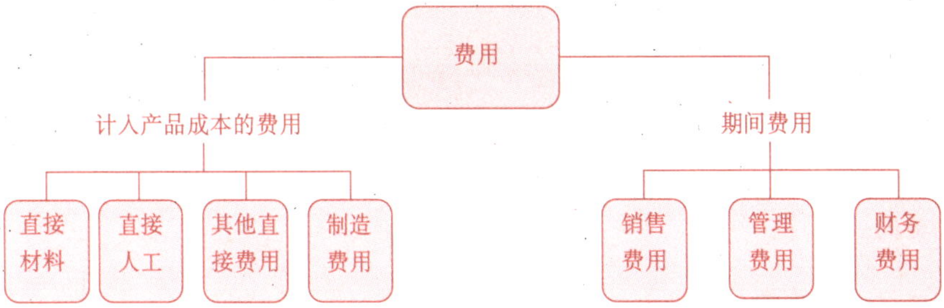

图 2－8　企业费用构成

③因未按期交纳税款，被税务部门罚了 800 元滞纳金。

④办理银行有关业务，支付了 60 元手续费。

分析：

①日常活动中发生的经济利益流出，属于费用，即管理费用。

②日常活动中发生的经济利益流出，属于费用，即销售费用。

③非日常活动中发生的经济利益流出，不属于费用，属于损失，即营业外支出。

④日常活动中发生的经济利益流出，属于费用，即财务费用。

六、利润

（一）利润的概念

利润是指企业在一定会计期间的经营成果。利润包括收入减去费用后的净额、直接计入当期利润的利得和损失等。

收入减去费用后的净额，反映的是企业在日常活动中实现的收入与所发生的费用相抵后的金额，体现了日常活动的业绩；

直接计入当期利润的利得和损失，反映的是企业在非日常活动中所发生的利得和损失，体现了非日常活动的业绩。

如企业的罚款收入、出售固定资产、无形资产的收入、等均属于利得，即属于营业外收入。企业的罚款支出、出售固定资产、无形资产的损失均属于损失即属于营业外支出。

思考：1. 企业销售产品取得的收入属于收入还是利得？

2. 企业处置固定资产、无形资产等所发生的净损失属于费用还是损失？

（二）实训操场

实训 A：兴业纺织品有限公司 1 月份各项收入 4 万元，各项费用 25 000 元，利得为 5 000元，损失为 2 000 元。试计算该月兴业纺织品有限公司的利润。

解：利润 = 40 000 − 25 000 + 5 000 − 2 000 = 18 000（元）

练习与实训

练习与实训一

目的：练习会计要素

资料：兴业纺织品有限公司3月初各项目资料如下：

1. 银行里的存款10万元。
2. 向银行借入3个月期限的借款20万元。
3. 出纳处存放的现金2 000元。
4. 仓库里存放的用来生产产品的原料539 000元。
5. 仓库里存放的准备出售的产成品174 000元。
6. 以前年度尚未分配的利润75万元。
7. 应付外单位货款4万元。
8. 向银行借入三年期的借款10万元。
9. 房屋及建筑物160万元。
10. 所有者投入资本400万元。
11. 机器设备250万元。
12. 应收外单位货款175 000元。

要求：

1. 判断上列资料中的各项内容分别属于资产、负债、所有者权益中的哪个会计要素，并将各项目金额一并填入表2-1。

表2-1 单位：元

序号	项目	金额		
		资产	负债	所有者权益
1	银行存款	100 000		
2				
3				
4				
5				
6				
7				
8				
9				
10				
11				
12				
合计				

练习与实训二：

目的：练习收入、费用和利润会计要素。

资料：兴业纺织品有限公司 3 月份有关收支情况如下：

1. 本月销售商品实现收入 80 万元。
2. 本月销售产品的成本 70 万元。
3. 本月管理部门领用的办公用品 500 元。
4. 本月支付广告费 12 000 元。
5. 本月支付办理银行业务的手续费 40 元。

要求：判断各项经济业务涉及的会计要素，并计算该公司本月利润。

第3章

会计等式与会计核算方法

学习目标：☐ 掌握六大会计要素之间的相互关系以及会计等式
☐ 分析理解不同类型的经济业务对会计等式的影响
☐ 理解会计核算方法体系

资产、负债、所有者权益、收入、费用和利润是对企业会计对象进行的基本分类，是企业会计对象的基本组成部分。各个会计要素之间不是截然分开、孤立存在的，而是相互依存，紧密联系的。

对于兴业纺织品有限公司，我们仍然有许多疑问：企业所拥有的资产从哪里来？为谁所有？企业所取得的收入、发生的费用有着怎样的关系？企业每天有大量的经济业务活动在发生，我们该从哪里着手去分析？

让我们走近六大会计要素，零距离感受会计要素之间完美的平衡关系。

第一节　会计要素之间的关系

一、会计等式

我们已经知道了对企业的会计对象进行基本分类后形成了资产、负债、所有者权益、收入、费用和利润六大会计要素，并已经掌握了每个会计要素所包含的具体内容。那么，企业的六大会计要素之间存在怎样的关系呢？

（一）会计基本等式

企业要从事生产经营活动，必须拥有一定的资源，如厂房、设备、材料等。这种资源即是企业拥有或控制的资产。企业所拥有的每一项资产，从形式上看总是以某种形态存在着，或为库存现金、银行存款，或为原材料、固定资产等；从价值上看即是企业拥有的一定数量的资金，而这一定数量的资金，必有其来源。即这些资金都是通过一定的渠道进入企业的，或是投资者投入的，或是通过各种渠道向债权人借入的。无论是投资者对企业的投入，还是债权人对企业的借入，都会对企业的资产形成相应的要求权。**我们把对企业资产的要求权称为“权益”。**

由此我们可以看出，资产与权益是同一资金的两个方面，资产反映出资金存在的形态，权益则反映出资金的来源渠道。因此，作为同一资金两个方面的资产与权益之间存在着一种必然相等的关系，即：

资产 = 权益

资产与权益的关系如图 3 - 1 所示。

图 3 - 1　资产与权益的关系

反映资金来源渠道的权益有两方面：一方面是投资者对企业的投入形成的权益，即**所有者权益**；另一方面是债权人对企业的借入形成的权益，即**债权人权益**。对于企业而言，债权人的权益即形成了企业的负债。由此，我们可以将资产与权益的关系表述为：

资产 = 负债 + 所有者权益 …………………………………………… 会计基本等式

会计基本等式又称为“会计恒等式”、“会计平衡公式”。在此，需要指出的是，“资产 = 负债 + 所有者权益”这一会计基本等式，反映了企业在某一时点静态的等式关系，即在某一时点，企业的所有资产，无论其处于何种形态，都必然有相应的来源，与其权益相等。

例如：企业的注册成立以投资者进行资金投入为起点。兴业纺织品有限公司注册成立时，大连华达实业有限公司出资 349 万元，即成立伊始，企业拥有了 349 万元的资金。这些资金从存在形态上看，形成了企业的银行存款、固定资产等各项资产。

公司在拥有了 349 万元资产的同时，也拥有了一个投资者：大连华达公司。即资金的来源为大连华达公司的投资。显然，作为投资者的大连华达公司对兴业纺织品有限公司的资产有相应的权益要求，且权益的总额与资产的总额必然相等。即：

349 万元　资产 = 349 万元　权益（所有者权益）

开始生产经营后，兴业纺织品有限公司因资金不足，又向银行借入资金 20 万元，存入企业的银行存款账户。此时，企业拥有资产 369 万元，其中，负债 20 万元，所有者权益 349 万元。即：

369 万元　资产 = 369 万元　权益

= 20 万元（负债）+ 349 万元（所有者权益）

（二）动态会计等式

会计基本等式反映了企业在某一时点静态的会计要素之间的关系。但事实上，企业的生产经营活动是在周而复始地不断运动着，即在进行生产经营活动过程中，一方面要取得各种收入，另一方面，为取得收入必然要发生各种费用，收支相抵后即形成了企业的利润。即：

收入 - 费用 = 利润 …………………………………………………… 动态会计等式

例如：兴业纺织品有限公司在开始生产经营当月，取得了 11 万元的收入，发生了 6 万元的费用，则本月兴业纺织品有限公司实现了 5 万元利润。

11 万元 收入 -6 万元 费用 =5 万元 利润

需要指出的是，动态的会计等式反映了某一期间企业生产经营活动所取得的成果。如果收入大于费用，则表现为利润；如果收入小于费用，则表现为亏损，即利润为负数。

（三）扩展会计等式

在企业生产经营过程中，企业取得收入，会表现为资产的增加或负债的减少，发生费用，会表现为资产的减少或负债的增加。因此，资产、负债、所有者权益、收入、费用和利润这六大会计要素之间还存在着一种内在的有机联系。即：

资产 = 负债 + 所有者权益 + （收入 - 费用）
资产 + 费用 = 负债 + 所有者权益 + 收入
资产 = 负债 + 所有者权益 + 利润
} 扩展的会计等式

同时，投资者因对企业的投入而成为企业的所有者，企业在生产经营过程中所实现的利润必然为所有者拥有，所发生的亏损也必然由所有者承担。实现利润（即利润为正数），会导致所有者权益增加，发生亏损（即利润为负数），会导致所有者权益减少。因此，经过一个会计期间的生产经营后，在某一时点，扩展的会计等式又恢复为：资产 = 负债 + 所有者权益。

这里需要强调的是，会计基本等式和扩展等式之间并不矛盾，二者相辅相成，在不同条件下各自发挥自己的作用。

（四）实训操场

下面，我们以实例阐述会计基本等式、动态会计等式与扩展会计等式间的关系。

实训 A： 11 月 1 日，兴业纺织品有限公司的资产总额为 369 万元，负债 20 万元，所有者权益 349 万元。

分析： 资产 = 负债 + 所有者权益 ………………………………… 会计基本等式

369 万元 = 20 万元 + 349 万元

实训 B： 11 月份，在生产经营过程中，兴业纺织品有限公司取得收入 11 万元，存入银行。

分析： 取得收入后，收入增加 11 万元，存入银行的款项使资产增加 11 万元。此时，资产为 380 万元（369 万元 +11 万元）：

资产 = 负债 + 所有者权益 + 收入

380 万元 =20 万元 + 349 万元 + 11 万元

实训 C： 11 月份，在生产经营过程中，兴业纺织品有限公司发生费用 6 万元，以银行存款支付。

分析：以银行存款支付6万元费用后，使资产减少6万元。此时，资产为374万元（380万元－6万元）：

资产 ＝ 负债 ＋ 所有者权益 ＋ 收入 － 费用 ……………………… 扩展会计等式

374万元＝20万元 ＋ 349万元 ＋ 11万元－6万元

实训D：11月末，兴业纺织品有限公司计算本月实现的利润。

分析： 收入 － 费用 ＝ 利润 ……………………………………………… 动态会计等式

11万元 － 6万元 ＝ 5万元

此时，实现利润5万元。

资 产 ＝ 负 债 ＋ 所有者权益 ＋ 利 润 ……………………………… 扩展会计等式

374万元＝ 20万元 ＋ 349万元 ＋ 5万元

实训E：企业实现的利润（或亏损）由所有者享有（或承担）。此时的所有者权益为：

分析：所有者权益为354万元（349万元＋5万元）

资 产 ＝ 负 债 ＋ 所有者权益 …………………………………… 会计基本等式

374万元 ＝ 20万元 ＋ 354万元

由此，我们可以得知，会计等式在静态、动态及相互转化中反映了会计要素之间的关系，它是一切会计核算的基础，是复式记账、编制会计报表等会计方法的理论依据。

二、经济业务对会计等式的影响

（一）经济业务的四种类型

企业经营过程中会发生各种交易、事项。这些能够引起会计要素增减变化的事项，通常称为经济业务事项，又称会计事项。企业的经济业务事项复杂多样，归纳起来，企业的经济业务主要有四种基本类型：

1. 资产与权益同时增加。
2. 资产与权益同时减少。
3. 一项资产增加，另一项资产同时减少。
4. 一项权益增加，另一项权益同时减少。

（二）实训操场

下面以兴业纺织品有限公司3月份的经济业务为例，分别说明上述四种类型的经济业务对会计等式的影响。

兴业纺织品有限公司3月1日资产、负债及所有者权益情况如表3－1所示。

业务类型1. 资产与权益同时增加。

【例3－1】 3月6日，兴业纺织品有限公司接受四方公司投入设备一台，价值10万元。

分析：这项经济业务发生后，兴业纺织品有限公司的固定资产增加了10万元，即由原来的105万元增加到115万元。同时，所有者权益中的实收资本增加了10万元，即由原来的180万元增加到190万元。资产与权益同时增加相等的金额，会计等式保持平衡，且资产与权益总额增加（由240万元增加到250万元）。如表3－2所示。

表 3－1 **资 产 负 债 表**

××年 3 月 1 日　　单位：元

资　产		权益（负债＋所有者权益）	
项　目	金　额	项　目	金　额
库存现金	5 000	短期借款	150 000
银行存款	155 000	应付票据	60 000
应收账款	250 000	应付账款	300 000
原材料	450 000	长期借款	90 000
库存商品	490 000	实收资本	1 800 000
固定资产	1 050 000		
资产总计	2 400 000	权益总计	2 400 000

表 3－2 **资 产 负 债 表**

××年 3 月 6 日　　单位：元

资　产		权益（负债＋所有者权益）	
项　目	金　额	项　目	金　额
库存现金	5 000	短期借款	150 000
银行存款	155 000	应付票据	60 000
应收账款	250 000	应付账款	300 000
原材料	450 000	长期借款	90 000
库存商品	490 000	实收资本	1 900 000
固定资产	1 150 000		
资产总计	2 500 000	权益总计	2 500 000

业务类型 2. 资产与权益同时减少。

【例 3－2】 3 月 10 日，兴业纺织品有限公司以银行存款 8 万元偿还到期的短期借款。

分析：这项经济业务发生后，兴业纺织品有限公司的银行存款减少了 8 万元，即由原来的 155 000 元减少到 75 000 元。同时，负债中的短期借款减少了 8 万元，即由原来的 15 万元减少到 7 万元。资产与权益同时减少相等的金额，会计等式保持平衡，且资产与权益总额减少（由 250 万元减少到 242 万元）。如表 3－3 所示。

表 3－3 **资 产 负 债 表**

××年 3 月 10 日　　单位：元

资　产		权益（负债＋所有者权益）	
项　目	金　额	项　目	金　额
库存现金	5 000	短期借款	70 000
银行存款	75 000	应付票据	60 000
应收账款	250 000	应付账款	300 000
原材料	450 000	长期借款	90 000
库存商品	490 000	实收资本	1 900 000
固定资产	1 150 000		
资产总计	2 420 000	权益总计	2 420 000

业务类型3. 一项资产增加，另一项资产同时减少。

【例3-3】 3月15日，兴业纺织品有限公司收回某单位所欠款项20万元存入银行。

分析： 这项经济业务发生后，兴业纺织品有限公司的银行存款增加了20万元，即由原来的75 000元增加到27.5万元。同时，资产中的应收账款减少了20万元，即由原来的25万元减少到5万元。一项资产增加，另一项资产同时减少相等的金额，会计等式保持平衡，且资产与权益总额保持不变（242万元）。如表3-4所示。

表3-4 资 产 负 债 表

××年3月15日

单位：元

资 产		权益（负债+所有者权益）	
项 目	金 额	项 目	金 额
库存现金	5 000	短期借款	70 000
银行存款	275 000	应付票据	60 000
应收账款	50 000	应付账款	300 000
原材料	450 000	长期借款	90 000
库存商品	490 000	实收资本	1 900 000
固定资产	1 150 000		
资产总计	2 420 000	权益总计	2 420 000

业务类型4. 一项权益增加，另一项权益同时减少。

【例3-4】 3月20日，兴业纺织品有限公司开出一张面值为3万元的商业承兑汇票，抵付前欠的应付账款。

分析： 这项经济业务发生后，兴业纺织品有限公司的应付票据增加了3万元，即由原来的6万元增加到9万元。同时，负债中的应付账款减少了3万元，即由原来的30万元减少到27万元。一项权益增加，另一项权益同时减少相等的金额，会计等式保持平衡，且资产与权益总额保持不变（242万元）。如表3-5所示。

表3-5 资 产 负 债 表

××年3月20日

单位：元

资 产		权益（负债+所有者权益）	
项 目	金 额	项 目	金 额
库存现金	5 000	短期借款	70 000
银行存款	275 000	应付票据	90 000
应收账款	50 000	应付账款	270 000
原材料	450 000	长期借款	90 000
库存商品	490 000	实收资本	1 900 000
固定资产	1 150 000		
资产总计	2 420 000	权益总计	2 420 000

（三）经济业务对会计等式的影响

通过上述实例，我们可以看出：无论哪一种类型的经济业务，都不会破坏会计基本等式的平衡关系。即经济业务发生后，“资产=负债+所有者权益”的平衡关系不会改变。如图

3－2 所示。

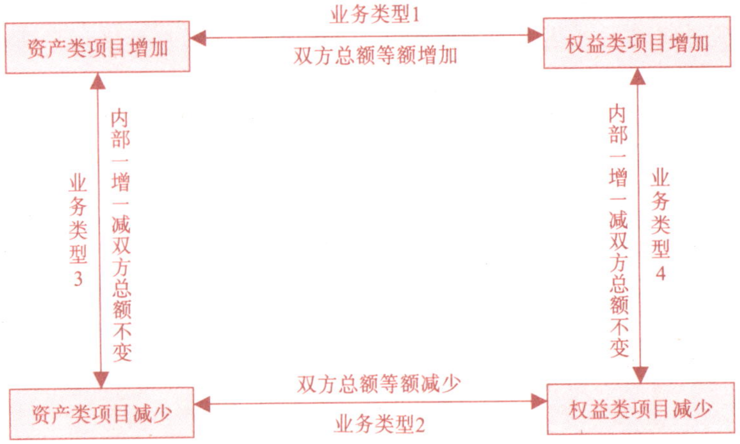

图 3－2　经济业务对会计等式的影响

第二节　会计核算方法

所谓会计方法，是指为完成会计工作、履行会计职能所使用的各种技术方法，一般包括会计核算方法、会计分析方法和会计检查方法。各种会计方法相对独立，又密切配合。其中会计核算方法是基础，也是本节介绍的主要内容。

会计核算方法主要包括：设置账户、复式记账 、填制和审核凭证、登记账簿 、成本计算、财产清查和编制财务会计报告七种。这七种方法相互联系、紧密结合，共同形成一个完整的会计核算方法体系。

一、设置账户

我们把企业会计对象分为六大会计要素，即资产、负债、所有者权益、收入费用和利润，但对于企业纷繁复杂的经济业务活动而言，这六大会计要素的划分仍然不够细致，很难满足信息使用者全面了解企业财务状况和经营成果的需要。为此，需要将会计要素细分为更具体的内容，即设置会计科目。

如对所有者权益这一会计要素按其经济内容分为实收资本、资本公积、盈余公积、本年利润、利润分配，即构成所有者权益类会计科目。

再以会计科目为依据，设置具有一定结构和格式的账户，在账户中分类、连续地反映会计要素的增减变动情况及其结果。

二、复式记账

企业发生的经济业务事项需要通过复式记账的方法记录到设置的账户中。复式记账法是指对企业发生的每一笔经济业务，都要以相等的金额同时在两个或两个以上相互关联的账户中进行登记的记账方法。

企业经济业务活动的实质在于资金运动，而资金的运动表现为有“始”有“终”，会计需要如实地反映资金运动的“来龙”和“去脉”。例如，企业用银行存款购买原材料，资金由银行存款状态变成原材料状态。因此，会计上需要用两个账户来反映资金运动的过程，一方面需要通过“银行存款”账户反映货币资金的减少，另一方面需要通过“原材料”账户反映储备资金的增加，且增加与减少的金额必然相等。这样，“银行存款”账户与“原材料”账户之间由于资金的运动就形成了一种对应关系。

三、填制和审核会计凭证

经济业务事项的发生是会计工作的起点。记录经济业务发生情况、明确相关人员经济责任需要特定的载体，即会计凭证。如购买办公用品时，会取得商场开具的发票。发票的取得，表明经济业务已经发生，会计人员要在对此发票进行审核的基础上，填写相关凭证。会计凭证经有关部门审核，确认无误后才能作为记账的依据。

通过填制和审核会计凭证，可以直观地核算、监督经济业务的合法性、合理性，这也是确保会计信息真实、完整的一个重要方面。

四、登记账簿

对零散分布在会计凭证中的经济业务事项按照系统的方法进行归类后，需要全面、系统、连续、综合地记录保存在特定的载体中，即登记账簿。登记账簿必须以会计凭证为依据，运用复式记账原理，在设置的账户中分类反映经济业务事项，并定期进行对账、结账。账簿作为联结会计凭证与财务会计报告之间的纽带，在对会计信息进行反映的过程中起着承上启下的作用。

五、成本计算

成本计算是对生产经营活动中发生的成本、费用按照一定的对象进行归集、分配，从而确定各对象的单位成本和总成本的一种专门方法。

通过成本计算，可以确定所购材料的采购成本、产品的生产成本、产品的销售成本，可以反映在生产经营过程中所发生的各项成本费用是否合理，促进企业加强管理，降低成本，提高经济效益。

六、财产清查

财产清查是根据账簿记录对企业的财产物资进行盘点或核对，查明其实有数与账存数是否相符，为编制财务会计报告提供准确信息的一种专门方法。

通过财产清查，可以查明企业各项财产物资是否账实相符，从而加强对财产物资的管理，确保其安全完整。

七、编制财务会计报告

企业需要在日常核算基础上，定期把分散在账簿中的会计信息进行分类、汇总，以财务会计报告的形式集中概括地反映出来，以向报告使用者提供企业的财务状况和经营成果信息。编制财务会计报告是会计核算的一种专门方法，也是会计核算的结果和最后环节。

会计核算方法体系总结

综上所述，会计核算各方法间相互联系、密切配合，构成了一个完整的会计核算方法体系：

1. 经济业务发生时，首先根据经济业务的内容取得或填制会计凭证并加以审核。
2. 运用复式记账原理，对所发生的经济业务进行会计处理，编制并审核记账凭证。
3. 对生产经营过程中发生的各项成本费用进行成本计算。
4. 根据审核无误的记账凭证，登记日记账、明细账和总账。
5. 对各项财产物资进行清查，并与账簿记录进行核对，确保账实相符。
6. 根据核实后的账簿资料编制会计报表。

会计核算方法体系如图 3－3 所示。

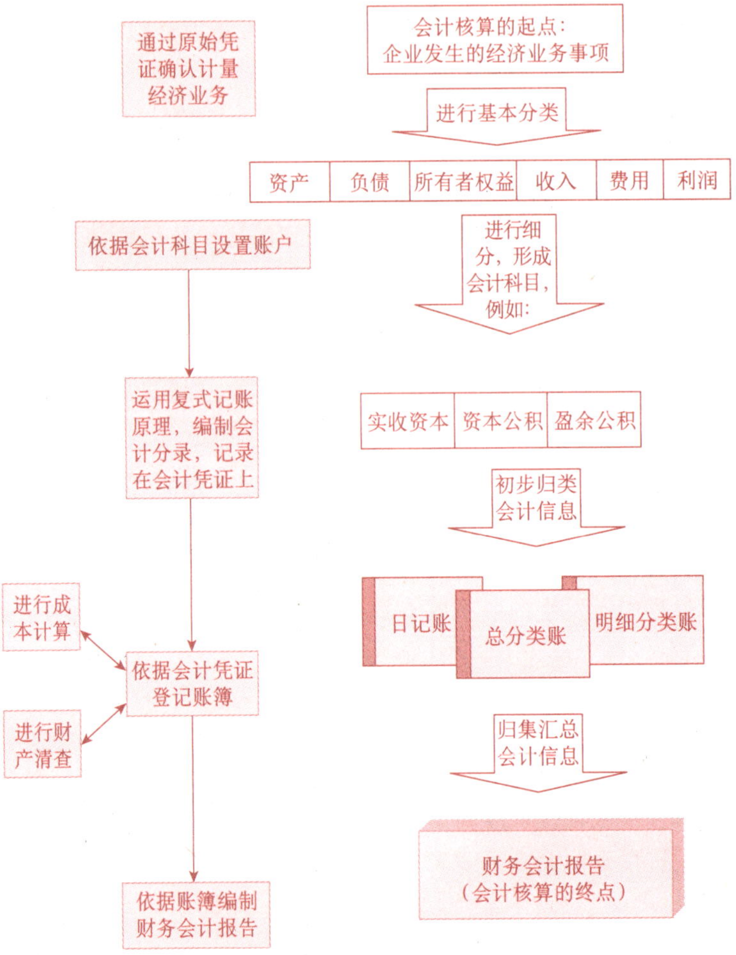

图 3－3　会计核算方法体系

练习与实训

练习与实训一

目的：练习经济业务的四种变化类型。

资料：兴业纺织品有限公司5月份发生经济业务如下：

1. 用银行存款购买材料。
2. 用银行存款支付前欠A单位货款。
3. 将资本公积转作资本。
4. 向银行借入长期借款，存入银行。
5. 收到所有者投入的设备。
6. 购入设备一台，款项未付。
7. 用银行存款归还短期借款。
8. 企业收回应收账款，存入银行。
9. 经批准用银行存款归还投资者的投资款。
10. 应付票据到期转为应付账款。

要求：分析上列各项经济业务的类型，填入表3－6。

表3－6

类　型	经济业务序号
1. 一项资产增加，一项权益增加	
2. 一项资产减少，一项权益减少	
3. 一项资产增加，另一项资产减少	
4. 一项权益增加，另一项权益减少	

练习与实训二

目的：练习会计基本等式。

资料：

1. 兴业纺织品有限公司201×年5月1日的资产、负债及所有者权益情况如表3－7所示：

表3－7

金额单位：元

资　产	金　额	负债及所有者权益	金　额
库存现金	2 000	负债：	
银行存款	14 000	短期借款	80 000
应收账款	13 000	应付账款	30 000
其他应收款	1 000	应付职工薪酬	20 000
生产成本	100 000		

续表

资　产	金　额	负债及所有者权益	金　额
原材料	60 000	所有者权益：	
库存商品	70 000	实收资本	400 000
固定资产	340 000	盈余公积	50 000
		未分配利润	20 000
合　计	600 000	合　计	600 000

2. 5月份兴业纺织品有限公司发生下列经济业务，分析判断每一项经济业务发生后所引起的会计要素的变化。

（1）购入原材料一批，价款2万元，材料验收入库，货款未付（表3－8）。

表3－8

单位：元

项　目		资　产	负　债	所有者权益	资产与权益总额	会计等式
变动情况	具体内容及金额	原材料 增加20 000	应付账款 增加20 000		增加	保持平衡

（2）向银行借入短期借款3万元存入银行（表3－9）。

表3－9

单位：元

项　目		资　产	负　债	所有者权益	资产与权益总额	会计等式
变动情况	具体内容及金额					

（3）李玉出差，预借差旅费1 500元，以现金支付（表3－10）。

表3－10

单位：元

项　目		资　产	负　债	所有者权益	资产与权益总额	会计等式
变动情况	具体内容及金额					

（4）以银行存款偿还前欠甲公司材料款2万元（表3－11）。

表3－11

单位：元

项　目		资　产	负　债	所有者权益	资产与权益总额	会计等式
变动情况	具体内容及金额					

（5）收到华兴公司投入资本3万元存入银行（表3－12）。

表3－12

单位：元

项　目		资　产	负　债	所有者权益	资产与权益总额	会计等式
变动情况	具体内容及金额					

（6）收回乙公司前欠货款1万元存入银行（表3－13）。

表3－13

单位：元

项目		资产	负债	所有者权益	资产与权益总额	会计等式
变动情况	具体内容及金额					

（7）以银行存款支付职工工资2万元（表3－14）。

表3－14

单位：元

项目		资产	负债	所有者权益	资产与权益总额	会计等式
变动情况	具体内容及金额					

要求：填制5月31日时兴业纺织品有限公司资产、负债和所有者权益各项目金额（表3－15）。

表3－15

××年5月31日

单位：元

资产	期末数	负债及所有者权益	期末数
库存现金		负债：	
银行存款		短期借款	
应收账款		应付账款	
其他应收款		应付职工薪酬	
生产成本		负债合计	
原材料		所有者权益：	
库存商品		实收资本	
固定资产		盈余公积	
		未分配利润	
		所有者权益合计	
总计		总计	

第4章 账户与复式记账

学习目标：□ 掌握账户的基本结构
□ 掌握会计分录的编制、T型账户的登记方法
□ 理解复式记账的原理
□ 重点掌握借贷记账法的记账规则、记账方法和账户的试算平衡方法

某企业从银行借入1万元短期借款，经济业务的发生导致企业的资产增加了1万元，负债也增加了1万元。做账，就是运用会计语言和专门的方法，记录和计量企业经营过程中的资产、负债、所有者权益、收入、费用和利润六大会计要素之间的变化。但如果仅仅利用会计要素记账，那么上述业务只能简单地记录为“资产增加10 000元，负债增加10 000元”。这样的记录显然不能满足信息使用者的需要。这就要求把会计要素细分为多个会计科目，再根据会计科目开设账户，对经济业务进行全面、详细的记录和计量，使会计记录能够充分反映企业的财务状况，为会计信息使用者进行经营决策提供真实可靠的依据。

第一节 会计科目

一、会计科目的概念

把会计对象进行基本分类后，形成资产、负债、所有者权益、收入、费用和利润六大会计要素。在每一会计要素中，都包括若干个具体的内容，如资产中包括库存现金、银行存款、固定资产、无形资产等等。会计要记录、计量复杂经济业务活动中的资金运动，就必须对会计要素进行细分，以满足会计信息使用者的需要。**会计科目就是对会计要素的具体内容**

进行分类核算的项目。每一个会计科目都有明确的经济意义和经济内容。会计科目是进行各项会计记录和提供各项会计信息的基础，在复式记账、设置账户、编制记账凭证和财务会计报表等会计核算中具有重要的意义。

二、会计科目的设置原则

（一）合法性原则

合法性原则是指所设置的会计科目应当符合国家统一的会计制度的规定。企业在设置会计科目时，要根据国家规定的会计科目及有关规定进行选择，符合合法性要求，如会计科目的名称、编号、核算内容、账务处理程序及账户余额等应符合国家的统一规定，不得擅自改变，以保证提供的会计信息口径一致。

（二）相关性原则

相关性原则是指所设置的会计科目应为提供有关各方所需要的会计信息服务，满足对外报告与对内管理的要求。会计信息使用者包括投资者、债权人、政府及其有关部门和社会公众等。会计信息使用者需要的信息包括企业赢利能力、资产运营水平、偿债能力和可持续发展能力等信息，这类信息主要由通用财务会计报告和内部会计报表等载体来提供。会计信息系统提供的会计信息应尽量满足会计信息使用者的需要，符合相关性原则。

（三）实用性原则

实用性原则是指所设置的会计科目应符合单位自身的特点，满足单位的实际需要。会计主体在能够提供统一会计信息的前提下，应根据本单位自己的具体情况，结合会计信息使用者的要求，删减或者增补会计科目。

三、会计科目的分类

1. 会计科目按其所归属的会计要素不同，分为资产类、负债类、所有者权益类、成本类、损益类五大类。在我国新会计准则体系下，会计科目覆盖了金融类行业，所以增加了“共同类”会计科目，如表4－1所示。

表4－1　　企业常用的主要会计科目表

编　号	会计科目名称	编　号	会计科目名称
	一、资产类	1231	坏账准备
1001	库存现金	1401	材料采购
1002	银行存款	1402	在途物资
1012	其他货币资金	1403	原材料
1101	交易性金融资产	1404	材料成本差异
1121	应收票据	1405	库存商品
1122	应收账款	1406	发出商品
1123	预付账款	1408	委托加工物资
1131	应收股利	1411	周转材料
1132	应收利息	1471	存货跌价准备
1221	其他应收款	1511	长期股权投资

续表

编　号	会计科目名称	编　号	会计科目名称
1512	长期股权投资减值准备	四、所有者权益类	
1601	固定资产	4001	实收资本
1602	累计折旧	4002	资本公积
1603	固定资产减值准备	4101	盈余公积
1604	在建工程	4103	本年利润
1605	工程物资	4104	利润分配
1606	固定资产清理	五、成本类	
1701	无形资产	5001	生产成本
1702	累计摊销	5101	制造费用
1703	无形资产减值准备	5201	劳务成本
1711	商誉	5301	研发支出
1801	长期待摊费用	六、损益类	
1901	待处理财产损溢	6001	主营业务收入
二、负债类		6051	其他业务收入
2001	短期借款	6101	公允价值变动损益
2201	应付票据	6111	投资收益
2202	应付账款	6301	营业外收入
2203	预收账款	6401	主营业务成本
2211	应付职工薪酬	6402	其他业务成本
2221	应交税费	6403	营业税金及附加
2231	应付利息	6601	销售费用
2232	应付股利	6602	管理费用
2241	其他应付款	6603	财务费用
2501	长期借款	6701	资产减值损失
2502	应付债券	6711	营业外支出
2701	长期应付款	6801	所得税费用
三、共同类（略）		6901	以前年度损益调整

2. 会计科目按其所提供信息的详细程度及其统驭关系不同，分为总分类科目和明细分类科目。

（1）**总分类科目**是对会计要素具体内容进行总括分类、提供总括信息的会计科目，也称“总账科目”或“一级科目”。表 4 – 1 所列会计科目均为总分类会计科目。

（2）**明细分类科目**是对总分类科目作进一步分类，提供更详细、更具体的会计信息的科目，也称“明细科目”或“细目”。明细分类科目的设置，除会计制度有规定者外，各单位可以根据管理的需要自行设定。

在会计实务中，大多数总分类科目都要设置明细分类科目。对于明细科目较多的总账科目，可在总分类科目与明细科目之间设置二级或多级科目，二级科目和明细科目均属明细分类科目。明细分类科目提供的明细核算指标主要为企业内部管理服务，如表 4－2 所示。

表 4－2　　总分类科目和明细分类科目

总分类科目（一级科目）	明细分类科目	
	二级科目（子目）	明细科目（细目）
原材料	原料及主要材料	钢板
	辅助材料	润滑油
	燃料	柴油

四、实训操场

实训 A：试分析兴业纺织品有限公司××年 6 月 30 日有关财产物资所属的会计要素及会计科目。

（1）各类房屋和建筑物 1 850 万元。

（2）生产车间各类机器设备 1 010 万元。

（3）存放在材料仓库的各种材料 710 万元。

（4）存放在成品仓库的各种产成品 980 万元。

（5）存放在财会部门保险柜的现金 0.4 万元。

（6）存在银行的各种款项 140 万元。

（7）应收取的款项 84.6 万元。

分析：

（1）属于资产类，“固定资产”科目核算；

（2）属于资产类，“固定资产”科目核算；

（3）属于资产类，“原材料”科目核算；

（4）属于资产类，“库存商品”科目核算；

（5）属于资产类，“库存现金”科目核算；

（6）属于资产类，“银行存款”科目核算；

（7）属于资产类，“应收账款”科目核算。

实训 B：试分析兴业纺织品有限公司××年 6 月 30 日有关权益所属的会计要素及会计科目。

（1）投资者投入资本 3 500 万元。

（2）从银行取得短期借款 300 万元。

（3）从银行取得长期借款 700 万元。

（4）因购买材料应支付的款项 100 万元。

（5）应付给职工的各种工资福利 38 万元。

（6）应缴纳的各种税金 8 万元。

（7）企业当期实现的净利润 224 万元。

分析：

（1）属于所有者权益类，“实收资本”科目核算；

（2）属于负债类，“短期借款”科目核算；

（3）属于负债类，“长期借款”科目核算；

（4）属于负债类，“应付账款”科目核算；

（5）属于负债类，“应付职工薪酬”科目核算；

（6）属于负债类，“应交税费”科目核算；

（7）属于所有者权益类，“本年利润”科目核算。

第二节　账　　户

一、账户的概念

会计科目是对会计要素的具体内容进行科学分类后所确定的项目。有了会计科目，还不能进行具体的会计核算。为了全面、连续、系统地记录、计量会计要素的增减变动情况，还必须为每一个会计科目开设账户。设置账户是会计核算的重要方法之一。

账户是根据会计科目设置的，具有一定格式和结构，用于分类反映会计要素增减变动情况及其结果的载体。

相关知识

会计科目与账户的关系

1. 会计科目与账户的联系。

（1）二者所反映的会计对象的具体内容是相同的，都体现了对会计要素具体内容的分类；

（2）会计科目是账户的名称，是设置账户的依据；

（3）账户则是根据会计科目来开设的，是会计科目的具体运用。

2. 会计科目与账户的区别。

（1）会计科目仅仅是个名称，不具有一定的结构；

（2）账户具有一定的格式和结构，能够用来连续、系统、全面地记录反映某种经济业务的增减变化及其结果。

二、账户的分类

1. 根据账户所反映的经济内容划分，可将其分为资产类账户、负债类账户、所有者权益类账户、成本类账户、损益类账户五类。

2. 按照其所提供信息的详细程度及其统驭关系不同划分，分为总分类账户和明细分类账户。

总分类账户是根据总分类科目设置的，它可以提供总括核算资料和指标，是对其所属明细分类账户资料的综合。**明细分类账户**是根据明细分类科目设置的，它可以提供明细核算资料和指标，是对其总分类账户资料的具体化和补充说明。

账户的分类如图4－1所示。

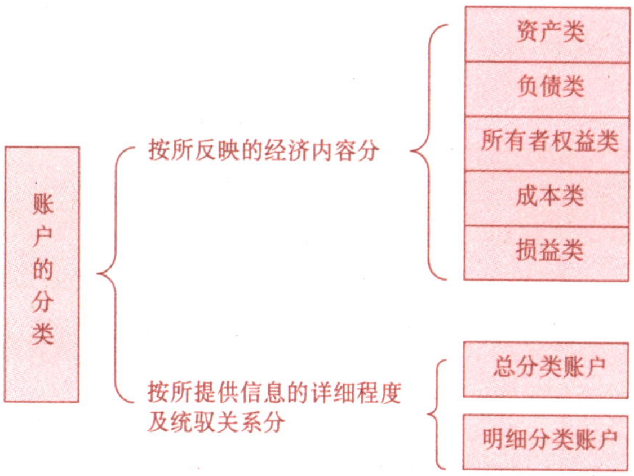

图4－1　账户的分类

三、账户的基本结构

账户作为记录经济业务的载体，具有三个作用：一是分门别类地记录经济业务的增减变动情况；二是提供日常会计核算资料和数据；三是为编制会计报表提供依据。为此，账户不但要有明确的核算内容，而且要有一定的结构。由于经济业务的发生所引起的各项会计要素的变动，从数量上看，存在增加和减少两种情况。因此，账户基本结构也分为左右两个基本部分，一方登记增加额，另一方登记减少额（见表4－3）。

表4－3　　**账户的基本结构**

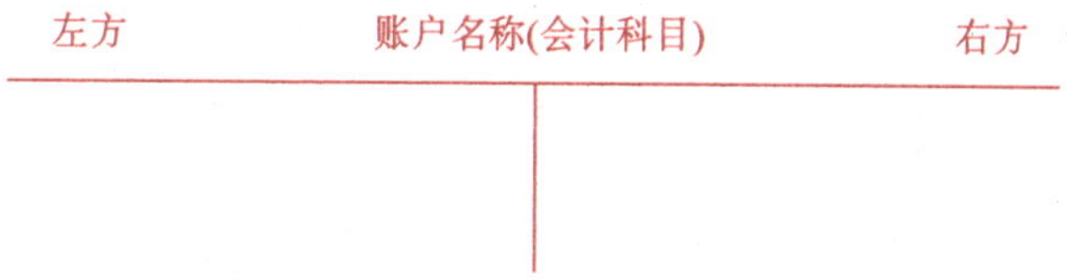

注意：账户左右两方中，哪一方登记增加，哪一方登记减少，取决于所记录的经济业务和账户的性质。

表4－3所示的账户基本结构很像英文字母T，所以也称之为“T”形账户。

T形账户结构分左右两方，分别用来记录经济业务发生所引起的会计要素的增加额和减少额。增减相抵后的差额，称为“账户的余额”。余额按其表现的不同时间，分为期初余额和期末余额（本期的期末余额即为下期的期初余额）。因此，通过账户记录的金额可以提供期初余额、本期增加发生额、本期减少发生额和期末余额四个会计核算指标。其基本关系如下：

期末余额＝期初余额＋本期增加发生额－本期减少发生额

想一想：

假设月初你有现金50元，本月你的妈妈又给了你300元现金。你购买书籍付了30元，交手机费付了40元，交餐费付了240元。到月末时，你的现金还剩多少元？

在会计实务工作中，账户的基本结构如表4－4所示。

表4－4　　　　账户名称（会计科目）

年		凭证		摘要	借方	贷方	余额
月	日	种类	编号				

从表4－4中可见，一般来说，任何一个账户都应当包括下列基本内容：

1. 账户的名称，即会计科目；
2. 日期，即所记载经济业务发生的时间；
3. 凭证种类和编号，即账户记录的依据；
4. 摘要，即概括说明经济业务的内容；
5. 金额，即增加的金额、减少的金额及余额。

第三节　复式记账与借贷记账法

一、复式记账

复式记账法是根据会计等式的原理，对发生的每一项经济业务，都以相等的金额在两个或两个以上相互联系的账户中进行记录的一种记账方法。

相关链接

单式记账与复式记账

从会计的发展历程看，记账方法经历了由单式记账到复式记账的逐步完善过程。

单式记账是会计发展的最初形式。所谓单式记账法，就是对发生的每笔经济业务都只在一个账户中进行记录的方法。在记录过程中，它只重点考虑现金、银行存款、债权和债务的结算。例如，企业用银行存款购买原材料，在单式记账法下，只记录银行存款的支付金额，却不记录原材料的增加。可见，单式记账是一种简单的、不完整的记账方法，不能全面、系统地反映经济业务的来龙去脉。

复式记账是从单式记账法发展起来的一种比较完善的记账方法。与单式记账法相比，对每项经济业务都以相等的金额在两个或两个以上的相互联系的账户中进行记录；各账户之间客观上存在对应关系，对账户记录的结果可以进行试算平衡。例如，企业用银行存款购买原材料，在复式记账法下，不仅要记录银行存款的支付金额，还要以相等的金额记录原材料的增加金额。

想一想：

假设你购买书籍付了 30 元。在单式记账法下，如何进行记录？在复式记账法下，应如何记录？分析一下复式记账比单式记账有哪些优点？

复式记账以会计基本等式“**资产 = 负债 + 所有者权益**”为原理，因此通过复式记账，不仅可以检查账户记录的正确性，而且可以清楚地了解每一项经济业务的来龙去脉，全面了解经济业务活动的全貌，是一种比较科学的记账方法。

复式记账法按采用的记账符号和记账规则的不同，分为借贷记账法、增减记账法和收付记账法三种形式。目前，在世界各国中，借贷记账法是应用最为广泛的复式记账法。

提示：我国《企业会计准则》规定，企业会计核算必须采用借贷记账法。

二、借贷记账法

（一）借贷记账法的概念

借贷记账法是以“借”、“贷”作为记账符号的一种复式记账方法。

经济业务的发生所引起的资金运动无外乎增加、减少两个方面。在借贷记账法下，“借”、“贷”作为一种记账符号，必须以一方表示增加，同时以另一方表示减少。需要注意的是，“借”不一定是增加，“贷”不一定是减少。“借”或“贷”都可以表示账户的增加，也都可以表示账户的减少，这取决于账户的性质。

借贷记账法的记账规则是“有借必有贷、借贷必相等”。记账规则是记账的依据，也是核对账目的依据。“有借必有贷”是指任何一笔经济业务，都应在一个账户或几个账户的借方和另一个账户或几个账户的贷方同时进行登记；“借贷必相等”则是指任何一笔经济业务记入借方账户的金额一定等于记入贷方账户的金额。

（二）借贷记账法下账户的结构

在借贷记账法下，所有账户的结构都是左方为“借方”，右方为“贷方”。不同类别的账户，借、贷方所登记的增减正好相反，也就是说，如果用账户的借方登记增加额，则贷方登记减少额，如有余额一般在借方；如果用借方登记减少额，则贷方登记增加额，如有余额一般在贷方。

至于账户的哪一方登记增加、哪一方登记减少，则要由账户的性质来决定。账户的性质就是账户所反映的经济内容。

1. 资产类账户的结构。资产类账户，增加数记入账户的借方，减少数记入账户的贷方。账户若有余额，一般为借方余额，表示资产的结余数额，如表 4－5 所示。

表 4－5

借方	资产类账户		贷方
期初余额	×××		
本期增加额	×××	本期减少额	×××
本期借方发生额	×××	本期贷方发生额	×××
期末借方余额	×××		

资产类账户的期末余额的计算方法如下：

资产类账户的期末余额＝期初借方余额＋本期借方发生额－本期贷方发生额

2. 负债及所有者权益类账户的结构。负债及所有者权益类账户，增加数记入账户的贷方，减少数记入账户的借方。账户若有余额，一般为贷方余额，表示权益的结余数，如表 4－6所示。

表 4－6

借方	负债及所有者权益类账户		贷方
		期初余额	×××
本期减少额	×××	本期增加额	×××
本期借方发生额	×××	本期贷方发生额	×××
		期末贷方余额	×××

负债及所有者权益类账户的期末余额的计算方法如下：

负债及所有者权益类账户的期末余额＝期初贷方余额＋本期贷方发生额－本期借方发生额

3. 成本费用类账户的结构。成本费用类账户的结构与资产类账户相似，增加数记入账户的借方，减少数或转销数记入账户的贷方。期末一般没有余额，如有余额则为借方余额，表示期末某项资产余额，如表 4－7 所示。

表 4－7

借方	成本费用类账户		贷方
本期增加额	×××	本期减少额	×××
本期借方发生额	×××	本期贷方发生额	×××
期末结转后一般无余额			

4. 收入类账户的结构。收入类账户的结构与负债、所有者权益类账户基本相同，增加额记入账户的贷方，减少或转销数记入账户的借方，期末没有余额，如表 4－8 所示。

表 4－8

借方	收入类账户		贷方
本期减少额	×××	本期增加额	×××
本期借方发生额	×××	本期贷方发生额	×××
		期末结转后无余额	

资产类账户的期末余额一般在借方，负债及所有者权益类账户的期末余额一般在贷方。因此，可以根据账户余额的方向来判断账户的性质。归纳起来，全部账户的结构如表 4－9 所示。

表 4－9

借方　　　账户名称	贷方
资产增加	资产减少
负债及所有者权益减少	负债及所有者权益增加
成本费用增加	成本费用转出
收入转出	收入增加
期末余额：资产余额	期末余额：负债及所有者权益余额

（三）实训操场

1. 账户的对应关系与会计分录。

【例 4－1】 用银行存款购买价值 5 万元的汽车。

分析： 这笔经济业务的发生使固定资产和银行存款账户一增一减。“固定资产”和“银行存款”都属于资产类账户。固定资产的增加应记借方，银行存款的减少应记贷方，借贷金额相等。其登记结果如表 4－10 所示。

表 4－10

借　银行存款	贷
	50 000

→

借　固定资产	贷
50 000	

【例 4－2】 收到投资人以银行存款 3 万元、房屋 20 万元对企业的投资。

分析： 这笔经济业务涉及“银行存款”、“固定资产”、“实收资本”三个账户，银行存款增加 3 万元，固定资产增加 20 万元，实收资本增加 23 万元。银行存款和固定资产属于资产类账户，实收资本属于所有者权益类账户。这笔经济业务应当登记在“银行存款”、“固定资产”账户的借方和“实收资本”账户的贷方，借贷金额相等。其登记结果如表 4－11 所示。

表 4 - 11

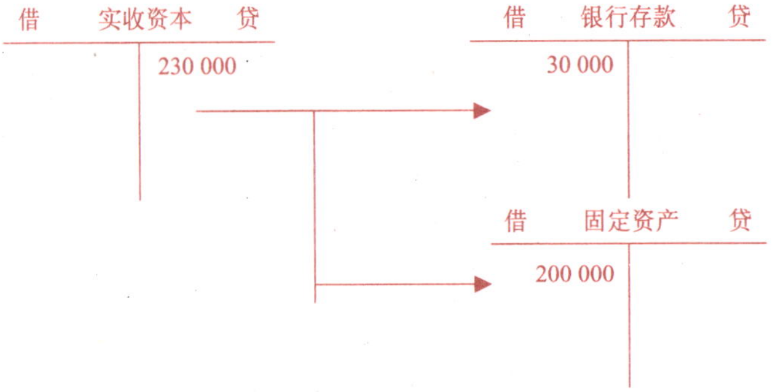

从上述例子中可以看出，在运用借贷记账法的记账规则记录一笔经济业务时，在有关账户之间形成了应借应贷的相互对应关系。**账户之间的这种相互关系通常被称为“账户对应关系”，存在对应关系的账户互称为“对应账户”**。为保证账户记录的准确性，应借账户、应贷账户及其金额不是直接记入账户的，而是先根据经济业务所涉及的账户及其应记的借贷方向和金额编制会计分录。

会计分录是指对每笔经济业务都按复式记账要求分列出应借应贷账户及其金额的一种记录，简称分录。

提示：会计分录三要素：记账方向、会计科目、金额。

会计分录的编制应遵循以下三个步骤：

（1）分析经济业务事项涉及哪些会计要素、哪些账户，即确定账户名称；

（2）确定所涉及账户的增加或减少，即确定记账方向；

（3）确定所记入账户的金额。

相关技能

会计分录的书写格式

会计分录应按规定的格式书写，即借方账户在上，贷方账户在下，而且借、贷方账户及金额错开 1～2 个字位，借方靠前，贷方靠后。这种排列方式以借贷记账法的记账规则为依据，以便于检查会计分录的借贷是否平衡。

如例 4－1 应编制的会计分录如下：

借：固定资产	50 000	
贷：银行存款		50 000

如例 4－2 应编制的会计分录如下：

借：银行存款	30 000	
固定资产	200 000	
贷：实收资本		230 000

按照经济业务的繁简程度不同，会计分录有简单分录和复合分录之分。**简单分录**只涉及两个账户，由一个账户的借方与另一个账户的贷方相对应构成，即一借一贷的会计分录。例 4－1 所编制的会计分录就是简单会计分录。**复合分录**则涉及两个以上（不含两个）的账户，

由一个账户的借方与另外几个账户的贷方或者一个账户的贷方与另外几个账户的借方相对应构成，即一借多贷、一贷多借的会计分录。例 4－2 所编制的会计分录就是复合会计分录。特殊情况下，才允许编制多借多贷的会计分录。

2. 试算平衡。为了检验和确保一定时期内所发生的经济业务在账户中登记的正确性，需要在会计期末进行账户的试算平衡。**试算平衡是指根据资产与权益的恒等关系以及借贷记账法的记账规则，检查所有账户记录是否正确的过程，包括发生额试算平衡法和余额试算平衡法两种方法。**

（1）发生额试算平衡法。它是根据本期所有账户借方发生额合计与贷方发生额合计的恒等关系，检验本期发生额记录是否正确的方法。其计算公式如下：

全部账户本期借方发生额合计数＝全部账户本期贷方发生额合计数

（2）余额试算平衡法。它是根据本期所有账户借方余额合计与贷方余额合计的恒等关系，检验本期账户记录是否正确的方法。根据余额时间不同，又分为期初余额平衡与期末余额平衡两类。其计算公式如下：

全部账户的借方期末（期初）余额合计＝全部账户的贷方期末（期初）余额合计

【例 4－3】 兴业纺织品有限公司 6 月 30 日有关账户余额如表 4－12 所示。

表 4－12　总分类账户期初余额　单位：元

资　产	金　额	负债及所有者权益	金　额
银行存款	280 000	应付账款	91 600
库存现金	1 600	短期借款	100 000
原材料	120 000	实收资本	210 000
合　计	401 600	合　计	401 600

（1）该公司 7 月份发生下列业务，编制会计分录如下：

①将库存现金 1 000 元存入开户银行。

分析： 这笔业务，使公司的银行存款增加，应记入“银行存款”的借方；库存现金减少，应记入“库存现金”的贷方。会计分录如下：

借：银行存款　　1 000
　　贷：库存现金　　1 000

②从银行提取现金 2 万元，备用。

分析： 这笔业务，使公司库存现金增加，应记入“库存现金”的借方；银行存款减少，应记入“银行存款”的贷方。会计分录如下：

借：库存现金　　20 000
　　贷：银行存款　　20 000

③用转账支票购买了一台机床，价值 5 万元。

分析： 这笔业务，使公司固定资产增加，应记入“固定资产”的借方；银行存款减少，应记入“银行存款”的贷方。会计分录如下：

借：固定资产　　50 000
　　贷：银行存款　　50 000

④从银行借入期限为 3 年的 3 万元借款。

分析：这笔业务，使公司银行存款增加，应记入“银行存款”的借方；长期借款增加，应记入“长期借款”的贷方。会计分录如下：

借：银行存款　　30 000

　　贷：长期借款　　30 000

⑤从银行借入期限为 3 个月的借款 10 万元，存入企业的银行存款户。

分析：这笔业务，使公司银行存款增加，应记入“银行存款”的借方；短期借款增加，应记入“短期借款”的贷方。会计分录如下：

借：银行存款　　100 000

　　贷：短期借款　　100 000

⑥购入一批材料，价款 1 万元，已验收入库，款项尚未支付。

分析：这笔业务，使公司原材料增加，应记入“原材料”的借方；应付账款增加，应记入“应付账款”的贷方。会计分录如下：

借：原材料　　10 000

　　贷：应付账款　　10 000

⑦收到国家投资 149 万元，款项已存入企业的银行存款户。

分析：这笔业务，使公司银行存款增加，应记入“银行存款”的借方；实收资本增加，应记入“实收资本”的贷方。会计分录如下：

借：银行存款　　1 490 000

　　贷：实收资本　　1 490 000

⑧收到大连纺织实业公司投资厂房 70 万元，房屋产权转移手续已办理完毕。

分析：这笔业务，使公司固定资产增加，应记入“固定资产”的借方；实收资本增加，应记入“实收资本”的贷方。会计分录如下：

借：固定资产　　700 000

　　贷：实收资本　　700 000

（2）根据以上会计分录登记账户，期末结出账户本期发生额和期末余额。具体如表 4－13至表 4－20 所示。

表 4－13

银行存款

期初余额	280 000		
①	1 000	②	20 000
④	30 000	③	50 000
⑤	100 000		
⑦	1 490 000		
本期发生额	1 621 000	本期发生额	70 000
期末余额	1 831 000		

表 4－14

库存现金

期初余额	1 600		
②	20 000	①	1 000
本期发生额	20 000	本期发生额	1 000
期末余额	20 600		

表 4－15

原材料

期初余额	120 000		
⑥	10 000		
本期发生额	10 000	本期发生额	0
期末余额	130 000		

表 4－16

应付账款

		期初余额	91 600
		⑥	10 000
本期发生额	0	本期发生额	10 000
		期末余额	101 600

表 4－17

固定资产

③	50 000		
⑧	700 000		
本期发生额	750 000	本期发生额	0
期末余额	750 000		

表 4－18

长期借款

		④	30 000
本期发生额	0	本期发生额	30 000
		期末余额	30 000

表 4－19

短期借款

		期初余额	100 000
		⑤	100 000
本期发生额	0	本期发生额	100 000
		期末余额	200 000

表 4－20

实收资本

		期初余额	210 000
		⑦	1 490 000
		⑧	700 000
本期发生额	0	本期发生额	2 190 000
		期末余额	2 400 000

（3）根据账户记录进行试算平衡，编制总分类账户本期发生额及余额试算平衡表，如表 4－21 所示。

表 4－21　总分类账户本期发生额及余额试算平衡表

××年 7 月　　单位：元

账户名称	期初余额		本期发生额		期末余额	
	借　方	贷　方	借　方	贷　方	借　方	贷　方
银行存款	280 000		1 621 000	70 000	1 831 000	
库存现金	1 600		20 000	1 000	20 600	
原材料	120 000		10 000		130 000	
固定资产			750 000		750 000	
短期借款		100 000		100 000		200 000
应付账款		91 600		10 000		101 600
长期借款				30 000		30 000
实收资本		210 000		2 190 000		2 400 000
合　　计	401 600	401 600	2 401 000	2 401 000	2 731 600	2 731 600

想一想：

通过试算平衡表查得借贷双方金额相等，是否说明账户记录一定是正确的？如果不正确，可能存在哪些错误？

练习与实训

1. 兴业纺织品有限公司3月发生下列经济业务：

（1）收到投资者投入资本20万元，存入银行。

（2）向银行借入3个月期限的借款10万元，存入银行。

（3）从银行存款中提取现金2 000元备用。

（4）以现金支付管理费用700元。

（5）以银行存款5万元归还短期借款。

（6）以存款购进A材料4 900元，材料已入库。

（7）购进B材料5 000元，材料已入库，货款尚未支付。

（8）以存款支付应付账款5 000元。

（9）销售甲产品一批，售价88 000元，货款收到存入银行。

（10）销售乙产品一批，售价25 000元，货款尚未收到。

（11）收到应收账款25 000元，存入银行。

（12）将现金1 500元存入银行。

（13）收到投资者投入的固定资产18万元。

要求：编制会计分录。

2. 兴业纺织品有限公司4月1日有关账户余额如表4－22所示。该公司4月发生下列经济业务：

表4－22　　账户试算平衡表　　单位：元

账户名称	期初余额		本期发生额		期末余额	
	借　方	贷　方	借　方	贷　方	借　方	贷　方
银行存款	831 000					
应收账款	68 000					
短期借款		30 000				
应付账款		54 000				
应交税费		33 000				
实收资本		782 000				
合　　计	899 000	899 000				

(1) 收回应收账款21 000元存入银行。
(2) 以银行存款2万元归还短期借款。
(3) 以银行存款23 000元缴纳应交税费。
(4) 收到投资者投入资金5万元存入银行。
(5) 以银行存款35 000元偿还应付账款。
要求：编制试算平衡表进行试算平衡。

第5章 会计凭证

学习目标

- □ 熟悉会计凭证的种类
- □ 掌握原始凭证和记账凭证的含义和种类
- □ 掌握原始凭证和记账凭证的基本内容、填制与审核方法
- □ 熟悉会计凭证的传递、装订与保管

将经济活动用文字和数据记载的书面证明称为“原始凭证”，将原始凭证按会计学的要求和方法重新整理的凭证称为“记账凭证”。取得、填制和审核会计凭证是会计信息处理的重要环节，对会计核算和会计信息质量具有至关重要的影响和作用。

通过前面的学习我们已经知道，经济业务发生后，要按照专门的会计方法，即复式记账的原理计量、记录、生成会计信息。记录和反映这些会计信息要有载体，这些载体就是会计凭证、会计账簿和会计报告。下边让我们一起走进会计凭证载体世界。

第一节　会计凭证的意义及种类

一、会计凭证的意义

（一）会计凭证的含义

会计凭证，简称“凭证”，是记录经济业务的发生和完成情况，明确经济责任，并作为登记账簿依据的书面证明。

任何企业、单位在日常的经济活动中，对发生的每一项经济业务，都必须填制或取得适当的会计凭证作为证明文件，用以证明经济业务的真实性和合法性。例如，企业购买原材料

或其他商品时，要有供货单位开出的发票；在支付款项时要有收款单位开出的收据；在收进原材料、商品时要有收料的单据；在发出原材料、商品时要有发料的单据等等。这些发票、收据、收料单或发料单等就是会计凭证。

任何单位不仅在发生经济业务时要按照有关规定填制或取得会计凭证，而且应由执行和完成该项经济业务的有关单位、部门或个人在凭证上签字盖章，以明确对所发生的经济业务的真实性和合法性承担的责任。取得或填制会计凭证后，需经有关人员审核无误后，方可作为记账的依据。

提示：填制和审核会计凭证是会计核算工作的起点和基本环节，也是实行会计监督的一种专门方法。

相关链接

1999年10月31日中华人民共和国第九届全国人民代表大会常务委员会第十二次会议修订通过，2000年7月1日起实施的《会计法》第十五条规定："会计账簿登记，必须以经过审核的会计凭证为依据，并符合有关法律、行政法规和国家统一的会计制度的规定。"

（二）会计凭证的作用

会计核算程序主要包括凭证→账簿→报表三个步骤，会计凭证是其中的起点和基础。因此，合法地取得、正确地填制和严格地审核会计凭证，是会计核算工作的起点，对于完成会计工作任务、实现会计的职能具有十分重要的意义 。会计凭证的作用具体包括：

1. 可以正确、及时地反映各项经济业务的执行和完成情况。
2. 能够明确经办人的责任，促使各单位加强经济管理的岗位责任制。
3. 能够加强对经济业务的监督检查，同时也有利于改善企业经营管理，提高经济效益。

会计凭证的作用如图5－1所示。

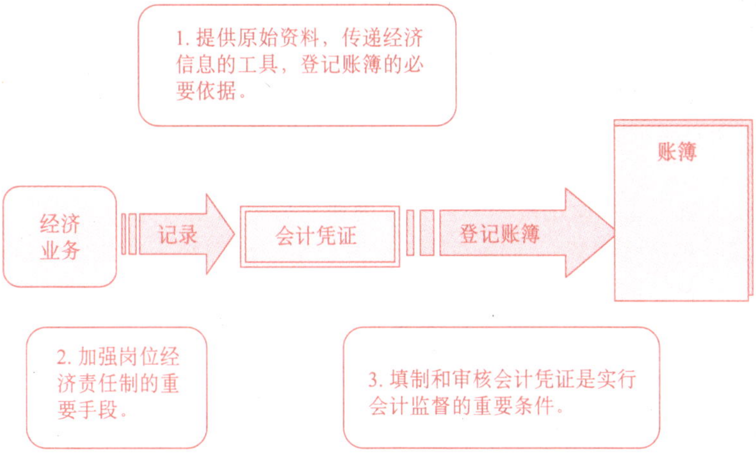

图5－1 会计凭证的作用

二、会计凭证的种类

会计凭证的种类很多，可以按照不同的标准进行分类。最基本的分类是按照会计凭证的填制的程序和用途分为原始凭证和记账凭证两种。

（一）原始凭证

1. 原始凭证的概念 。**原始凭证是在经济业务发生时直接填制或取得的，用来载明经济业务实际执行和完成情况，明确经济责任，具有法律效力，并作为记账原始依据的一种会计凭证。**它是证明经济业务实际发生或完成的最初的书面证明，是进行会计核算的原始资料，是会计资料中最具法律效力的一种证明文件。例如，购入材料取得的发货票、收到材料填制的收料单、付出现金取得的收据等都是原始凭证。

2. 原始凭证的种类。原始凭证可以按照不同的标准进行分类。

（1）原始凭证按取得的来源不同，分为外来原始凭证和自制原始凭证。

- **外来原始凭证**，是指同外单位发生经济往来，在经济业务发生或完成时，从外单位或个人直接取得的原始凭证。如采购时取得的增值税专用发票，付款时由收款方开给的收据，与银行办理结算时取得的结算凭证，出差购买的飞机票、车船票，等等。

- **自制原始凭证**，是在经济业务发生或完成时，由本单位经办部门或人员根据经济业务的内容自行填制的原始凭证。如验收材料时的收料单、领用材料时的领料单、产品入库单、支付工资时填制的工资单、差旅费报销单等。

提示：自制原始凭证的“自制”二字，其含义是“自行填制”，而不是“自行设计或设置”。

（2）原始凭证按填制手续及内容不同，分为一次凭证、累计凭证和汇总凭证。

- **一次凭证**，是指对一项经济业务，在发生或完成时一次填制完成的原始凭证。如购货发票、销货发票、现金收据、收料单、领料单、借款单等。**外来原始凭证和大部分自制原始凭证一般都是一次凭证**。

- **累计凭证**，是指在一定时期内连续在一张凭证中记载同类经济业务，并于期末将其累计数作为记账依据的原始凭证。如工业企业的限额领料单是一种典型的自制累计凭证。这类凭证的填制手续是随着经济业务的发生而分次进行的。

- **汇总凭证**，是指将一定时期内（每旬或每月），反映同类经济业务的原始凭证按照一定标准加以汇总，定期编制一张汇总凭证，用于集中反映某类经济业务总括情况的会计凭证。如根据收料单编制的收料凭证汇总表、根据发料单编制的发料凭证汇总表、工资结算汇总表等。

（3）原始凭证按格式和使用范围不同，分为通用凭证和专用凭证。

- **通用凭证**，是指全国统一使用或某一地区、某一部门统一印制、统一格式和使用方法的通用原始凭证。如全国统一使用的银行承兑汇票、由税务部门统一规定使用的发票等。

- **专用凭证**，是指专门用于某一类经济业务，具有特定内容和格式的专用原始凭证。如增值税专用发票、差旅费报销单、工资费用分配表等。

另外，原始凭证按经济业务的类别不同，又可以分为如下几种：

- **款项收付业务原始凭证，**是记录现金和银行存款收付等业务的凭证。多为一次凭证，既有外来的，也有自制的。如现金借据、现金收据、领款单、零星购物发票、车船机票、银行支票等。

- **出入库业务原始凭证，**是记录材料、产成品出入库的凭证，既可以是一次凭证，也可以是累计凭证。如提货单、入库单、领料单等。

- **成本费用原始凭证**，是记录产品生产费用的发生和分配的凭证，多为自制凭证。如工资单、工资费用汇总表、产品成本计算单、制造费用分配表、折旧费用分配表等。
- **购销业务原始凭证**，是记录材料采购或产成品、商品、劳务供应或销售的凭证。如提货单、发货单、交款单、运费单据等。
- **固定资产业务原始凭证**，是记录固定资产购置、调拨、盘盈、盘亏、报废等业务的凭证。如固定资产调拨单，固定资产移交清册，固定资产盘盈、盘亏报告单，固定资产报废单等。
- **转账业务原始凭证**，是在会计期间终了，为了结平收入和支出账户，计算并结转成本、利润等而自制的原始凭证。一般没有固定格式。

原始凭证的分类不是彼此孤立，而是互相渗透和包含的。例如，对销货单位的发票，从来源上讲，它是自制原始凭证；从填制方法上讲，它是一次凭证；从格式上讲，它是通用凭证；从经济业务的类别讲，它是款项收付业务凭证。

上述原始凭证的分类如图 5－2 所示。

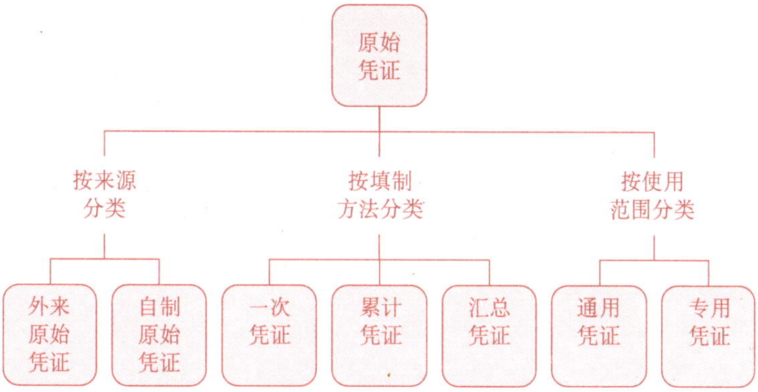

图 5－2　原始凭证的分类

相关链接

1999 年 10 月 31 日修订通过，2000 年 7 月 1 日起实施的《会计法》第十四条规定："会计凭证包括原始凭证和记账凭证。办理本法第十条所列的经济业务事项，必须填制或取得原始凭证并及时送交会计机构。"

"第十条　下列经济业务事项，应当办理会计手续，进行会计核算：

（一）款项和有价证券的收付；

（二）财物的收发、增减和使用；

（三）债权债务的发生和结算；

（四）资本、基金的增减；

（五）收入、支出、费用、成本的计算；

（六）财务成果的计算和处理；

（七）需要办理会计手续、进行会计核算的其他事项。"

在会计工作中，任何企业、单位每处理一项经济业务，如现金的收付、物资的进出、往来款项的结算等，都必须有凭证。没有会计凭证，就不能随意收付款项或动用财产物资，也

不能进行账务处理。

所有的会计凭证都要由会计部门审核，只有经过审核无误的会计凭证，才能作为经济业务已经发生或完成的证明和登记账簿的依据。

想一想：

企业已违反有关规定，被税务部门处以罚款和定期整改。收到的罚款通知书属于（　　）。

A. 外来原始凭证　　B. 自制原始凭证　　C. 一次凭证　　D. 累计凭证

E. 通用凭证　　F. 专用凭证　　G. 通知凭证　　H. 都不是

（二）记账凭证

1. 记账凭证的概念。**记账凭证是会计人员根据审核无误的原始凭证或汇总原始凭证编制的，用来记载经济业务的简要内容，确定会计分录，直接作为登记账簿依据的一种会计凭证。**

记账凭证要根据复式记账的原理和记账规则，确定会计科目的记账方向及金额，将原始凭证所表明的经济业务内容，即交易、事项转化为会计语言。因此，在记账前，一般先要将原始凭证或汇总原始凭证进行归类整理后，编制记账凭证，在记账凭证中明确应借、应贷的会计科目及其金额，即确定会计分录，然后再据以登记账簿。所以，记账凭证是原始凭证和账簿之间的中间环节，是登记各种账簿的依据。将原始凭证作为附件和原始依据，便于核对和查账，有利于提高会计工作的质量。

2. 记账凭证的种类。

（1）记账凭证按其反映经济业务的内容不同，分为收款凭证、付款凭证和转账凭证。这是最常见的分类方法。

- **收款凭证**是用于记录库存现金和银行存款收款业务的会计凭证，是根据涉及库存现金和银行存款收款业务的原始凭证填制的记账凭证。收款凭证的借方科目分别为库存现金或银行存款，所以收款凭证又可分为库存现金收款凭证和银行存款收款凭证（见表5－1）。

表5－1　　收　款　凭　证

借方科目________　　　　年　　月　　日　　　　字第　　号

摘　要	贷方总账科目	明细科目	借或贷	金额									
				千	百	十	万	千	百	十	元	角	分
合计													

附单据　张

财务主管：　　记账：　　出纳：　　审核：　　制单：

- **付款凭证**是用于记录库存现金和银行存款付款业务的会计凭证，是根据涉及库存现金和银行存款付款业务的原始凭证填制的记账凭证。付款凭证的贷方科目分别为库存现金或银行存款，所以付款凭证又可分为库存现金付款凭证和银行存款付款凭证（见表5－2）。

表5－2

付 款 凭 证

贷方科目________　　　　年　月　日　　　　字第　号

摘要	借方总账科目	明细科目	借或贷	金额										
				千	百	十	万	千	百	十	元	角	分	附
														单
														据
														张
合计														

财务主管：　　记账：　　出纳：　　审核：　　制单：

- **转账凭证**是用于记录不涉及库存现金和银行存款收付业务的会计凭证，是根据有关转账业务的原始凭证填制的记账凭证（见表5－3）。

表5－3

转 账 凭 证

总号	
分号	

年　月　日

摘要	总账科目	明细科目	金额										金额										记账
			千	百	十	万	千	百	十	元	角	分	千	百	十	万	千	百	十	元	角	分	
合计	（附件　张）																						

会计主管：　　记账：　　审核：　　填制：

提示：

1. 凡是反映收款业务的就填制收款凭证；凡是反映付款业务的就填制付款凭证；凡是反映转账业务的就填制转账凭证。收款凭证、付款凭证和转账凭证都是专门用于记录某一类经济业务的记账凭证，这类记账凭证叫“专用记账凭证”（见图5－3）。在实际工作中，在收、付款业务不多的情况下，为了简化凭证类别，记账凭证也可以只采用一种通用的格式，即将收款凭证、付款凭证和转账凭证统一为一种转账凭证的格式，名称统一称为“记账凭证”。这种记账凭证叫“通用记账凭证”。这是按用途和使用范围不同进行的划分。

2. 在规模较大，经济活动数量多、种类繁的企业，为了便于分类查找，还可以按库存现金和银行存款的不同，将收款、付款凭证进一步划分，于是就产生了以下五种凭证格式：

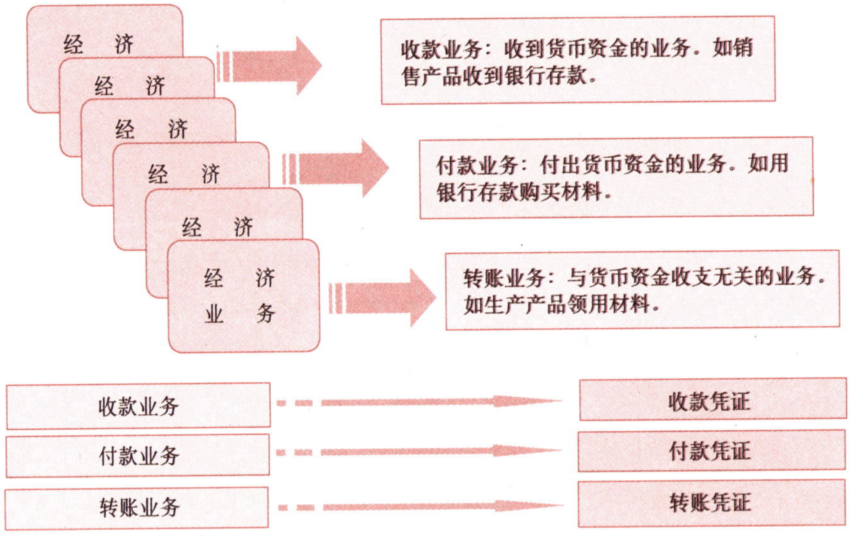

图 5－3　专用记账凭证分类图

(1) 现金收款凭证；

(2) 现金付款凭证；

(3) 银行存款收款凭证；

(4) 银行存款付款凭证；

(5) 转账凭证。

(2) 记账凭证按其填制的方法不同，分为复式记账凭证和单式记账凭证。

复式记账凭证，是把同一经济业务所涉及的会计科目集中填制在一张记账凭证上，用以完整地反映经济业务的全貌和会计科目之间的对应关系。收款凭证、付款凭证和转账凭证都属于复式记账凭证。实际工作中应用最广泛的是复式记账凭证。

单式记账凭证，是把同一经济业务所涉及的每个会计科目分别按会计科目的借方和贷方填制一张记账凭证。每张记账凭证只填制一个会计科目，一项经济业务涉及几个会计科目就填制几张记账凭证。其中，填列借方科目的凭证称为“借项记账凭证”，填列贷方科目的凭证称为“贷项记账凭证”。

相关知识

在什么经济业务下该用什么样的凭证？

使用复式记账凭证，每笔经济业务一般仅需编制一张记账凭证，可以减少记账凭证的数量，便于记账凭证与其所附原始凭证进行对照检查；但不便于同时汇总计算每一会计科目的发生额，也不便于会计人员分工记账。而单式记账凭证便于汇总每一会计科目的发生额，也利于会计人员分工记账，从而加速会计凭证的传递。但单式记账凭证的张数较多，内容过于分散，填制工作量大，不能集中反映经济业务的全貌，因此，必须加强凭证的审核、装订和保管工作。单式记账凭证一般适用于业务量较大，会计部门内部分工较细的企业、单位。

另外，在实际工作中，为了减少登记总账的工作量，可将一定期间的记账凭证进行汇总编制汇总记账凭证，用以登记总账。按照汇总方法的不同，记账凭证又可分为以下两种：

①**分类汇总记账凭证**，是按经济业务的性质不同分别汇总并反映会计科目的对应关系。如汇总收款凭证、汇总付款凭证、汇总转账凭证（见图 5－4）。

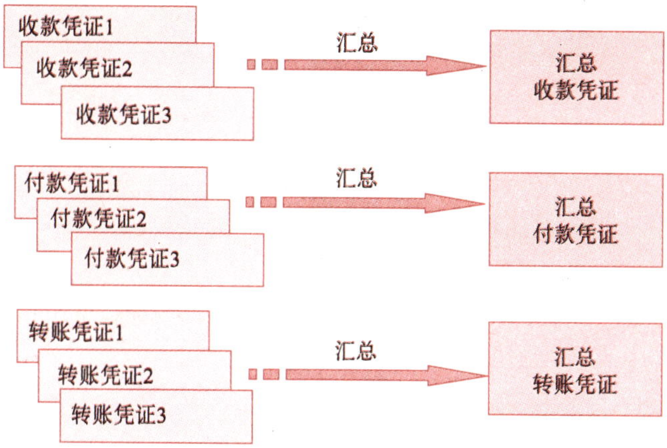

图 5－4 分类汇总记账凭证

②**全部汇总记账凭证**，是不分经济业务的性质，也不反映会计科目的对应关系，而是将一定期间内编制的记账凭证全部汇总到一起。如科目汇总表（见图 5－5）。

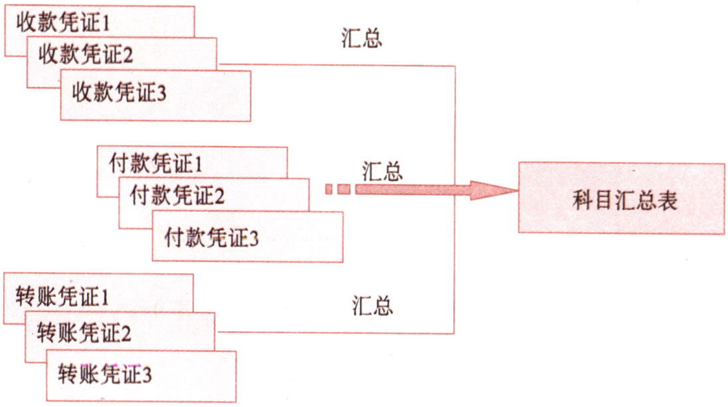

图 5－5 全部汇总记账凭证

记账凭证的分类如图 5－6 所示。

相关知识

1. 原始凭证的特点：

（1）主要依据经济业务的发生而产生；

（2）证明经济业务存在的最初书面证明；

（3）凭证上既记载数量，也记载金额；

（4）一张原始凭证只反映经济业务的某一个方面（或单方面）；

（5）一项经济业务会涉及若干张原始凭证。

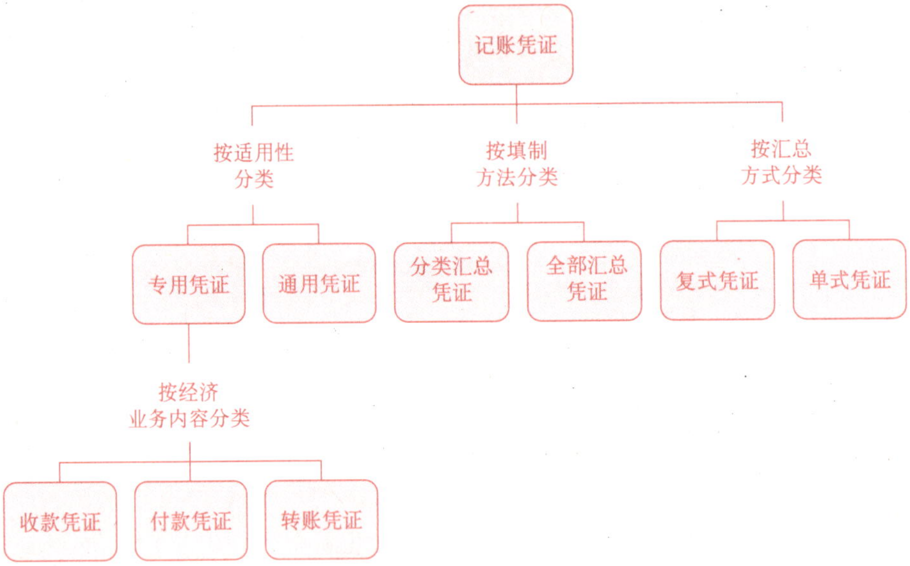

图 5－6 记账凭证分类

2. 记账凭证的特点：

(1) 主要依据原始凭证编制，其功能是将原始的经济业务表达为会计语言；

(2) 凭证上记载某项经济业务的全貌，而不是某一方面（或单方面）；

(3) 凭证上不记载数量，只记载金额（会计分录）；

(4) 记账凭证又可以具体分为：收款凭证、付款凭证和转账凭证。

第二节 原始凭证的填制与审核

一、原始凭证的基本内容

企业的经济业务多种多样，反映其具体内容的原始凭证，其来源、内容、格式也不尽相同。但无论哪一种原始凭证，都必须具备相同的基本内容。这些基本内容通常称为“原始凭证要素”，主要包括：

1. 原始凭证的名称；
2. 填制原始凭证的日期和凭证编号；
3. 接收原始凭证的单位名称（俗称抬头）；
4. 经济业务的内容（含内容摘要、产品品名、数量、单价、金额等）；
5. 填制凭证的单位名称；

6. 填制人姓名及经办人员的签名或盖章。

原始凭证无论是自制的或是外来的，一般都应有填制人员将上述原始凭证的基本内容按规定方法填制齐全，并办妥签章手续，以明确经济责任。原始凭证的基本内容见表 5－4。

表 5－4

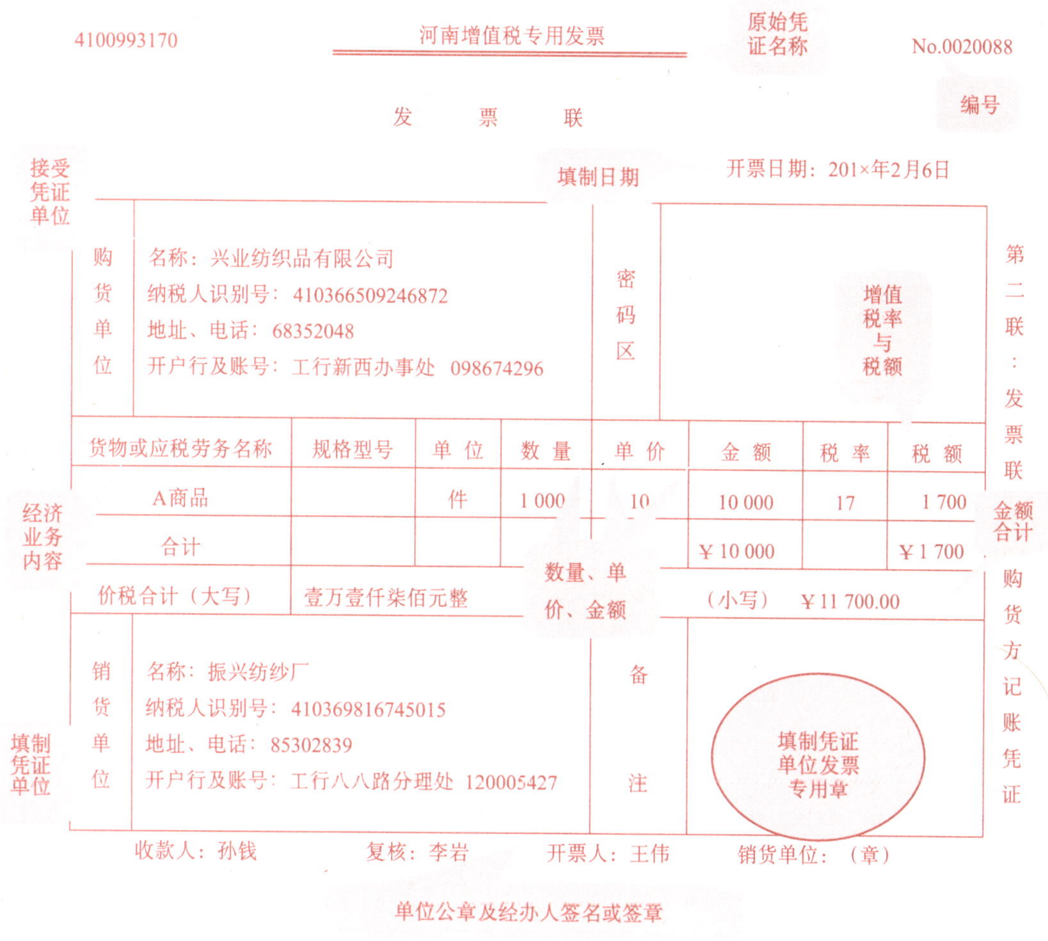

二、原始凭证的填制方法

（一）填制方法

由于原始凭证的内容和格式千差万别，其具体填制方法也不尽相同。无论是外来原始凭证，还是自制原始凭证，都必须在每项经济业务发生和完成时直接取得或填制。这是填制和审核会计凭证的最基本、最一般的原则要求。

一般来讲，外来原始凭证是在企业同外单位发生经济业务时，由外单位的经办人员按要求填制的。如供货单位开出的购货发票、出差乘坐的车船票、银行的结算凭证等等。

自制原始凭证的填制分以下几种情况：（1）经济业务完成时由经办人员填制，如“增值税专用发票”、“领料单”等；（2）由会计人员定期汇总填制，如“发料凭证汇总表”等；（3）由会计人员根据账簿记录结果归类、整理填制，如“工资费用分配表”、“制造费用分配表”等。以上是原始凭证的基本填制方法，以下通过几种常用的原始凭证说明其填制方法。

提示：外来原始凭证一般由税务局等部门统一印制，或经税务部门批准由经济单位印制，在填制时加盖出具凭证单位公章方有效。

（二）实训操场

实训 A： 填制增值税专用发票。

增值税专用发票一般是一式四联，销货单位两联，一联留存有关业务部门，一联作为会计记账凭证；购货单位两联，一联作为结算凭证，一联作为税款的抵扣凭证。填制实例如表 5－5 所示。

表 5－5

××省增值税专用发票

4100993170　　　　No. 0020088

发　票　联

开票日期：××年 5 月 10 日

购货单位	名称：××贸易有限公司 纳税人识别号：210711759117555 地址、电话：铜陵皖中四路 1 号 开户行及账号：工商银行中四支行 564219			密码区	（略）		
货物或应税劳务名称	规格型号	单 位	数 量	单 价	金 额	税 率	税 额
甲材料		吨	90	50.00	4 500.00	17%	765.00
合计					¥4 500.00		¥765.00
价税合计（大写）	伍仟贰佰陆拾伍元整				（小写）	¥：5 265.00	
销货单位	名称：山东大力有限公司 纳税人识别号：3707022774168195 地址、电话：长岛市仓东路 3 号 开户行及账号：工商银行化工路支行 256130			备注			

第二联：发票联　购货方记账凭证

收款人：孙钱　　复核：　　开票人：李岩　　销货单位：（章）

实训 B： 填制领料单。

领料单要“一料一单”的填制，即一种原材料填写一张单据，一般一式四联。第一联为存根联，留领料部门备查；第二联为记账联，留会计部门作为出库材料核算依据；第三联为保管联，留仓库作为记“材料”明细账依据；第四联为业务联，留供应部门作为物质供应统计依据。领料单由车间经办人员填制，车间负责人、领料人、仓库管理员和发料人均需在领料单上签字，无签章或签章不全的均无效，不能作为记账的依据。领料单填制实例如表 5－6 所示。

表 5－6　　领　料　单

领料部门：一车间

生产通知：

用途：生产甲产品用　　××年 5 月 10 日　　凭证编号：023

材料编号	材料名称及规格	计量单位	数量		价格（元）	
			请领	实发	单价	金额
6521	A 材料	千克	36	36	20.60	741.60
备注：					合计	741.60

第二联　记账联

记账：孙钱　　审批人：张铮　　领料人：王伟　　发料人：李岩

实训 C：填制限额领料单。

此单由生产、计划部门根据下达的生产任务和材料消耗定额，按每种材料用途分别开出，一单一料。填制实例如表 5－7 所示。

表 5－7　　限 额 领 料 单

领料部门：一车间　　××年 6 月　　发料仓库：2 号库

用途：生产用　　编号：021

材料编号	材料名称	规格	计量单位	领用限额	单价（元）	全月实用	
						数量	金额（元）
1201	钢材	20 mm 圆钢	千克	1 000	5	950	4 750

领料日期	请领数量	实发数量	累计实发数量	限额结余	领料人签章	发料人签章
4	200	200	200	800	姚用	张供
9	300	300	500	500	姚用	张供
15	200	200	700	300	姚用	张供
23	100	100	800	200	姚用	张供
28	150	150	950	50	姚用	张供
合计	950	950				

供应部门负责人：赵旭　　生产部门负责人：孙钱　　仓库管理员：李兰

实训 D：填制发料凭证汇总表。

此表是根据领料单，按部门、材料类别编制而成的。填制实例如表 5－8 所示 。

表 5－8　　发料凭证汇总表

附领料单 20 份　　××年 6 月 30 日　　单位：元

会计科目	领料部门	原材料	燃料	合计
基本生产成本	一车间	5 000	10 000	15 000
	二车间	8 000	14 000	22 000
	小计	13 000	24 000	37 000

续表

会计科目	领料部门	原材料	燃　料	合　计
辅助生产成本	供电车间	7 000	2 000	9 000
	锅炉车间		4 000	4 000
	小 计	7 000	6 000	13 000
制造费用	一车间	400		400
	二车间	600		600
	小计	1 000		1 000
管理费用		200	300	500
合计		21 200	30 300	51 500

会计主管：李甲　　　　审核：孙钱　　　　制单：李岩

实训 E：填制工资费用分配表。

此表根据工资单等人工费用记录编制。填制实例如表 5－9 所示。

表 5－9　　　　**工资费用分配表**

××年 5 月 31 日　　　　单位：元

车间部门		应分配金额
车间生产人员	甲产品	85 624. 00
	乙产品	90 256. 00
车间管理人员		20 000. 00
厂部管理人员		32 000. 00
专设销售机构人员		9 600. 00
合计		237 480. 00

三、原始凭证的填制要求

原始凭证既是具有法律效力的书面证明，又是进行会计核算的重要原始依据，也是进行会计处理的基础。为了保证其真实、准确、完整、合法地记录经济业务，填制凭证时必须严格遵守以下要求：

（一）记录真实

必须实事求是地填写经济业务的内容和数字，不得弄虚作假。原始凭证上填制的日期、业务内容、数量、金额等必须与实际情况完全符合，随意涂改原始凭证即为无效凭证，不能作为填制记账凭证和登记账簿的依据。

（二）内容完整

原始凭证必须按规定的格式和内容逐项填写齐全，不得遗漏。需注意的是年、月、日要按照填制原始凭证的实际日期填写；名称要写全，不能简化；品名或用途要填写明确，不能含糊不清；有关经办业务的部门和人员的签章必须齐全，对凭证的真实性和正确性负完全的责任。

（三）书写清楚

原始凭证上的数字、文字要认真填写，要求书写规范、字迹清楚、易于辨认。大小写金额要符合规定。

汉字大写数字金额一律用壹、贰、叁、肆、伍、陆、柒、捌、玖、拾、佰、仟、万、亿、元、角、分、零、整等，不得用0、一、二、三、四、五、六、七、八、九、十等简化字代替。阿拉伯数字应逐个书写，不得连笔写，特别是在连着写几个“0”时，一定要一个一个地写，不能将几个“0”连在一起一笔写完。

金额前要写明货币符号，如人民币用“¥”表示。

所有以元为单位的阿拉伯数字，除表示单价等情况外，金额一律写到角、分；无角、分的，角位和分位可写“00”或符号“—”；有角无分的，分位应写“0”，不得用符号“—”代替。大写金额数字到元或角位止的，在“元”或“角”字之后应写“整”或“正”字；大写金额数字有分的，分字后面不写“整”或“正”字。阿拉伯数字中间有“0”时，汉字大写金额要写“零”字；阿拉伯金额数字中间连续有几个“0”时，汉字大写金额中可以只写一个“零”字；阿拉伯金额数字元位是“0”或者数字中间连续有几个“0”、元位也是“0”，但角位不是“0”时，汉字大写金额可以只写一个“零”字，也可以不写“零”字。

原始凭证如填错，不得随意涂改、刮擦、挖补，应按规定方法更正。但对涉及现金、银行存款收支业务的原始凭证，如有填错，不能在凭证上更正，而必须将其作废重填，并将错误的凭证加盖“作废”戳记。

（四）填制及时

每当一项经济业务发生或完成，都要立即填制原始凭证，做到不积压、不误时、不事后补制。

提示：正确填制和严格审核原始凭证是会计核算的一项基本技能。原始凭证填制的要求是会计工作的经验总结，如果不按要求填制就会发生错误，影响会计及其管理工作的质量，还会给不法分子造成可乘之机，使企业资产安全遭受损失。所以，无论是在学习阶段还是在工作实践中，都应严格按照填制要求去做。学习这部分内容时，应结合阅读《会计人员工作规则》中的有关内容。

四、原始凭证的审核

为了保证会计资料的真实、准确、完整，符合会计制度的规定，充分发挥会计监督的作用，会计人员必须对原始凭证进行严格审核。审核原始凭证是对经济业务进行的事前、事后的监督，是保证会计资料真实完整的重要措施。对原始凭证的审核主要表现在以下两个方面：

（一）合理性、合法性的审核

审核原始凭证所记录经济业务的内容是否符合国家有关政策、法律、法规、制度、计划、预算和合同等规定，是否符合审批权限和手续，以及费用开支标准是否符合规定。对于违反国家法律法规和国家统一会计制度的事项，会计人员有权拒绝办理或按照职权予以纠正；对于弄虚作假、伪造、涂改凭证等违法乱纪行为，必须及时揭露并报告领导处理。

（二）正确性、完整性的审核

审核原始凭证所记录的经济业务内容是否完整，数字计算是否正确，大小写金额是否相符，手续是否完备，有关经办人员是否签名盖章，是否经过主管人员审批同意等。凡内容填列不全、数字计算有误、手续不齐备以及书写不清晰的原始凭证，应退还给经办人，补填或更正后，才能据以记账。

相关链接

1999 年 10 月 31 日修订通过，2000 年 7 月 1 日起实施的《会计法》第十四条规定："会计机构、会计人员必须按照国家统一的会计制度的规定对原始凭证进行审核，对不真实、不合法的原始凭证有权不予接受，并向单位负责人报告；对记载不准确、不完整的原始凭证予以退回，并要求按照国家统一的会计制度的规定更正、补充。

原始凭证记载的各项内容均不得涂改；原始凭证有错误的，应当由出具单位重开或者更正，更正处应当加盖出具单位的印章；原始凭证金额有错误的，应当由出具单位重开，不得在原始凭证上更正。

记账凭证应当根据经过审核的原始凭证及有关资料编制。"

练一练

在填写原始凭证的数据时，大写数字和小写数字必须相符。如：￥205 000.60，可写成（　　）。

A. 人民币贰拾万五千元零六角　　B. 人民币贰拾万伍千元六角整

C. 人民币贰拾万五仟元零六角　　D. 人民币贰拾万伍仟元六角整

E. 人民币贰拾万伍仟元零六角整　　F. D和E都可以

第三节　记账凭证的填制与审核

一、记账凭证的基本内容

记账凭证是会计人员根据审核无误的原始凭证或汇总原始凭证编制的，用来记载经济业务的简要内容，确定会计分录，直接作为登记账簿依据的一种会计凭证。在不同的记账方式下，记账凭证的格式是不同的。但记账凭证作为登记账簿的依据，为了保证账簿记录的准确性，不论哪一类记账凭证，都必须满足记账的需要。因此，所有记账凭证都必须具备以下几个方面的基本内容：

1. 记账凭证的名称；
2. 填制记账凭证的日期和编号；
3. 经济业务的内容摘要；
4. 应借应贷的会计科目（包括一级科目、二级科目或明细科目）和金额；

5. 所附原始凭证的张数；

6. 记账备注、过账；

7. 会计主管、制证、审核、记账等有关人员的签名或盖章。收、付款凭证还需有出纳人员的签名盖章。

提示：在实际工作中，会计分录是通过填制记账凭证来完成的。

记账凭证的基本内容和凭证格式由会计制度统一规定（见表 5－10）。

表 5－10

收 款 凭 证

借方科目：银行存款　　　　□□年 5 月 6 日　　　　收　字第 3 号

摘要	贷方科目		金额	记账
	一级科目	二级或明细科目		
销售甲产品	主营业务收入	甲产品	20 000	√
	应交税费	应交增值税	3 400	√
合计			¥ 23 400	

附件贰张

会计主管：李甲　　记账：王伟　　稽核：　　填制：张铮　　出纳：孙钱

（图注：凭证名称；日期；编号；经济业务说明；会计科目；金额；已记账标记；所附原始凭证数量；有关人员签字或盖章）

二、记账凭证的填制方法

前面已述，记账凭证有专用记账凭证和通用记账凭证之分，由于通用记账凭证的格式和填制方法与专用记账凭证中的转账凭证相同，所以这里仅对借贷记账法下专用记账凭证——收、付、转三种凭证的填制方法加以说明。

（一）收款凭证的填制方法

收款凭证是用于记录现金和银行存款收款业务的记账凭证。它是由出纳人员根据审核无误的现金或银行存款的原始凭证填制的。据以收款时，要在凭证上加盖“收讫”章，以防差错。

收款凭证按内容不同，可以分为现金收款凭证和银行存款收款凭证，即借方科目是现金或银行存款。收款凭证左上角的“借方科目”按收款的性质填写“现金”或“银行存款”；日期填写的是该凭证的编制日期；两种凭证分别以“现收字”和“银收字”依次编号，并将本收款凭证的编号填写在右上角。“摘要”栏填写对所记录的经济业务的简要说明；凭证内的“贷方科目”填写与现金或银行存款收入相对应的会计科目；“金额”栏是指该项经济业务的发生额，既要记入左上角账户的借方，又要记入凭证中对应账户的贷方；在凭证右侧填列本记账凭证所附原始凭证的张数；凭证最下边一栏分别由相关人员签名或盖章，以明确经济责任。收款凭证的格式和填制方法见表 5－11。

表 5－11

这里填写借方科目　　这里填写日期　　按收款业务连续编号

收 款 凭 证

借方科目：银行存款　　　　□□年5月5日　　　　收 字 第 3 号

摘要	贷方科目		金额	记账
	一级科目	二级或明细科目		
销售甲产品	主营业务收入	甲产品	20 000	√
	应交税费	应交增值税	3 400	√
合计			¥ 23 400	

附件贰张

会计主管：李甲　记账：王伟　稽核：沈严　填制：张铮　出纳：陈洁

对经济业务的简要说明　　这里填写贷方科目　　这里填写实际发生金额　　已记账的标记　　附原始凭证数量　　有关人员签名或盖章

（二）付款凭证的填制方法

付款凭证是用于记录现金和银行存款付款业务的记账凭证。它是由出纳人员根据审核无误的现金或银行存款的原始凭证填制的。未经审核的，不能作为付款的依据。据以付款时，要在凭证上加盖“付讫”章，以防差错。

付款凭证按内容不同，分为现金付款凭证和银行存款付款凭证，即贷方科目是现金或银行存款。付款凭证的编制方法与收款凭证基本相同，只是付款凭证的左上角是“贷方科目”，按性质填写“现金”或“银行存款”；两种凭证分别以“现付字”和“银付字”依次编号，凭证内的“借方科目”填写与现金或银行存款支付相对应的会计科目，除此以外的项目的填写方法，与收款凭证基本相同。

特别需要注意的是：在实际工作中，当发生的一笔经济业务涉及现金和银行存款之间的收付款时，理论上既可以编制收款凭证，也可以编制付款凭证。但是绝不能两者都编，目前的惯例是按减少方只填制付款凭证而不填制收款凭证。这主要是为了避免重复记账而规定的。例如，从银行提取现金业务，只编制银行存款付款凭证；将现金存入银行业务，只编制现金付款凭证。

付款凭证的格式和填制方法见表 5－12。

（三）转账凭证的填制方法

转账凭证是用于记录不涉及现金和银行存款收付业务，即转账业务的记账凭证。它是由会计人员根据审核无误的转账业务的原始凭证编制的。与填制收、付款凭证不同的是，在填制转账凭证时，要将经济业务所涉及的所有会计科目都列入记账凭证之内，并按先借后贷的顺序记入“会计科目”栏中；按应借方向记入“借方金额”栏，按应贷方向记入“贷方金额”栏，其他项目的填列与收、付款凭证基本相同。

转账凭证的格式和填制方法见表 5－13。

提示：在学习填制记账凭证时，要针对收款凭证、付款凭证、转账凭证的具体格式加以研究，注意理解凭证中所设置的“借方科目”、“贷方科目”专栏的填制方法和用途。其中，现金收款凭证和银行存款收款凭证的差别只是借方科目分别固定为现金和银行存款，凭证的表体部分则只要填写所对应的贷方科目的名称和金额；现金付款凭证和银行存款付款凭证的差别也只是贷方科目分别固定为现金和银行存款，凭证的表体部分则只要填写所对应的借方科目的名称和金额；转账凭证借方科目和贷方科目的名称不固定，可以根据经济业务来确定，因而通用性较好。

表 5－12

付 款 凭 证

贷方科目： 银行存款　　　　□□年 5 月 12 日　　　　付 字第 10 号

摘要	借方科目		金额	记账
	一级科目	二级或明细科目		
购买材料	物资采购	A 材料	10 000	√
	应交税费	应交增值税	1 700	√
合计			¥ 11 700	

附件 壹 张

会计主管：李甲　记账：张铮　稽核：沈严　填制：王伟　出纳：陈洁

这里填写贷方科目
这里填写付款日期
按付款业务连续编号
对经济业务的简要说明
这里填写借方科目
这里填写实际发生金额
已记账标记
附原始凭证数量
有关人员签名或盖章

表 5－13

转 账 凭 证

□□年 5 月 16 日　　　　转 字第 6 号

摘要	一级科目	二级或明细科目	借方金额	贷方金额	记账
生产领用材料	生产成本	乙产品	10 000		√
	原材料	钢材		10 000	√
合　计			¥ 10 000	¥ 10 000	

附件 贰 张

会计主管：李甲　记账：张铮　稽核：沈严　填制：王伟

这里填写日期
对经济业务的简要说明
已经记账的标记
附原始凭证数量
有关人员签名或盖章

练一练

1. 从银行提取现金用________。
2. 把多余现金存入银行用________。
3. 计提车间固定资产折旧用________。
4. 企业购进材料一批，当即以银行存款支付，用________。

A. 银行存款收款凭证　B. 现金收款凭证　C. 现金付款凭证
D. 银行存款付款凭证　E. 转账凭证

提示：如何选择记账凭证？

- 应借科目涉及“现金”、“银行存款”的，选择收款凭证。
- 应贷科目涉及“现金”、“银行存款”的，选择付款凭证。
- 应借应贷科目不涉及“现金”、“银行存款”的，选择转账凭证。
- 应借应贷科目同时涉及“现金”、“银行存款”的，应选择付款凭证。

三、记账凭证的填制要求

（一）记账凭证填制的基本要求

记账凭证的填制应符合以下基本要求：

1. 内容完整。记账凭证包括的内容都要具备；注意记账凭证的日期，一般为编制记账凭证当天的日期。

2. 审核无误。填制凭证必须有依据，编制记账凭证前，必须对原始凭证进行认真审核，根据“审核无误”的原始凭证和其他资料编制。这是内部牵制制度的重要环节。

3. 分类正确。根据经济业务的内容，正确区分不同类别的原始凭证，正确应用会计科目。不得将不同类别的原始凭证汇总填制在一张记账凭证上。

4. 连续编号。各种记账凭证必须连续编号，即必须按业务发生顺序将不同种类的记账凭证连续编号，以便查考，避免凭证散失。这既有利于分清会计事项处理的先后顺序，也便于记账凭证与会计账簿之间的核对。

想一想：

填制记账凭证能使记账更为条理化，简化记账工作，保证记账工作的质量，提高核算效率。如果说会计人员对原始凭证主要注重审核，对记账凭证则主要注重填制，那么填制记账凭证有哪些具体要求呢？

（二）记账凭证填制的具体要求

1. 审核原始凭证。记账凭证可以根据每一张原始凭证单独填制，也可以根据若干张反映同类经济业务的原始凭证汇总填制。填制记账凭证所依据的必须是经审核无误的原始凭证或汇总原始凭证。在同一项经济业务中，如果既有现金或银行存款的收付业务，又有转账业务时，应相应地填制收、付款凭证和转账凭证。如李云出差回来，报销差旅费 500 元，事先预借 700 元，剩余款项交回现金。对于这项经济业务，应根据收款收据的记账联填制现金收款凭证，同时根据差旅费报销凭单填制转账凭证。

2. 填写记账凭证的日期。收付款业务因为要登入当天的日记账，记账凭证的日期应是现金或银行存款收付的实际日期，转账凭证以收到原始凭证的日期为填制日期，但在摘要栏要注明经济业务发生的实际日期。按照权责发生制原则计算收益、分配费用、结转成本、利润等调整分录和结账分录的记账凭证，虽然到下月才能编制，但仍应填写当月月末的日期。

3. 填写记账凭证的编号。要根据不同的情况采用不同的编号方法。如果企业采用通用格式记账凭证，凭证的编号可采用顺序编号法，一般按月编顺序号，业务极少的单位可按年编顺序号；如果企业采用收、付、转三种格式的记账凭证，记账凭证的编号应采用字号编号法，即把不同类型的记账凭证用字加以区别，再把同类记账凭证顺序号加以连续。三种格式的记账凭证，采用字号编号法时，具体地编为“收字第×号”、“付字第×号”、“转字第×号”。例如，9月12日收到一笔现金，是该月第30笔收款业务，记录该笔经济业务的记账凭证的编号为“收字第30号”。

提示：如果一笔经济业务需要编制多张记账凭证，怎么办？

一笔经济业务需要填制两张以上记账凭证的，可以采用分数编号法编号。如一笔转账业务为本月第五笔业务，需要填制三张记账凭证，则第一张记账凭证可以编号为“转字5—1/3号”，第二张记账凭证可以编号为“转字5—2/3号”，第三张记账凭证可以编号为“转字5—3/3号”。前面的整数表示业务顺序，分子表示三张转账凭证中的第一张、第二张和第三张，分母表示共编制3张记账凭证。以此类推。一笔经济业务所编制的记账凭证必须连续编号。

4. 正确填写摘要。在记账凭证“摘要”栏中填写经济业务的内容摘要时，应做到真实准确、简练概括、简明扼要。

5. 正确使用会计科目，编制会计分录。必须按照会计制度统一规定的会计科目，根据经济业务的性质，编制会计分录。不得任意简写、缩写科目的名称或用科目的编号和简称代替，有关二级或明细科目要填写齐全。记账凭证中的账户对应关系，要明确、清晰，以便于了解经济业务的内容。一般应采用一借一贷、一借多贷或多借一贷的会计分录。明确的对应关系有利于了解和分析经济业务的内容。不得将不同类型的经济业务合并填制一张记账凭证。

6. 记账凭证上必须注明所附原始凭证的张数，以便日后核查。除了结账和更正错误的记账凭证可以不附原始凭证外，记账凭证后都应附有原始凭证，并正确填写所附原始凭证的张数，注明“附件×张或见第×号记账凭证”字样。一张原始凭证所列的支出需要由两个以上的单位共同负担时，应当由保存该原始凭证的单位开具原始凭证分割单给其他应负担的单位。对于原始凭证需要另行保管的，应在“附件”栏加以注明。

7. 复核检查记账凭证。记账凭证填写完毕，应进行复核与检查，并按所使用的记账方法进行试算平衡。会计主管、填制、审核、记账等相关人员均要签名盖章。出纳人员根据收款凭证收款，或根据付款凭证付款时，均要在凭证上加盖“收讫”、“付讫”的戳记，以免重收重付、防止差错。如有空行，应当划线注销。

8. 记账凭证若发生填制错误，应当重新填制或用划线更正法进行更正，并在更正处盖章，以示负责。

四、记账凭证的审核

为保证账簿记录真实、准确，监督经济业务，必须由专人负责对记账凭证进行审核。只有审核无误的记账凭证，才能作为登记账簿的依据。记账凭证的审核主要表现在以下三个方面：

1. 准确性审核。审核记账凭证所列会计科目（包括一级科目、明细科目），应借、应贷方向和金额是否正确；借贷双方的金额是否平衡；明细科目金额之和与相应的总账科目的金额是否相等。

2. 相符性审核。审核是否按已审核无误的原始凭证填制记账凭证。记录的内容与所附原始凭证是否一致、金额是否相等；所附原始凭证的张数是否与记账凭证所列附件张数相符。

3. 完整性审核。审核记账凭证摘要是否填写清楚，日期、凭证编号、附件张数以及有关人员签章等各个项目填写是否齐全。若发现记账凭证的填制有差错或者填列不完整、签章不齐全，应查明原因，责令更正、补充或重填。

在审核过程中，如果发现手续不全的，应予以补齐；如有差错的，应查明原因，按规定办法及时更正和处理。只有审核无误的记账凭证，才能据以登记账簿，保证会计信息质量，发挥会计监督的作用。这是一项政策性较强的工作。

记账凭证审核内容见表 5－14。

表 5－14

有关项目是否齐全

付　款　凭　证

贷方科目：　银行存款　　　　××年 5 月 12 日　　　　付　字第　10　号

摘要	借方科目		金额	记账
	一级科目	二级或明细科目		
购买材料	物资采购	A 材料	10 000	√
	应交税费	应交增值税	1 700	√
合　计			￥11 700	

附件壹张

会计科目是否正确

金额计算是否准确

与原始凭证是否相符

会计主管：李甲　　记账：张铮　　稽核：沈严　　填制：王伟　　出纳：陈洁

有关人员是否签名或盖章

练一练

一张已经列明了填制日期和编号的转账凭证，还需要审核的内容主要包括（　　）。

A. 经济业务的内容摘要　　B. 记账凭证所附原始凭证的张数

C. 出纳人员的签名或盖章　　D. 应借记和贷记的账户名称和金额

E. 会计主管、审核、制单、记账人员的签名或盖章

相关知识

原始凭证与记账凭证审核的异同

相同点：

（1）真实性。审核原始凭证日期是否真实、业务内容是否真实、数据是否真实等；审核记账凭证是否附有原始凭证为依据，记账凭证的内容是否与原始凭证一致。

（2）正确性。原始凭证金额计算及填写是否正确；记账凭证科目、金额、书写是否正确。

(3) 完整性。填写项目是否齐全。

不同点：

(1) 合法性审核。审核原始凭证所记录的经济业务是否有违反国家法律法规的情况，是否有贪污腐化等行为。

(2) 合理性。审核原始凭证所记录的经济业务是否符合生产经营活动的需要等。

(3) 及时性。符合要求的原始凭证要及时编制记账凭证，内容不全的、填写错误的原始凭证退回补充完整；不真实、不合法的原始凭证不予接受，并向单位负责人报告。

第四节 会计凭证的传递与装订

一、会计凭证的传递

会计凭证传递是指从取得或填制原始凭证时起，经过审核、整理、记账到归档保管为止，按规定的程序和时间在有关部门和人员之间的传送和交接过程，包括传递程序和传递时间两个方面。

1. **传递程序**。是指规定会计凭证在经济业务所涉及的部门和人员之间的传递路线。由于经济业务的内容不同，涉及的部门和人员也不同，会计凭证所要办理的业务手续和所需的时间也不尽相同。简单的业务，会计凭证的传递也简单；复杂的业务，由于涉及部门较多，会计凭证的传递程序也复杂。

确定会计凭证的传递程序，首先，要确定会计凭证的传递环节，即根据经济业务的特点，结合企业内部机构和人员的设置情况及会计核算的需要，规定各种会计凭证的传递过程，以提高工作效率为基准，明确经办人员和凭证办理手续。其次，要明确规定凭证在每一传递环节上停留的时间，不得无限期地拖延和积压会计凭证，要保证会计凭证的及时传递。

2. **传递时间**。要根据办理业务的每一道手续所需的时间确定。时间过长，会影响工作效率；时间过短，则会影响工作质量。因此，合理的凭证传递程序，即会计凭证的传递路线、手续、时间和各种会计凭证的联数，要根据各项经济业务的特点、各项经济业务在有关部门的工作内容和工作量、在正常情况下完成工作所需要的时间，以及企业机构的设置、人员的分工和对会计凭证资料的利用情况等来确定。

会计凭证的传递如图 5－7 所示。

提示：会计凭证的传递起着在单位内部经营管理各环节之间协调和组织的作用。会计凭证传递程序中**有序的传递路线、合理的传递时间、严密的传递手续**是企业管理规章制度的重要组成部分，传递程序的科学与否，反映该企业管理的科学程度。

图 5-7　会计凭证的传递

二、会计凭证的装订

会计凭证是重要的经济档案和历史资料，为防止散失，必须装订成册并妥善保管，不得丢失或任意销毁。装订后，既要保证凭证的安全完整，又便于随时查阅。所以，会计凭证的装订是会计工作的重要环节。

（一）会计凭证装订前的准备工作

会计凭证装订前的准备工作，是指对会计凭证进行排序、粘贴和折叠。因为原始凭证的纸张面积与记账凭证的纸张面积不可能全部一样，有时前者大于后者，这就需要会计人员在装订会计凭证时对原始凭证加以适当整理，以便装订成册。

- **当原始凭证纸张面积大于记账凭证纸张面积时**，可按记账凭证的面积尺寸，将原始凭证先自右向后，再自下向后两次折叠。注意应把凭证的左上角或左侧面让出来，以便装订后还可以展开查阅。有的原始凭证不仅面积大，而且数量多，可以单独装订，如工资单、领料单等，但在记账凭证上应注明保管地点。
- **当原始凭证纸张面积小于记账凭证纸张面积时**，一般不能直接装订。**对于过小的原始凭证**（如车票等），可先按一定次序和类别排列，再粘在一张同记账凭证大小相同的白纸上，粘贴时宜用胶水，证票应分张排列，同类、同金额的单据尽量粘在一起；同时，在一旁注明张数和合计金额。如果是板状票证，可以将票面、票底轻轻撕开，厚纸板弃之不用；**对于纸张面积略小于记账凭证的原始凭证**，可先用回形针或大头针别在记账凭证后面，待装订时再抽去回形针或大头针直接装订，不用胶水粘贴。

原始凭证附在记账凭证后面的顺序应与记账凭证所记载的顺序一致，不应按原始凭证的面积大小来排序，为会计凭证的汇总、装订打好基础。

会计凭证的装订程序见图 5-8。

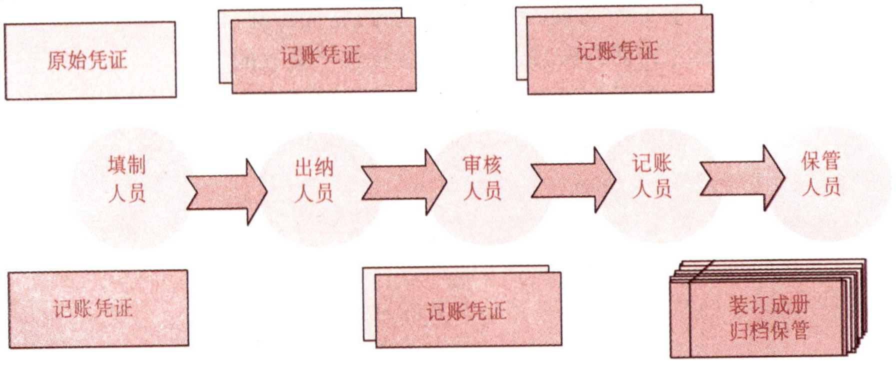

图 5-8　会计凭证的装订程序

相关链接

由财政部、国家档案局颁布，自 1999 年 1 月 1 日起执行的《会计档案管理办法》第四条、第五条中明确规定：各单位要建立会计档案的立卷、归档、保管、查阅和销毁等管理制度，保证会计档案妥善保管，有序存放，方便查阅，防止毁损、丢失和泄密。

会计档案就是会计资料立卷、归档形成的重要文献，包括会计凭证、会计账簿和会计报告以及其他会计资料等会计核算的专业材料。

会计凭证类：原始凭证、记账凭证、汇总凭证和其他凭证。

会计账簿类：总账、明细账、日记账、固定资产卡片、辅助账簿和其他会计账簿。

会计报告类：月度、季度和年度会计报告，包括会计报表、附表、附注及其文字说明。

其他会计资料类：银行存款余额调节表，银行对账单，其他应当保存的会计核算专业资料，会计档案移交清册、保管清册和销毁清册。

（二）会计凭证装订的方法

会计凭证的装订是指把定期整理完毕的、分散的会计凭证按照编号顺序，外加封面、封底，装订成册，并在装订线上加贴封签。在封面上，应写明单位名称、年度、月份、记账凭证的种类、起讫日期、起讫号数，以及记账凭证和原始凭证的张数，并在封签处加盖会计主管的骑缝图章。

会计凭证装订的要求是既美观大方，又便于翻阅、保管。所以在装订前要根据会计凭证的类别和数量先设计好装订册数及每册的厚度。每册的厚薄应基本保持一致。一般来说，一本凭证，厚度以 1.5 ~2.0 厘米为宜，太厚了不便于翻阅核查，太薄了又不利于戳立放置。凭证装订册数可根据凭证多少来定，原则上以月份为单位装订，每月订成一册或若干册。有些单位业务量小，凭证不多，可以把若干个月份（如 3 个月）的会计凭证合并装订成一册，只要在凭证封面注明本册所含的凭证月份即可。

为了使装订成册的会计凭证外形美观，在装订时要考虑到凭证的整齐均匀，特别是装订线的位置，如果太薄，可用纸折一些三角形纸条，均匀地垫在此处，以保证它的厚度与凭证中间的厚度一致。

在实际工作中，有些会计在装订会计凭证时常采用**角订法**，装订起来简单易行，也很美观。这是一种手工装订会计凭证的方法，不妨一试。

提示：装订会计凭证前，要以会计凭证的左上侧为准，放齐，准备好铁锥或装订机、线、铁夹、胶水、凭证封皮、包角纸等用具和材料。

装订会计凭证时，凭证封皮和封底分别附在要装订的会计凭证上，再拿一张质地相同、面积为记账凭证 1/2 的纸放在封皮上角，做护角线。然后，在凭证的左上角画一边长为 5 厘米的等腰三角形，用夹子夹住，用装订机在底线上分布均匀地打两个眼；再用大针引线穿过两个眼，在会计凭证的背面打结，再将护角向左上侧面折，并将一侧剪开至凭证的左上角，然后抹上胶水，向上折叠，将侧面和背面的线扣粘死。待胶水晾干后，要在凭证的侧面写上“某年某月，第几册，共几册”的字样。装订人在装订线封签处签名后盖章。

会计凭证装订角订法如图 5－9 所示。

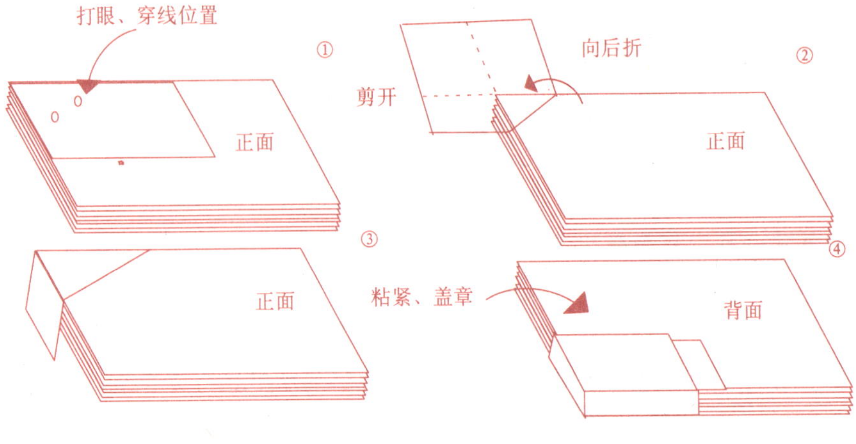

图 5-9　会计凭证装订——角订法

三、会计凭证的保管

会计凭证的保管是指会计凭证记账后的整理、装订、归档和存查工作。《会计档案管理办法》规定，会计凭证保管应坚持既要保证凭证的安全完整，又要便于事后查阅，实现科学管理的原则。对使用过的会计凭证，应做到整理归类、造册归档、控制借阅和期满销毁。会计凭证归档保管要注意以下几个方面：

1. 当年形成的会计档案，在会计年度终了后，可由会计机构保管一年，期满后，应当由会计机构编制移交清册，移交本单位档案机构统一保管；未设立档案机构的，应当在会计机构内部指定专人保管。出纳人员不得兼管会计档案。

2. 会计资料只限本单位使用，不得借出，有特殊需要的，须经上级主管单位或单位领导、会计主管人员批准。外部借阅会计资料档案时，应持有单位正式介绍信，经会计主管或单位领导人批准后，方可办理借阅手续；单位内部人员借阅时，同样经会计主管或单位领导人批准，才可办理借阅手续。

3. 会计资料档案的保管期限，按其特点可分为永久性和定期性两类。凡是在立档单位会计核算中形成的、记录和反映会计核算的，对工作总结、研究经济活动具有长远利用价值的会计资料档案，应永久保存。定期保管期限分 3 年、5 年、10 年、15 年和 25 年五种。

会计资料档案的保管期限应从会计年度终了后的第一天算起。企业和其他组织机构的原始凭证、记账凭证和汇总凭证以及总账、明细账和日记账（除现金和银行存款日记账保管 25 年）的保管期限均为 15 年。

4. 严格遵守会计凭证的保管期限要求，期满前不得任意销毁。各单位按规定销毁会计资料档案时，应由档案部门和会计部门派人监销，并严格依照有关程序销毁。销毁后，应当在会计资料档案销毁清册上签名盖章，并将监销情况报告本单位负责人。需永久保留的有关会计凭证，不能销毁。

提示： 1. 要保管好会计档案，首先，要严格执行安全制度和保密制度。安全，是指会计档案完好无损，做到不丢失、不破损、不被虫蛀等。安全制度，包括会计档案的保存、保护责任制，检查、监督方面的制度。保密，是指会计档案的信息不能超过规定传递的范围。保密制度，包括接受会计档案信息的范围、对象，利用会计档案时保密的程序、方法，以及各环节保密的责任等。其次，要严格执行检查、保管制度。要有专人负责保管会计档案。有关单位、人员要定期不定期地检查会计档案的保存情况，要严格按规定的程序、技术方法处理档案保存中的问题。

2. 各种会计资料档案的保管期限可参见《会计档案管理办法》附表查阅。

练习与实训

练习与实训一

说明以下经济业务应编制哪种专用记账凭证：

1. 从银行提取现金。
2. 销售商品一批，货款还未收到。
3. 购买一批材料，货款已经从银行账户上划走。
4. 车间领用原材料一批生产产品。
5. 用银行存款支付广告费。
6. 销售产品一批，货款已经存入银行。

练习与实训二

某企业生产领用 A 材料采用限额领料单方式进行原始记录，本月发出 A 材料如下：生产甲产品领用 A 材料：全月领料限额为 500 千克，单价 20 元。2 日、17 日每次领用 80 千克，7 日、12 日、25 日、30 日每次领用 85 千克。

要求：填制限额领料单。

练习与实训三

李佳是一名中职学校的学生，她利用暑期勤工俭学，应聘去了一家公司。该公司发生如下 10 笔经济业务：

1. 支付广告费 6 000 元。
2. 支付房租 4 000 元。
3. 购买科普读物，支付现金共计 760 元。
4. 公司支付给李佳劳务费 700 元。
5. 公司收到暑假学员学杂费收入 8 000 元。
6. 公司因推销商品，获得佣金 15 000 元。
7. 公司让李佳出差，预借差旅费 700 元。
8. 李佳出差归来。报销差旅费 670 元，余款 30 元退回。
9. 公司支付电话费 1 400 元。
10. 公司其他费用开支 560 元。

要求：

(1) 说明以上每笔经济业务涉及何种原始凭证？

(2) 以上每笔经济业务应编制何种专用记账凭证？

第6章 会计账簿

学习目标：
- □ 理解会计账簿的含义和作用
- □ 知道会计账簿的种类和基本内容
- □ 知道会计账簿的启用和登记账簿的规则
- □ 掌握各会计账簿的格式和登记方法
- □ 了解会计核算程序的意义和种类
- □ 掌握主要会计核算程序的特点、优缺点和适用范围
- □ 掌握记账凭证核算组织程序和科目汇总表核算组织程序
- □ 掌握对账、结账、错账更正的方法

会计账簿是将企业一定期间内分散的、大量的经济活动，按其不同性质加以归类、整理和汇总，以便分类提供企业各会计要素的增减变动情况，为企业的经营预测和决策提供可靠的会计信息。根据会计凭证登记账簿是全面、系统、连续地核算和监督企业经济活动的基本环节。它和会计凭证、会计报表一样，都是会计信息的载体。

在每个会计期间，会计人员如何有效、顺利、准确地将本期会计信息编报出来，也就是如何将会计凭证、会计账簿、财务报表通过一定程序的相互结合以综合反映某一会计期间经营成果和现金流动情况的账务处理过程，就是会计核算程序。

第一节　会计账簿的意义和规则

一、会计账簿的意义

（一）会计账簿的含义

会计账簿简称“账簿”，是指由一定格式账页组成的，以经过审核无误的会计凭证为依据，全面、系统、连续地记录各项经济业务的簿籍。在形式上，会计账簿是若干账页的组合；在实质上，会计账簿是会计信息形成的重要环节，是会计资料的主要载体之一，也是会计资料的重要组成部分。

填制和审核会计凭证，虽然已经确认了会计信息的数据，完成了记账工作的第一步，但是每张凭证只能记录一项经济业务，而且凭证数量很多，又很分散，不能全面、系统、连续地反映经济单位在一定时期内的全部经济业务，及其引起的资产和权益的增减变动情况。所以，为了全面记载和反映会计要素在经营活动中的变化轨迹，以取得经济管理所需要的一系列总括和详细的财务数据和指标，必需设置各种账簿，将分散在会计凭证上的大量核算资料，用科学的方法加以集中和归类整理，全面、系统、连续地在账簿上加以记载，以生成有用的会计信息，来满足经营管理的需要，为编制会计报表、进行会计分析以及审计提供主要依据。

（二）会计账簿的作用

设置和登记账簿是会计核算的一种专门方法，是连接会计凭证与会计报表的重要的中间环节，对于加强经济核算、提高会计在经济管理中的作用具有以下重要的意义：

1. 为经营管理提供系统完整的会计信息。
2. 为编制会计报表和制订财务计划提供资料。
3. 为开展财务分析和会计检查提供依据。

同时，账簿是重要的经济档案，它全面、系统地记录着会计主体经济活动的全貌，一般需要长期保存，以备日后查考。上级主管部门、税务、审计部门查账时也要用到账簿的资料。在规模较大、经济业务繁多的企业里，会计工作要根据记账工作量的大小进行必要的分工，因此，登记账簿还起着有利于会计分工的作用。

相关知识

账簿和账户的关系，是形式和内容的关系。会计账簿是账户的表现形式，账户记录（即对经济业务的分类或序时记录）是账簿的真实内容。两者既有区别又有联系。

1. 从外表形式看，账簿是由若干预先印制成专门格式的账页组成的。账簿中的每一账页就是账户的存在形式和信息载体。如果没有账户，也就没有所谓的账簿；如果没有账簿，账户也成了一种抽象的东西，无法存在，所以，账户存在于账簿之中。

2. 从内容看，账簿中包含的是按统一会计制度规定和会计业务的需要开设的反映特定会计核算内容的账户，账户是在账簿中以规定的会计科目开设户头，用以规定不同的账簿所记录的内容，因此，账簿记载的各项经济业务事项是在账户中完成的。

账簿是由具有专门格式、相互联系的账页组成的，账户、账页和账簿之间有区别也有联系。会计账簿的基本要素见图 6－4 所示。

二、会计账簿的种类

会计核算运用的账簿的种类和结构多种多样。不同的账簿，其用途、形式、登记内容和登记方法都不相同。为了便于了解和运用各种账簿，发挥账簿的作用，必须按一定的标准对账簿进行科学的分类。

（一）按用途分类

会计账簿按用途划分，可分为日记账簿、分类账簿和备查账簿。

1. **日记账簿，又称“序时账”，是按照经济业务发生和完成时间的先后顺序，逐日逐笔进行登记的账簿**。由于这种账簿是按每天发生的经济业务时序和应借、应贷账户的金额进行记账的，所以称为“日记账”，在中国古代会计中俗称“流水账”。其时间先后顺序通常是指会计凭证编号的顺序。日记账按其记录内容的不同，又分为普通日记账和特种日记账两种。**普通日记账**是将企业每天发生的所有经济业务，不论性质如何，均按时间先后顺序登记入账；**特种日记账**是按经济业务的性质单独设置的账簿，它只把特定项目按经济业务发生或完成的先后顺序登记入账。

最常见的特种日记账有两种，是“库存现金日记账”和“银行存款日记账”，所有单位都要求开设。

2. **分类账簿，又称“分类账”，是对全部经济业务事项按照会计要素的具体类别而设置的分类账户进行登记的账簿**。由于账户有总分类账户和明细分类账户之分，因此，分类账簿按其反映指标的详细程度划分，又分为总分类账簿和明细分类账簿两种。

总分类账簿又称“总分类账”，是根据总分类账户进行分类登记、用于反映全部经济业务总括核算资料的分类账簿，简称“总账”。**明细分类账簿**又称“明细分类账”，是根据明细分类账户进行分类登记、用于反映某一类经济业务明细核算资料的分类账簿，简称“明细账”。

3. **备查账簿，也称“辅助账”，是对某些在日记账和分类账等主要账簿中未能记载的事项或记载不全的经济业务进行补充登记的账簿**，主要起备忘参考和补充某些信息的作用。例如，受托加工物资的登记簿、租入固定资产登记簿、代销商品登记簿等，因其所有权不属于企业，所以没有在日记账和分类账中予以登记，但由于管理上需要掌握其动态情况，就可以设置相应的备查账簿进行备查记录。备查账簿可以根据各单位的实际需要选择是否设置，没有固定的格式要求。

会计账簿按用途分类见图 6－1。

（二）账簿按外表形式分类

会计账簿按外表形式划分，可分为订本式账簿、活页式账簿和卡片式账簿。

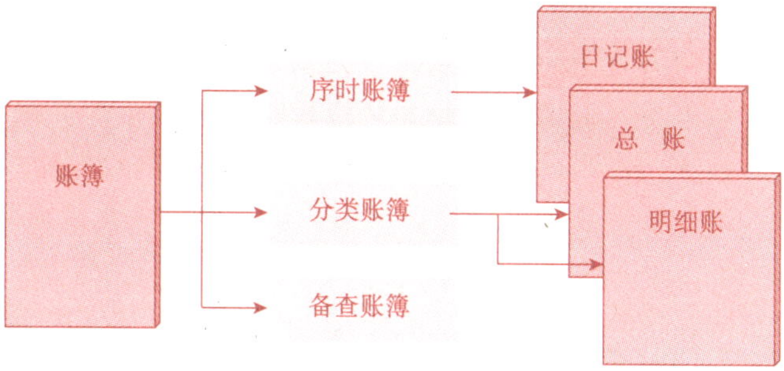

图 6－1　会计账簿按用途分类图

1. 订本式账簿，又称“订本账”，是在使用前就把一定数量的账页装订成册并加以固定连续编号的账簿。采用订本式账，账页固定，可以防止散失账页或被抽换，有利于保证账簿记录的完整和安全。但账页固定，不能根据需要随时添换账页，若账页预留过多，易造成浪费；若账页预留过少，又会影响账户记录的连续性。而且，一本账簿只能由一个人登记，也不利于分工记账或机器记账。

2. 活页式账簿，又称“活页账”，是指在启用前和使用中都不把账页固定装订成册，而是将账页用账夹固定，随时可根据记账内容的变化而开启账夹添换取放账页的一种账簿。采用活页账，可以根据实际需要增添账页，不会浪费账页，使用灵活，并且便于同时分工记账，但账页容易散失和被抽换。

3. 卡片式账簿，又称“卡片账”，是由许多用硬质纸张印制的、具有账页格式的卡片作为账页登记经济业务，并插在卡片箱中进行保管的一种账簿。采用卡片账，便于添加新卡和改变分类方法，可以跨年度使用，不一定每年更换新卡。但它也有活页账的缺点。在我国，卡片账一般适用低值易耗品、固定资产等的明细核算。

会计账簿按外表形式分类见图 6－2。

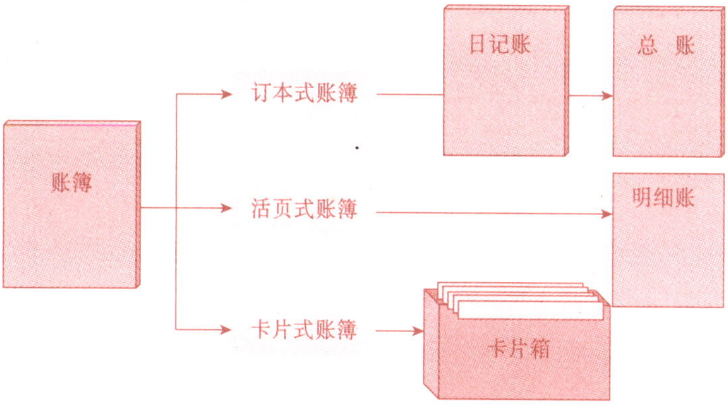

图 6－2　会计账簿按外表形式分类图

提示： 1. 在实际工作中，可以根据需要设置账簿。通常“库存现金日记账”和“银行存款日记账”必须采用订本式账簿。对带有统驭性和控制作用的账簿，如“总分类账”也要求采用订本式账簿。对总分类账起补充说明作用的一般明细分类账，则往往采用活页式账簿；而卡片式账簿则适用于数量众多、内容复杂的财产物资，如“固定资产”明细账等。

2. 活页式账簿和卡片式账簿的共同优点是不受固定账页的限制，可以根据需要随时添换账页，不会造成账页的浪费，而且便于分工记账或机器记账。但其缺点是账页未装订成册，容易散失或被随意抽换。因此，对使用中的活页账或卡片账的账页应注意连续编号，并经主管人员盖章后放入账夹或卡片箱中，防止散失。记账完毕、更换新账时，要装订成册，并妥善保存。

另外，会计账簿按账页格式划分，又可分为两栏式账簿、三栏式账簿、多栏式账簿、数量金额式账簿、横线登记式账簿等。

- **两栏式账簿**，只有借方和贷方两个基本金额的账簿。如普通日记账，各种收入、费用类账户都可以采用两栏式账簿；
- **三栏式账簿**，设有借方、贷方和余额三个基本栏目的账簿。如日记账，总分类账，“资本”、“债权”、“债务”明细账等均采用三栏式账簿；
- **多栏式账簿**，在账簿的两个基本栏目即借方和贷方按需要分设若干专栏的账簿。如“收入”、“费用”明细账等多采用多栏式账簿；
- **数量金额式账簿**，是借方、贷方和金额三个栏目内都分设数量、单价和金额三小栏，借以反映财产物资的实物数量和价值量的账簿。如“原材料”、“库存商品”等明细账通常采用数量金额式账簿；
- **横线登记式账簿**，是在同一张账页的同一行，记录某一项经济业务从发生到结束的相关内容的账簿。

会计账簿种类见图 6－3。

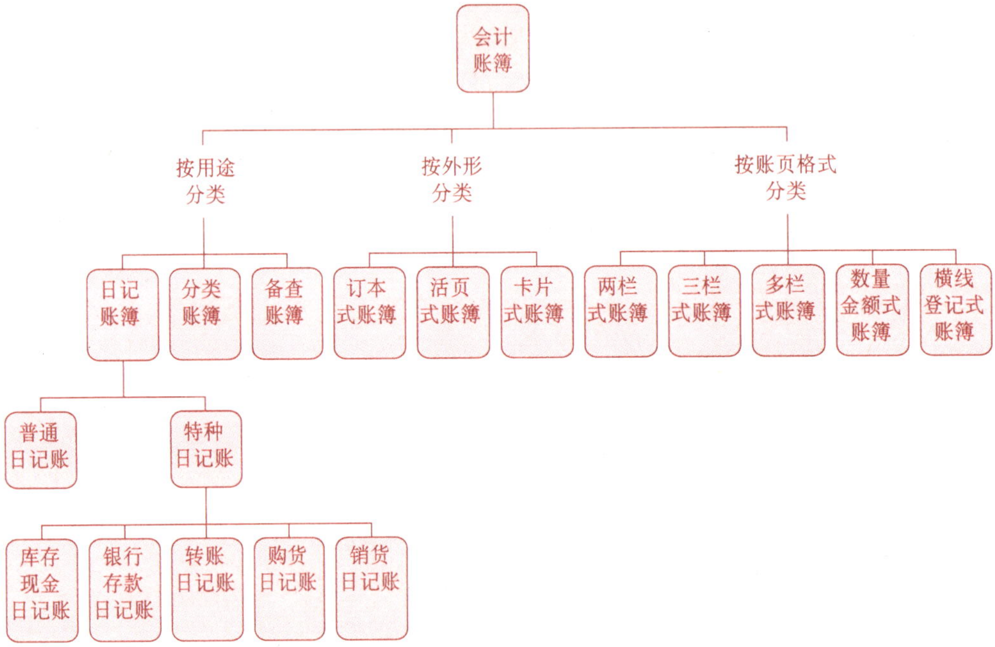

图 6－3　会计账簿种类

练一练

销售业务较多并通过银行结算的企业，应该设置的日记账簿包括（　　）。

A. 现金日记账　　B. 银行存款日记账　　C. 总分类账

D. 销货日记账　　E. 订本账

三、登记会计账簿的规则

根据《会计法》的规定，所有实行独立核算的国家机关、社会团体、公司、企业、事业单位和其他组织都必须设置总账、明细账、日记账及其他辅助账簿等法定会计账簿，并保证其内容真实、完整。

（一）账簿的设置原则

会计账簿的设置和登记，包括确定账簿的种类，设计账页的格式、内容和规定，账簿登记的方法等。各单位应根据经济业务的特点和管理要求，科学、合理地设置账簿。设置账簿时一般应遵循以下原则：

1. 账簿的设置必须保证能够全面、系统地核算和监督各项经济活动，为经济管理提供必要的考核指标。

2. 账簿的设置要从各单位经济活动和业务工作特点出发进行设置，以有利于会计分工和加强岗位责任制。

3. 账簿结构要求科学严密，有关账簿之间要有统分关系或平行制约关系，并应避免重复记账或遗漏。

4. 账簿的格式要力求简明实用，既要保证会计记录的系统和完整，又要避免过于繁琐，以便于日常使用和保存。

（二）账簿的启用规则

为了考证会计账簿记录的合法性和会计资料的真实性、完善性，明确经济业务，会计账簿应由专人负责登记。启用会计账簿应遵守以下规则：

1. 填写账簿经管人员一览表。启用会计账簿时，要求记账人员在账簿的扉页上设置账簿启用和经营人员一览表，如表 6－1 所示，在逐项填列完毕后，应加盖单位公章以及会计主管和记账人员的签章。

启用订本式账簿，应当从第一页到最后一页顺序编定页数，不得跳页、缺页；使用活页式账页，应当按账户顺序编号，并须定期装订成册；卡片式账簿在使用前应当登记卡片登记簿。对于活页账、卡片账，应在装订成册后填列。

表 6－1　　账簿启用和经管人员一览表

账簿名称：________	单位名称：________
账簿编号：________	账簿册数共________册，第________册
账簿共：________页	启用日期：________
会计主管签章：________	记账人员签章：________

2. 严格交接手续。记账人员或者会计机构负责人、会计主管人员调动工作时，必须按有关规定与接管人员办清交接手续。在账簿启用和经管人员一览表中注明交接日期、交接人员和监交人员姓名，并由双方交接人员签名或者盖章。

3. 及时结转旧账。新年度开始时，应将各种账簿上年年终的余额转记到新年度开设的有关新账页的第一行，并在摘要栏内注明“上年结转”字样。

提示：

会计账簿的基本要素

在实际工作中，账簿的格式多种多样，不同格式账簿所包括的具体内容也不尽相同。但各类账簿都应具备以下基本内容：

1. 封面。主要标明账簿的名称，如总分类账、各种明细账、日记账等，一般还应标明记账单位名称。

2. 扉页。主要列明账簿启用和经管人员一览表（主要指订本账，活页账、卡片账要在装订成册后填列此一览表，格式见表6－1）。

3. 账页。账页是账簿的主要内容，是用来记录具体经济业务的载体。其基本内容包括账户名称、日期栏、凭证种类和号数栏、摘要栏、金额栏、总页数和分页数等。

（三）账簿的登记规则

登记账簿是会计核算的基础环节，必须认真严肃对待，切实做到登记及时、内容完整、数字正确清楚。为了做好记账工作，登记会计账簿时必须遵循以下各项记账规则：

1. **根据凭证记账，登记内容齐全。**登记账簿的依据是会计凭证，记账人员在登记账簿前，应首先审核记账凭证及其所附的原始凭证，以确保其所载内容的真实性、合法性和完整性，这是确保会计信息质量的重要措施。同时，登记内容准确完整。登记会计账簿时，应当将会计凭证日期、编号、业务内容摘要、金额和其他有关资料逐项记入账内，做到数字准确、摘要清楚、登记及时、字迹工整。

每一项会计事项，一方面要记入有关的总账，另一方面要记入该总账所属的明细账。账簿记录中的日期，应该填写记账凭证上的日期。

2. **正常记账使用蓝黑墨水，红字限制使用。**在会计的记账书写中，数字的颜色是重要的语素之一，它同数字和文字一起传达会计信息。为了使账簿记录清晰、耐久，便于以后检查及防止篡改，登记账簿要用蓝黑墨水或者碳素墨水书写，不得使用圆珠笔（银行的复写账簿除外）或者铅笔书写。红墨水只能在结账、划线、改错和冲账时使用，如红色墨水只能用于制度规定的“按红字冲账的记账凭证、在不设减少金额栏的多栏式账页中，登记减少数、在三栏式账户的余额栏前，如未印明余额方向的，在余额栏内登记负数金额”等情况。

相关链接

1996年6月17日财政部财会字19号发布《会计基础工作规范》第六十条规定：下列情况，可以用红色墨水记账：

1. 按照红字冲账的记账凭证，冲销错误记录；

2. 在不分设借和贷栏（或增和减栏）的多栏式账页中，登记减少数；

3. 在三栏式账户的余额栏前，如未印明余额方向的，在余额栏内登记负数余额；
4. 根据国家统一会计制度的规定可以用红字登记的其他会计记录。

3. **文字和数字整洁清晰，准确无误**。在登记书写时，不要滥造简化字，不得使用同音异义字，不得写怪字体；摘要文字紧靠左线；数字要写在金额栏内，不得越格错位、参差不齐；文字、数字字体大小适中，紧靠下线书写，上面要留有适当空距，一般应占格宽的1/2，以备按规定的方法改错。记录金额时，如为没有角分的整数，应分别在角分栏内写上“0”，不得省略不写，或以“—”号代替。阿拉伯数字一般可自左向右适当倾斜，以使账簿记录整齐、清晰。为防止字迹模糊，墨迹未干时不要翻动账页。

4. **注明记账符号，做好记账标记**。账簿登记完毕后，记账人员要在记账凭证上签名或者盖章，并在记账凭证上注明所记账簿的页数或画“√”符号表示此凭证已登记入账。在记账凭证上设有专门的栏目供注明记账的符号，以免发生重记或漏记、错记。

5. **账页连续登记，不得跳行隔页**。各种账簿按页次顺序连续登记，不得跳行隔页。如不慎发生跳行隔页，不得随意涂改、撕毁、抽换账页，作废的账页也要留在账簿中。对发生的空行、空页，应用红墨水划对角线注销，或者注明“此行空白”、“此页空白”字样，同时加盖“作废”戳记，并由记账人员签名盖章。这对堵塞在账簿登记中可能出现的漏洞十分必要。

6. **结出余额，注明余额方向**。凡需要结出余额的账户，应当定期结出余额。结出余额后，应当在“借或贷”等栏内写明“借”或者“贷”等字样。现金日记账和银行存款日记账必须每天结出余额。没有余额的账户，应当在“借或贷”等栏内写“平”字，并在余额栏“元”位上用“0”表示。

7. **账页结转说明，过次承前**。在登满一张账页时，应在账页最末一行加计发生额合计数并结出余额，在“摘要”栏内注明“转次页”，同时将本账页发生额合计数和余额填在新账页的第一行，并在“摘要”栏内注明“承前页”。也可以将本页合计数及余额只写在下页第一行有关栏内，并在摘要栏内注明“承前页”字样。

8. **记账发生错误，按规定方法更正**。登记发生错误时，必须按规定方法更正，严禁刮、擦、挖、补，或使用化学药物清除字迹。发现差错必须根据差错的具体情况采用划线更正、红字更正、补充登记等方法更正。

9. **定期打印**。实行会计电算化的单位，总账和明细账应当定期打印。发生收款和付款业务的，在输入收款凭证和付款凭证的当天必须打印出现金日记账和银行存款日记账，并与库存现金核对无误。

提示：1. 登记账簿的依据。为了保证账簿记录的真实、正确，必须根据审核无误的会计凭证登账。各单位每天发生的各种经济业务都要记账，记账的依据是会计凭证。

2. 登记账簿的时间。各种账簿应当每隔多长时间登记一次，没有统一规定。一般的原则是：总分类账要按照单位所采用的会计核算形式及时登账；各种明细分类账要根据原始凭证、汇总原始凭证和记账凭证每天进行登记，也可以定期（3～5天）登记。但是现金日记账和银行存款日记账应当根据办理完毕的收付款凭证，随时逐笔顺序进行登记，最少每天登记一次。

登记账簿要及时，但对各种账簿的登记间隔应该多长，《会计基础工作规范》未作统一规定。一般说来，这要看本单位所采用的具体会计核算形式而定。

第二节　总账与明细账的平行登记

一、平行登记概述

（一）总账与明细账的关系

总账和明细账都是分类账簿。总分类账是按所有总账科目开设的总账账户，并对其反映的经济内容进行总括分类核算的账簿；而明细分类账是在总分类账的基础上，按某一总账科目所属的明细科目开设的明细账户，并对其反映的经济内容进行详细、具体分类核算的账簿。

总账与明细账所记录的经济业务内容是相同的，只是提供的核算资料的详细程度不同。总账提供的总括核算资料对其所属明细账起着统驭作用，而明细账提供的详细核算资料对其总账则起着补充说明的作用。

（二）总账与明细账的平行登记

1. 平行登记的含义。所谓平行登记，即总分类账与明细分类账的平行登记，就是对发生的每项经济业务，根据会计凭证提供的经济内容，一方面要在有关的总分类账中进行总括登记，另一方面又要在其所属的有关明细分类账中进行明细登记。平行登记的数量关系如下：

总账本期发生额＝明细账本期发生额合计

总账期末余额＝所属明细账期末余额合计

提示：平行登记的目的是什么？

目的是为了使总分类账与其所属的明细分类账之间能起到统驭与补充的相互作用，满足各单位经济管理对总括会计信息和详细会计信息的需要，确保核算资料的正确、完整，以及便于账户的核对。

2. 平行登记的规则。进行总分类账户与明细分类账户平行登记要求做到：

（1）记账的原始依据应该相同。在会计核算工作中，由于总账与明细账所提供的资料是相互补充的，既总括又详细地反映同一核算内容，因此，必须按照平行登记的方法来组织总分类核算和明细分类核算。

（2）所属的会计期间应该一致。即全月内的每项经济业务一方面要在有关总分类账上进行登记，另一方面要在其所属的有关明细分类账上进行详细的登记。

（3）借贷方向应该一致。即将经济业务记入总分类账及其所属的明细分类账户时，必须记在相同的方向，应记借方都记借方，应记贷方都记贷方。

（4）登记金额应该相等。即记入总分类账户的金额与记入其所属明细分类账户的合计金额相等。

二、实训操场

实训资料：兴业纺织品有限公司 5 月份总分类账和明细分类账有关账户的月初余额如下：

原材料总分类账户月初余额为 5 万元，其所属明细分类账户的月初余额为：甲材料 60 吨，单价 400 元，计 24 000 元；乙材料 130 吨，单价 200 元，计 26 000 元。

应付账款总分类账户月初余额为 19 000 元，其所属明细分类账户月初余额为：应付甲公司 14 500 元，应付乙公司 4 500 元。

假设兴业纺织品有限公司 5 月份发生以下材料收发业务及与供应单位的结算业务：

1. 5 日，向甲公司购进甲材料 110 吨，单价 400 元，计 44 000 元，材料已验收入库，货款未付。

2. 5 日，向乙公司购进乙材料 150 吨，单价 200 元，计 3 万元，材料已验收入库，货款未付。

3. 10 日，仓库发出甲材料 120 吨，单价 400 元，计 48 000 元；发出乙材料 220 吨，单价 200 元，计 44 000 元。两项共计 92 000 元。上述材料直接用于制造产品。

4. 15 日，通过银行结算偿还甲公司货款 5 万元，乙公司货款 34 500 元，共计 84 500 元。

实训要求：根据上述资料，采用平行登记法登记“原材料”和“应付账款”总分类账户及其所属明细分类账户。

实训步骤：

1. 将月初余额分别记入“原材料”和“应付账款”两个总分类账户及其所属明细分类账户。

2. 根据上述发生的经济业务编制会计分录：

（1）借：原材料——甲材料	44 000	
贷：应付账款——甲公司		44 000
（2）借：原材料——乙材料	30 000	
贷：应付账款——乙公司		30 000
（3）借：生产成本	92 000	
贷：原材料——甲材料		48 000
——乙材料		44 000
（4）借：应付账款——甲公司	50 000	
——乙公司	34 500	
贷：银行存款		84 500

假设上述 4 笔业务的记账凭证编号分别为“转字 1”、“转字 2”、“转字 3”和“银付字 1”。

3. 根据上述会计分录（记账凭证）平行登记“原材料”和“应付账款”两个总分类账及其所属明细分类账，并分别计算出本期发生额和期末余额。

登账结果见表 6 - 2 至表 6 - 7。

表 6－2　　**原材料　总账**

××年		凭证		摘　要	借　方	贷　方	借或贷	余　额
月	日	字	号					
5	1			期初余额			借	50 000
	5	转	1	甲材料验收入库	44 000		借	94 000
	5	转	2	乙材料验收入库	30 000		借	124 000
	10	转	3	生产领料		92 000	借	32 000
	31			本期发生额及期末余额	74 000	92 000	借	32 000

表 6－3　　**原材料　明细账**

类别：原料及主要材料

品名：甲材料　　规格：（略）　　计量单位：吨

××年		凭证号数	摘　要	收入			发出			结存		
月	日			数量	单价	金额	数量	单价	金额	数量	单价	金额
5	1		期初余额							60	400	24 000
	5	转 1	购入	110	400	44 000				170	400	68 000
	10	转 3	领用				120	400	48 000	50	400	20 000
	31		本期发生额及期末余额	110		44 000	120		48 000	50	400	20 000

表 6－4　　**原材料　明细账**

类别：原料及主要材料

品名：乙材料　　规格：（略）　　计量单位：吨

××年		凭证号数	摘　要	收入			发出			结存		
月	日			数量	单价	金额	数量	单价	金额	数量	单价	金额
5	1		期初余额							130	200	26 000
	5	转 2	购入	150	200	30 000				280	200	56 000
	10	转 3	领用				220	200	44 000	60	200	12 000
	31		本期发生额及期末余额	150		30 000	220		44 000	60	200	12 000

表 6－5　　**应付账款　总账**

××年		凭证		摘　要	借　方	贷　方	借或贷	余　额
月	日	字	号					
5	1			期初余额			贷	19 000
	5	转	1	购进甲材料		44 000	贷	63 000
	5	转	2	购进乙材料		30 000	贷	93 000
	15	银付	1	偿还货款	84 500		贷	8 500
	31			本期发生额及期末余额	84 500	74 000	贷	8 500

表 6－6 **应付账款　明细账**

总第______页　分第____页

二级或明细科目：甲公司

××年		凭证		摘　要	借　方	贷　方	借或贷	余　额
月	日	字	号					
5	1			期初余额			贷	14 500
	5	转	1	购进甲材料		44 000	贷	63 000
	15	银付	1	偿还货款	50 000		贷	8 500
	31			本期发生额及期末余额	50 000	44 000	贷	8 500

表 6－7 **应付账款　明细账**

总第______页　分第____页

二级或明细科目：乙公司

××年		凭证		摘　要	借　方	贷　方	借或贷	余　额
月	日	字	号					
5	1			期初余额			贷	4 500
	5	转	2	购进乙材料		30 000	贷	34 500
	15	银付	1	偿还货款	34 500		平	0
	31			本期发生额及期末余额	34 500	30 000	平	0

三、总账与明细账的核对

由于总账与明细账是按平行登记方法记账的，根据平行登记的要求，应该将总账的登记结果与其所属明细账的登记结果进行相互核对，以证实账簿记录结果的正确性与完整性。

【例 6－1】　总账与明细账的核对方法是根据有关账户平行登记的数字列表核对。核对结果见表 6－8。

表 6－8 **总账与明细账核对表**

××年 5 月

账户名称	期初余额		本期发生额		期末余额	
	借　方	贷　方	借　方	贷　方	借　方	贷　方
甲材料明细账	24 000		44 000	48 000	20 000	
乙材料明细账	26 000		30 000	44 000	12 000	
原材料总账	50 000		74 000	92 000	32 000	
甲公司明细账		14 500	50 000	44 000		8 500
乙公司明细账		4 500	34 500	30 000		0
应付账款总账		19 000	84 500	74 000		8 500

通过表 6－8 可以看出，“原材料”、“应付账款”总分类账户与其所属明细分类账户的记录基本上是正确的，如果核对表中有一栏数字不等，则表明总账或明细账的记账有错误。

第三节　明细账的登记

一、日记账的登记

前面我们已经讲过，日记账可以分为普通日记账和特种日记账。**普通日记账**是用来登记全部经济业务的日记账，即按每天发生的经济业务的先后顺序，逐项编制会计分录记入账簿，所以又称分录簿。**特种日记账**是专门用来记录某一特定经济业务发生情况的日记账。现金日记账、银行存款日记账是最常见的特种日记账。

提示：

1. 在会计实务中，日记账也经历了一个由简单到复杂的发展过程，即从普通日记账发展到专栏式日记账，进而又发展到特种日记账。因此，现在常见的日记账簿有普通日记账和特种日记账两类。

2. 在会计实务中，除了库存现金和银行存款的收付一定要记入库存现金日记账和银行存款日记账以外，企业可自行选择是否设置其他特种日记账，如登记有关购货业务和销货业务的购货日记账和销货日记账。

（一）普通日记账的登记

普通日记账是逐日登记一般经济业务的序时账簿。在不设特种日记账的企业，则要序时地逐笔登记企业的全部经济业务。

普通日记账设有“借方”和“贷方”两个金额栏，一般为两栏式日记账。当发生经济业务时，应按经济业务的时间顺序编制会计分录，记入普通日记账，再根据日记账登记分类账，并在“过账”栏内注明“√”符号，表示已经过账。

以第二节4笔业务为例，假设均为5日发生的经济业务，普通日记账的登记方法如表6－9所示。

这种日记账的优点是可以全面、连续地记录一个单位的经济业务情况，为登记分类账做好准备；同时将每笔经济业务的应借、应贷科目的名称、金额汇集在一起，能比较容易地发现记账错误，对会计凭证也能起到保护作用，一旦凭证遗失，可以从普通日记账中查出。缺点是逐笔过账工作量比较大；同时在一本账簿中记录，不便于分工记账。所以，普通日记账一般适用于规模较小、业务量较少且比较简单的企业，规模较大、业务量较多且比较复杂的企业不适宜使用普通日记账。在同时设置普通日记账和特种日记账的情况下，普通日记账只用来序时登记特种日记账以外的经济业务。

表6－9　　　　**普通日记账**　　　　第　页

××年		凭证编号		摘　要	会计科目	借方金额	贷方金额	过账
月	日	字	号					
5	5	转	1	购料甲，款未付	原材料	44 000		√
					应付账款		44 000	√

续表

××年		凭证编号		摘　要	会计科目	借方金额	贷方金额	过账
月	日	字	号					
5	5	转	2	购料乙，款未付	原材料	30 000		√
					应付账款		30 000	√
	5	转	3	生产领料	生产成本	92 000		√
					原材料		92 000	√
	5	银付	1	偿还货款	应付账款	84 500		√
					银行存款		84 500	√
				合　计				

（二）特种日记账的登记

1. 库存现金日记账的登记。库存现金日记账是用来核算和监督库存现金每日的收入、支出和结存状况的账簿。它由出纳人员根据现金收款凭证、现金付款凭证和银行存款付款凭证，按经济业务发生时间的先后顺序，逐日逐笔进行登记。

库存现金日记账的格式一般有三栏式和多栏式两种。这里主要说明三栏式日记账的登记。

三栏式库存现金日记账的登记方法：三栏式日记账的结构一般采用“收入”、“支出”、“结余”三栏；日记账中的“年、月、日”、“凭证字号”、“摘要”和“对方科目”等栏，根据有关记账凭证登记；“收入”栏根据现金收款凭证和引起现金增加的银行存款付款凭证登记（**对于从银行提取现金的业务，由于已填制银行存款的付款凭证，为避免重复记账，不再填制库存现金收款凭证，库存现金收入数可根据银行存款的付款凭证登记**）；“支出”栏根据现金付款凭证登记。每日终了，应计算全日的现金收入、支出合计数，并逐日结出现金余额，与库存现金实存数核对，以检查每日现金收付是否有误。每月期末，应结出当期“收入”栏和“支出”栏的发生额和期末余额，并与“现金”总分类账户核对一致，做到日清月结、账实相符。如账实不符，应查明原因。不能数日合并登记。三栏式库存现金日记账的格式和登记方法如表6－10、表6－11所示。

表6－10　　库存现金日记账

××年		凭证		摘　要	对方科目	收入	支出	结余
月	日	字	号					
3	1			期初余额				2 800
	3	银付	3	提现发工资	银行存款	30 000		32 800
	5	现付	1	发放工资	应付职工薪酬		30 000	2 800
	8	银付	6	提取现金备用	银行存款	7 000		9 800
	10	现付	2	某人预借差旅费	其他应收款		4 000	5 800
	16	现付	3	支付办公费	管理费用		600	5 200
	22	现收	1	某人报销差旅费交余款	其他应收款	200		5 400
	31			本月合计		37 200	34 600	5 400

表 6－11

填列收、付款凭证日期

简明扼要说明经济业务内容

库存现金日记账（三栏式）

每日营业终了计算填列

××年		凭证		摘要	对方科目	收入	支出	结余
月	日	收款	付款					
3	1			月初余额				200
	2		银付 1	从银行提现金	银行存款	2 000		2 200
	2		现付 2	李四借款	其他应收款		2 000	200
	2	现收 1		李四交回余款	其他应收款	250		450

填列收、付款凭证种类和编号

填列分录中“库存现金”科目的对应科目

根据收、付款凭证所列金额填列

2. 银行存款日记账的登记。银行存款日记账是专门用来序时登记银行存款每日的收入、支出和结存情况的账簿。它由出纳人员根据审核后的银行存款收款凭证、银行存款付款凭证及其所附银行结算凭证和现金付款凭证，按经济业务发生时间的先后顺序，逐日逐笔进行登记的序时账簿。银行存款日记账应按企业在银行开立的账户和币种分别设置，每个银行存款账户设置一本银行存款日记账。

通过银行存款日记账的登记，可以序时地反映银行存款收入、支出的金额和用途，以及每日结存金额的变动情况，有利于对货币资金的保管、使用和对银行存款管理制度执行情况的日常监督。

银行存款日记账的格式一般也有三栏式和多栏式两种。

三栏式银行存款日记账是指设有“借方”、“贷方”和“余额”三个金额栏的特种日记账，一般采用“收入”、“支出”和“结余”三栏。银行存款日记账的“业务日期”、“记账凭证”、“摘要”、“对方科目”、“收入”、“支出”和“结余”等栏的登记方法与库存现金日记账登记的方法与顺序基本相同，只不过它们是根据银行存款收款凭证和银行存款付款凭证登记；银行存款日记账的结算凭证栏是根据银行存款收款凭证和付款凭证所附的银行结算凭证填列，以便与银行对账；对于将现金存入银行的业务，因习惯上只填制现金付款凭证，不填制银行存款收款凭证，此时的银行存款收入数应根据相关的现金付款凭证登记。

每日终了时应计算出存款余额，做到日清月结，以便检查监督各项收支款项，避免出现透支现象。银行存款日记账的记录应定期与银行对账单核对。银行存款日记账的格式和登记方法与库存现金日记账相似（见表 6－12）。

提示：在我国会计实务中一般采用的记账程序是按“原始凭证→记账凭证→分类账”这一程序进行的，即在记账凭证中编制会计分录，并直接过入分类账，用记账凭证代替日记账的作用。但在会计实务中仍然要求企业必须设置库存现金日记账和银行存款日记账，但它们已不是原来意义上的日记账，并不根据这两本日记账的数据过入分类账，仅是用于详细记录库存现金和银行存款的收付业务，作为与“库存现金”和“银行存款”两个分类账户进行核对的资料。

现金日记账和银行存款日记账都必须使用订本账。

表 6－12

登记分录中"银行存款"的对应科目

银行存款日记账（三栏式）

登记方法与库存现金日记账相同

××年		记账凭证	对方科目	摘要	结算凭证		收入	支出	结余
月	日				种类	号数			
3	1			月初余额					200 000
	1	银付 1	库存现金	提取现金	现金支票	0356		5 000	195 000
	2	银收 1	主营业务收入	销售产品收入	转账支票	2375	35 000		230 000
	2	银付 2	在途物资	支付材料款	转账支票	0431		46 200	183 800

登记方法与库存现金日记账相同

登记结算凭证的种类和号码

收、支金额登记方法与库存现金日记账相同

练一练

登记库存现金日记账的依据，可以是（　　）。

A. 现金收款凭证　B. 银行存款收款凭证　C. 现金付款凭证

D. 银行存款付款凭证　E. 现金支票

二、明细分类账的登记

明细分类账即明细账，是根据明细科目开设账页，分类登记经济业务的具体内容，以提供明细资料的账簿。根据实际需要，各种明细账分别按二级科目或明细科目开设账户，并为每个账户预留若干账页，用来分类、连续记录有关资产、负债、所有者权益、收入、费用、利润等详细资料。设置和运用明细分类账，有利于加强对各会计要素的管理和使用，并为编制财务报表提供必要的资料。各单位在设置总分类账的基础上，还要根据经营管理的需要，对部分总账科目设置相应的明细账。

明细分类账的格式多种多样，应根据会计制度的规定和所反映经济业务的特点，结合本单位具体情况来设置。一般有"三栏式"、"多栏式"、"数量金额式"和"横线登记式"四种。下面分别说明这几种明细分类账的登记方法。

（一）三栏式明细账的登记

三栏式明细账是根据审核无误的记账凭证或原始凭证，按交易、事项的先后顺序逐笔进行登记的。其基本格式为"借方"、"贷方"和"余额"三个金额栏目，如表 6－6 和表 6－7 所示。

三栏式明细账的"日期"、"凭证编号"、"摘要"栏均按照记账凭证进行登记；"借方"和"贷方"金额栏分别根据记账凭证中借方金额和贷方金额登记；"余额"栏需计算填列。

这种格式适用于那些只进行金额核算而不需要进行数量核算的非实物明细账户。如“应收账款”、“应付账款”等账户。

（二）多栏式明细账的登记

多栏式明细账是由会计人员根据审核无误的记账凭证或原始凭证，按照经济业务发生的时间先后顺序逐日逐笔进行登记的。它是以三栏式明细分类账的格式为基础，在一张账页的“借方”栏或“贷方”栏设置若干个专栏，集中反映有关明细项目核算资料的账簿格式和登记方法（见表 6－13、表 6－14、表 6－15）。

根据经济业务的特点和经营管理的需要，多栏式明细账又分为借方多栏式、贷方多栏式和借贷方多栏式三种格式。成本费用类账户一般发生额在借方，因此多采用借方多栏的格式，如“生产成本”、“制造费用”、“管理费用”等账户的明细分类账；而收入类账户一般发生额在贷方，故采用贷方多栏的格式，如“主营业务收入”等账户的明细分类账；而像“本年利润”、“利润分配”和“应交税费——应交增值税”等账户则需采用借方、贷方均为多栏式的明细账。

这种格式的账簿主要适用于只记金额、不记数量，而且在管理上需要了解其构成内容的有关成本、费用和收入、成果类等账户的明细核算。

提示：在实际工作中，对于成本费用类账户，只在借方设专栏，平时在借方登记费用和成本的发生额，贷方登记月末将借方发生额分配转出的数额；但对于贷方发生额，在登记明细账时，由于明细账簿未设置贷方栏，所以要用“红字”金额在借方有关栏内登记，表示应从借方发生额中冲减。同样，对于收入、成果类账户，其明细账只在贷方设专栏，平时在贷方登记收入和成果的发生额；对于借方发生额或转出额，则要用“红字”金额在贷方有关栏内登记，表示应从贷方发生额中冲减。

表 6－13

经济业务日期、凭证、摘要等内容填列方法同前

制造费用明细账

（只按借方发生额设置专栏的多样式）

有关费用发生时，均在预先按借方设置的相应栏次中登记

××年		凭证号数	摘　要	工资	福利费	折旧费	办公费	……	合计
月	日								
3	1		月初余额	3 000	420	2 800	200		6 420
	5	转 5	分配工资	5 500					11 920
	5	转 6	提取福利费		770				12 690
	15	付 7	购办公用品				300		12 990
	31	转 20	提取折旧			3 200			16 190
	31	转 21	分配	8 500	1 190	6 000	500		16 190

月末分配制造费用时应用红字登记，反映对制造费用的冲减

表 6-14 　　　　主营业务收入明细账

（只按贷方发生额设置专栏的多栏式）

××年		凭证号数	摘　要	贷　方					合　计
月	日			A 产品	B 产品	C 产品	D 产品	……	
3	1	银收 1	销售 A 产品	30 000					30 000
	8	转 8	销售 B 产品		50 000				80 000
	31	转 16	销售 C 产品		3 000				77 000

表 6-15 　　　　应交税费——应交增值税明细账

（既按借方发生额又按贷方发生额设置专栏的多栏式）

××年		凭证号数	摘　要	借　方				贷　方					借或贷	金额
月	日			合　计	进项税额	已交税金	转出未交增值税	合　计	销项税额	出口退税	进项税额转出	转出多交增值税		

（三）数量金额式明细账的登记

数量金额式明细账是根据审核无误的记账凭证、原始凭证、汇总原始凭证等，按交易、事项发生的时间顺序逐笔进行登记的。它以“收入”、“发出”、“结存”三栏为基础，每栏再分别设置“数量”、“单价”和“金额”三个专栏，以分别登记实物数量和金额的账簿。

其“收入”栏和“发出”栏的数量分别根据入库数量和出库数量填列；“单价”根据计算的单位成本填列；“金额”以及“结存”栏的数量、单价、金额均需计算填列。

这种格式的账簿适用于既要进行金额核算，又要进行实物数量核算的各种财产、物资类账户的明细分类核算。如“原材料”、“库存商品”等账户的明细核算（见表 6-3 和表 6-4）。有时为了便于开展业务和加强管理，可在表格上端设置一些必要的项目加以详细说明，如表 6-16 所示。

表 6-16 　　　　原材料　明细账

最高储存量	
最低储存量	

账号		总页数
页数		10

编号：______　类别：钢材　规格：30 mm 圆钢　单位：千克　存放地点：第一仓库　计划单价：______

××年		凭证		摘　要	收入			发出			借或贷	结存			核对
月	日	种类	号数		数量	单价	金额	数量	单价	金额		数量	单价	金额	
11	1			期初余额							借	1 200	3.80	4 560	

（四）横线登记式明细账的登记

横线登记式明细账也称平行式明细账，它采用横线登记法，将前后密切相关的经济业务在同一横线内进行详细登记，以检查每笔经济业务完成及变动情况。

该类账户的借方一般在购料付款或借出备用金时按会计凭证的编号顺序逐日逐笔登记，其贷方则不要求按会计凭证编号逐日逐笔登记，而是在材料验收入库或者备用金使用后报销和收回时，在与借方记录的同一行内进行登记。同一行内借方、贷方均有记录时，表示该项经济业务已处理完毕，若一行内只有借方记录而无贷方记录的，表示该项经济业务尚未结束。

这种格式的账簿一般适用于对某些需要按每笔金额的借方和贷方进行对照登记的事项。如“物资采购”和某些应收、应付款项等账户的明细核算，如表 6－17 所示。

表 6－17　　其他应收款——备用金　明细账

××年		凭证号数	户名	摘　要	借方金额（借支）	贷方金额（报销与收回）					备注
						××年		凭证号数	报销金额	收回金额	
月	日					月	日				
7	1	现付 10	张铮	借支差旅费	400	7	15	转 15	280		
							15	现收 16		120	

相关知识

如何确定明细账的登记方法和登记时间

选用何种明细分类账进行登记，应根据各单位经济业务的繁简程度、业务量的大小和经济管理上的需要以及所记录的经济业务的内容而定。可以根据原始凭证、汇总原始凭证或记账凭证逐笔登记，也可以根据这些凭证逐日登记或定期汇总登记。

对需要随时提供其增减变化情况的账户，如“固定资产”、“债权”、“债务”等明细账，应根据原始凭证、记账凭证逐日逐笔登记；而对一些经济业务发生较频繁的同类账户，应根据汇总原始凭证逐日或定期汇总后进行登记。应当指出的是，在各种明细分类账户的“摘要”栏内，必须将有关经济业务的内容简明扼要地填列清楚，以便于事后检查和账目的核对。

三、备查账的登记

备查账是一种辅助账簿，是对某些在总分类账、明细分类账、日记账中未能记载的事项或记载不全的经济业务进行补充登记的账簿，也是对一些备忘事项为便于查考而登记的账簿。

备查账是会计账簿的一种，但不是真正意义上的账簿，仅是对企业主要账簿登记的补充。建立备查账时，一般应注意以下几点：

1. 备查账应根据统一会计制度的规定和企业管理的需要设置。并不是每个企业都要设置备查账簿，而应根据实际需要自行确定，但是对于会计制度规定必须设置备查账簿的会计科目，必须按照会计制度的规定设置备查账簿。

2. 备查账没有固定的格式。备查账不按会计科目设置，登记时，也不需要编制记账凭证，它与其他账簿之间不存在严密的依存关系，其格式可由企业根据内部管理的需要自行确定。备查账的主要栏目不是记载金额，而是更注重文字表述。

3. 备查账的外表形式一般采用活页式。为使用方便，备查账一般采用活页式账簿。与明细账一样，为保证账簿的安全、完整，使用时应顺序编号并装订成册，注意妥善保管，以防账页丢失。

财会人员应根据本企业的实际情况，设置必要的会计备查账簿，并按相应的内容和格式登记。“租入固定资产备查簿”格式见表6-18。

表6-18　　租入固定资产备查簿

出租单位	租约号码	固定资产名称及规格	租入日起	租用时间	租金	使用部门	归还日期	备注

提示：

企业一般涉及的备查账簿及其登记方法如下：

1. 设置“应收票据备查簿”，逐笔登记每一应收票据的种类、号数、出票日期、票面金额、票面利率、交易合同号，付款人、承兑人、背书人的姓名或单位名称，到期日、背书转让日、贴现日期、贴现率、贴现净额、未计提的利息，以及收款日期和收回金额、退票情况等资料。应收票据到期结清票款或退票后，应当在备查簿内逐笔注销。

2. 设置“应付票据备查簿”，详细登记每一应付票据的种类、号数、签发日期、到期日、票面金额、票面利率、合同交易号、收款人姓名或单位名称，以及付款日期和金额等资料。应付票据到期结清时，应当在备查簿内逐笔注销。

3. 设置“代管商品备查簿”，逐笔登记已经完成销售手续、但购买单位在月末未提取的库存商品。

4. 设置“分期收款发出商品备查簿”，详细记录分期收款发出商品的数量、成本、售价、代垫运杂费、已收取的货款和尚未收取的货款等有关情况。

5. 设置“发票备查簿”，详细登记增值税专用发票、普通发票领购、填开、缴销、结存等情况。

6. 设置“临时租入固定资产备查簿”，登记临时租入的固定资产。

7. 设置“实收资本备查簿”，企业应当将因减资而使股份发生变动的情况，在备查簿中详细记录。

8. 设置“持有股票备查账簿”，企业持有股票期间所获得的股票股利，应在备查账簿中登记所增加的股份。

9. 设置“应付债券备查簿”，企业在发行债券时，应将待发行债券的票面金额、债券票面利率、还本期限与方式、发行总额、发行日期和编号、委托代售部门、转换股份等情况在备查簿中进行登记。

10. 设置“出租出借包装物备查簿”，收回已使用过的出租出借包装物，应在备查簿上进行登记。

练一练

企业设置“应收票据备查簿”逐笔登记的内容有（　　）。

A. 应收票据的种类、号数和出票日期

B. 票面金额和票面利率

C. 交易合同号和付款人、承兑人、背书人的姓名或单位名称

D. 到期日、背书转让日、贴现日期、贴现率和贴现净额

E. 未计提的利息以及收款日期和收回金额、退票情况

提示：账簿登记中常出现的问题有以下几类：

1. 记账凭证没有错误，过账时常把数字记错方向，如应借记的误登贷记；
2. 记账容易跳行、隔页，记账凭证没有错误，过账时记错行、记错页；
3. 经常出现重记和漏记错误；
4. 不按专门的方法更正，随意涂改，造成账面不整洁；
5. 结账时不划红线。

第四节　总账的登记

总账是总分类账簿的简称，它是按总分类科目开设账页，进行分类登记，总括地反映和记录具体经济业务内容增减变动情况的账簿。总分类账是编制财务报表的重要依据。由于总分类账能全面、系统、总括地反映和记录一个单位的经济活动和财务收支情况，并为编制财务报表提供必要的数据。因此，任何单位都必须设置总分类账。

总分类账的格式一般有三种，即三栏式订本式账、三栏式基础上增设“对方科目”栏的总分类账和多栏式的总分类账（又叫“日记总账”）。

总分类账一般采用订本式账簿形式，按照会计科目的编码顺序分别开设账户，并为每个账户预留若干账页。由于总分类账只进行金额核算，所以最常用的格式是三栏式账页格式，在账页中设置“借方”、“贷方”和“余额”三个基本金额栏。总分类账中的“对应科目”栏，可以设置，也可以不设置。“借或贷”栏是指账户的余额在借方还是在贷方。三栏式总账的账页格式和填列方法如表 6 - 19 所示。

总分类账的登记，可以根据记账凭证逐笔登记；也可以通过一定的方式分次或按月一次汇总成汇总记账凭证或科目汇总表，然后据以登记；还可以根据多栏式库存现金日记账、银行存款日记账在月末时汇总登记。**总分类账的登记依据和登记方法，取决于企业所采用的账**

务处理程序。

表 6－19

登记记账凭证日期

总　　账（三栏式）

根据记账凭证所列金额填列

会计科目：　　原材料

××年		凭证		摘要	借方	贷方	借或贷	余额
月	日	种类	号数					
7	1			月初余额			借	30 000
	2	转	1	甲材料入库	10 000		借	40 000
	2	转	2	发出甲材料		5 000	借	35 000
				（以下略）				
7	31			本月合计			借	45 000

登记记账凭证种类和编号　　简明扼要说明经济业务内容　　根据余额性质填列　　计算填列

一、账务处理程序概述

（一）账务处理程序的概念

1. 账务处理程序的含义。为了科学地组织会计工作，连续、系统地反映各企事业单位的经济活动，为经济管理提供系统的会计信息，除了要及时正确地填制会计凭证、登记账簿和编制会计报表以实现会计循环以外，还必须根据各经济单位的具体情况，确定相应的账务处理程序，使会计凭证的填制、账簿的登记、会计报表的编制能够有机地结合起来。所以，**账务处理程序就是把账簿组织、记账程序和记账方法有机结合的方式和步骤**，又称“会计核算组织程序”或“会计核算形式”。**账簿组织**是指凭证、账簿的种类、格式以及凭证与账簿之间、各种账簿之间的关系；**记账程序**是指凭证的填制、传递、账簿的登记以及根据账簿记录编制会计报表的循环过程；**记账方法**是指根据账簿组织和记账程序的要求所采用的专门记账方法。可以看出，在账务处理的上述几个组织内容中，账簿组织是核心。把各种不同的会计凭证和账簿，按照不同的核算形式和方法组合起来，就形成了不同的账务处理程序。

2. 账务处理程序的作用。科学、合理地选择适用于本单位的账务处理程序，对于提高会计核算工作效率、保证会计核算工作质量、有效地组织会计核算具有十分重要的意义。

（1）有利于会计工作程序的规范化，加强管理。确定合理的凭证、账簿与报表之间的联系方式，保证会计信息加工过程的严密性，提高会计信息的质量。

（2）有利于保证会计记录的完整性、正确性，提高质量。通过凭证、账簿及报表之间的牵制作用，增强会计信息的可靠性。

（3）有利于减少不必要的会计核算环节，节约费用。通过井然有序的账务处理程序，保证会计信息的及时性，提高会计工作效率。

（二）账务处理程序的基本要求

账务处理程序是做好会计工作的基本前提。各经济单位要根据会计制度的有关规定，遵循国际惯例，从实际出发并结合本单位的特点，设计制定合理的账务处理程序。

确定账务处理程序应符合下列基本要求：

1. 适用、及时、准确，是指在符合国家对凭证、账簿、报表、记账方法等统一规定的前提下，结合本单位经济活动的特点、规模大小、业务繁简等，选择或设计适合本单位的账务处理程序，及时、准确地提供完整系统的经济核算资料，以满足经济管理的需要。

2. 科学、系统、高效，是指本单位选择或设计的账务处理程序是全面系统、高效益的。这种程序有利于简化会计核算手续，符合成本效益原则，节约费用开支，提高工作质量；有利于会计人员的协作，加强岗位责任制；有利于逐步采用现代化的核算工具，适用于电子计算机处理会计事项的要求。

（三）账务处理程序的种类

根据会计凭证、会计账簿组合方式和登记总账的直接依据不同，结合我国会计工作长期实践经验，可将各经济单位账务处理程序分为以下六种：

1. 记账凭证账务处理程序；
2. 汇总记账凭证账务处理程序；
3. 科目汇总表账务处理程序；
4. 多栏式日记账账务处理程序；
5. 日记总账账务处理程序；
6. 电算化账务处理程序。

以上六种账务处理程序中，较常用的主要有记账凭证账务处理程序、科目汇总表账务处理程序、汇总记账凭证账务处理程序三种。

一种账务处理程序区别于另一种账务处理程序，主要在于登记总分类账的程序和方法不同。与此相适应，总分类账的格式也不同，其他程序基本相同。账务处理程序划分的依据、特点和适用范围见表6-20。

提示：在较常用的账务处理程序中，科目汇总表账务处理程序是应用最为广泛的会计核算形式。

表6-20　　账务处理程序划分的依据、特点和适用范围比较表

种　类	特　点	适用范围
记账凭证账务处理程序	根据记账凭证逐日逐笔登记总分类账。	规模小，业务量较少的单位。
汇总记账凭证账务处理程序	根据汇总记账凭证登记总分类账；可以清晰地反映科目之间的对应关系。	规模较大，业务量较多的单位。
科目汇总表账务处理程序	根据科目汇总表登记总分类账，不能反映各科目的对应关系。	经济业务量较多的单位。

（四）账务处理程序的基本模式

各种账务处理程序各有其特点，但也有共同的基本模式，即从填制会计凭证到编制会计报表这一连续不断、周而复始的过程中均有着共同的基本步骤。其具体包括以下程序：

1. 填制和审核原始凭证或汇总原始凭证，这是账务处理程序的起点；
2. 根据审核无误的原始凭证或汇总原始凭证，编制记账凭证；

3. 根据审核无误的记账凭证和原始凭证或汇总原始凭证，逐日逐笔或定期汇总登记相应的日记账、明细账和总账，这一步骤会计上称为“过账”；

4. 期末将日记账和明细账与总账的有关核算指标核对相符，这一步骤会计上称为“对账”；

5. 结账，期末结清各账户记录，结账无误后编制试算平衡表，作为编制会计报表的依据；

6. 根据试算平衡表，编制会计报表，这是账务处理程序的终点。

账务处理程序的基本模式如图 6－4 所示。

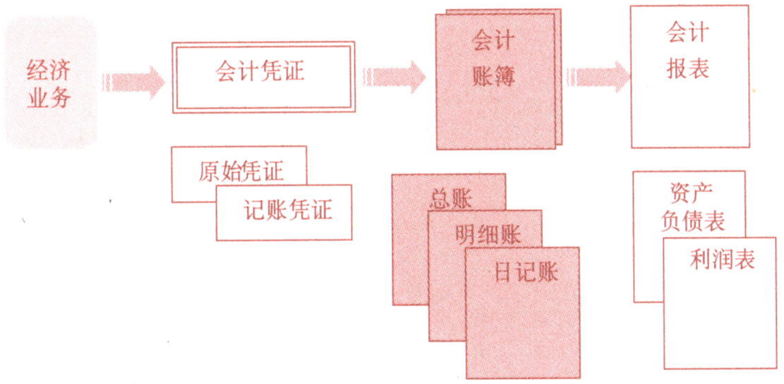

图 6－4　账务处理程序的基本模式

二、记账凭证账务处理程序

（一）记账凭证账务处理程序的核算要求

记账凭证账务处理程序是指对发生的经济业务，都要以原始凭证或汇总原始凭证编制记账凭证，再直接根据记账凭证逐笔登记总分类账为主要特点的一种账务处理程序。

记账凭证账务处理程序是会计核算程序中最基本的一种，其他各种账务处理程序是从这一账务处理程序的基础上发展而形成的。

（二）记账凭证账务处理程序的账簿组织

在记账凭证账务处理程序下，记账凭证一般可以采用“收款凭证”、“付款凭证”和“转账凭证”三种格式，经济业务不多的经济单位也可采用通用格式的记账凭证。账簿一般设置有库存现金日记账、银行存款日记账、总分类账和明细分类账。库存现金日记账、银行存款日记账、总分类账均采用借方、贷方、余额三栏式，明细分类账可根据管理需要，采用三栏式、多栏式或数量金额式。

（三）记账凭证账务处理程序的工作步骤

在记账凭证账务处理程序下，对经济业务进行会计核算的具体工作步骤如下：

1. 根据原始凭证或汇总原始凭证，填制记账凭证；

2. 根据收款凭证和付款凭证及所附原始凭证，逐笔顺序登记库存现金日记账和银行存款日记账；

3. 根据各种记账凭证和原始凭证或汇总原始凭证逐笔登记明细分类账；

4. 根据记账凭证逐笔登记总分类账；

5. 日记账、明细分类账分别与总账定期核对；
6. 根据总分类账和明细分类账，编制会计报表。
上述账务处理程序见图 6－5。

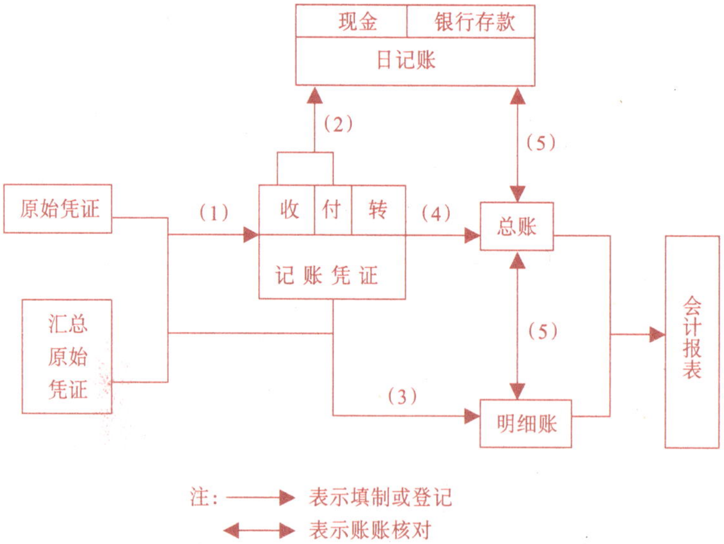

图 6－5　记账凭证账务处理程序图

（四）记账凭证账务处理程序的优缺点和适用范围

记账凭证账务处理程序的主要优点是：总分类账是根据记账凭证逐笔登记的，程序简单，手续简便，方法易学；总分类账能较为详细地反映经济业务的发生情况，账户的对应关系和经济业务的来龙去脉也清晰明了，便于查账和分析。其缺点是：登记总账的工作量很大，而且不便于会计人员进行分工。因此，这种账务处理程序一般适用于规模较小、经济业务量较少、会计凭证不多的经济单位。

（五）实训操场

实训资料及要求：为了便于掌握这种账务处理程序，现以本章第二节实训操场的资料为例，说明在记账凭证账务处理程序下，各种记账凭证、会计账簿与会计报表之间的相互关系。这里重点说明总分类账的登记。

实训步骤

1. 登记各有关总分类账及部分明细账户的期初余额（见表 6－21）。

表 6－21　　**总分类账户及部分明细账户期初余额表**

××年 5 月 1 日　　单位：元

账户名称	期初余额	
	借　方	贷　方
现金	……	
银行存款	……	
原材料——甲材料	26 000	
——乙材料	24 000	

续表

账户名称	期初余额	
	借　方	贷　方
应付账款——甲公司		14 500
——乙公司		4 500
……	……	……
合　　计	……	……

注：期初余额借方合计 = 期初余额贷方合计

2. 根据 5 月份发生的经济业务，按时间顺序填制记账凭证（简化格式），如表 6 – 22 所示。

表 6 – 22　　记账凭证（简化格式）

××年		凭证号数	摘　要	账户名称		借方余额	贷方余额
月	日			一级科目	明细科目		
5	5	转 1	购进甲材料，尚未付款	原材料 应付账款	甲材料 甲公司	44 000	 44 000
	5	转 2	购进乙材料，尚未付款	原材料 应付账款	乙材料 乙公司	30 000	 30 000
	10	转 3	生产领用材料	生产成本 原材料	 甲材料 乙材料	92 000	 48 000 42 000
	15	银付 1	偿还欠款	应付账款 银行存款	甲公司 乙公司	50 000 34 500	 84 500
	31		……	……	……	……	……

3. 根据收款凭证、付款凭证登记库存现金日记账和银行存款日记账。（略）

4. 根据记账凭证和原始凭证或汇总原始凭证登记各明细分类账。（略）

5. 根据审核无误的收款凭证、付款凭证和转账凭证逐笔登记总分类账。这里只登记“原材料”和“应付账款”总分类账，如表 6 – 23 和表 6 – 24 所示。其他从略。

表 6 – 23　　总　分　类　账

总第______页

分第______页

会计科目或编号　原材料

××年		凭证		摘　要	借　方	贷　方	借或贷	余　额
月	日	字	号					
5	1			月初余额			借	50 000
	5	转	1	甲材料验收入库	44 000		借	94 000

续表

××年		凭证		摘　要	借　方	贷　方	借或贷	余　额
月	日	字	号					
5	5	转	2	乙材料验收入库	30 000		借	124 000
	10	转	3	生产领料		92 000	借	32 000
	31			本 月 合 计	74 000	92 000	借	32 000

表 6－24　　**总　分　类　账**

总第____页

分第____页

会计科目或编号　应付账款

××年		凭证		摘　要	借　方	贷　方	借或贷	余　额
月	日	字	号					
5	1			月初余额			贷	19 000
	5	转	1	购进甲材料		44 000	贷	63 000
	5	转	2	购进乙材料		30 000	贷	93 000
	15	银付	1	偿还货款	84 500		贷	8 500
	31			本 月 合 计	84 500	74 000	贷	8 500

6. 按照对账的要求，定期将总分类账与日记账、明细账相核对，即根据总分类账编制总分类账户本期发生额和余额对照表（即试算平衡表），参见第四章例 4－3；根据明细分类账编制明细分类账户本期发生额和余额对照表（略）并与日记账核对相符。

7. 期末，根据总分类账和明细分类账的有关资料，编制会计报表。（略）

三、科目汇总表账务处理程序

（一）科目汇总表账务处理程序的核算要求

科目汇总表账务处理程序是指对发生的经济业务，根据原始凭证或汇总原始凭证编制记账凭证，根据记账凭证定期编制科目汇总表，并据以登记总分类账的一种账务处理程序。它是记账凭证账务处理程序的简化和发展。它的主要特点是：首先逐日或定期（10 天、15 天或 30 天）将所有记账凭证汇总编制科目汇总表，然后再根据科目汇总表登记总分类账。

（二）科目汇总表账务处理程序的账簿组织

采用这种账务处理程序，其账簿组织与记账凭证账务处理程序基本相同，也要设置库存现金日记账、银行存款日记账、总分类账和明细分类账。日记账、总分类账采用三栏式，明细分类账根据实际需要，可分别采用三栏式、数量金额式或多栏式。记账凭证一般采用收款凭证、付款凭证和转账凭证，或通用记账凭证格式。为了定期对记账凭证进行汇总，还需设置“科目汇总表”。

（三）科目汇总表的编制方法

科目汇总表是根据记账凭证，按相同的会计科目归类，逐日或定期汇总编制而成的。

科目汇总表的汇总方法有两种，即全部汇总和分类汇总。**全部汇总**是将一定时期内的记账凭证，全部汇总到一张科目汇总表上，再据以登记总分类账。**分类汇总**是将一定时期的收款凭证、付款凭证和转账凭证分类汇总，分别编制收款凭证科目汇总表、付款凭证科目汇总表和转账凭证科目汇总表；或者按现金收付业务、银行存款收付业务和转账业务分类汇总，分别编制现金收付款凭证汇总表、银行存款收付款凭证汇总表和转账凭证汇总表，再据以登记总分类账。按会计科目汇总后，应加总借方、贷方发生额，进行发生额的试算平衡。**由于借贷记账法的记账规则是“有借必有贷，借贷必相等”，所以在编制的科目汇总表内，全部总账科目的借方发生额合计数与贷方发生额合计数相等**。科目汇总表的格式和内容分别如表6－25、表6－26所示。

在实际工作中，科目汇总表编制的时间应根据各经济单位业务量的大小而定，业务量较多的可以每日、每旬汇总，业务量较少的可以每半个月或一个月汇总一次。每次汇总都应注明汇总记账凭证的起讫字号，以便检查。

科目汇总表编制的格式，既可以用一张通用的科目汇总表汇总所有账户，也可以按现金、银行存款和转账业务分别汇总与各该业务有关的账户，各经济单位可根据需要自行设计。但是，任何格式的科目汇总表，都只反映各个科目的本期借方发生额和贷方发生额，不反映各个科目的对应关系。

表6－25 **科目汇总表**

企业单位： ××年6月30日 科汇 号

会计科目	√	借方金额	√	贷方金额
合 计				

附记账凭证 张

表6－26 **科目汇总表**

企业单位： ××年6月 科汇 号

会计科目	1—10日		11—20日		21—30日		合 计	
	借 方	贷 方	借 方	贷 方	借 方	贷 方	借 方	贷 方
合 计								

附记账凭证 张

会计主管 记账 审核 制表

（四）科目汇总表账务处理程序的工作步骤

在科目汇总表账务处理程序中，会计凭证的填制和账簿的设置等与记账凭证账务处理程序基本相同，主要区别在于登记总账的方法不同。其具体工作步骤如下：

1. 根据原始凭证或原始凭证汇总表填制记账凭证；
2. 根据收款凭证、付款凭证及所附原始凭证逐笔顺序登记现金日记账和银行存款日记账；
3. 根据各种记账凭证和原始凭证或汇总原始凭证逐笔登记明细分类账；
4. 根据各种记账凭证定期编制记账凭证汇总表（即科目汇总表）；
5. 根据科目汇总表登记总分类账；
6. 日记账、明细分类账分别与总账定期核对；
7. 根据总分类账和明细分类账编制会计报表。

上述账务处理程序如图 6-6 所示。

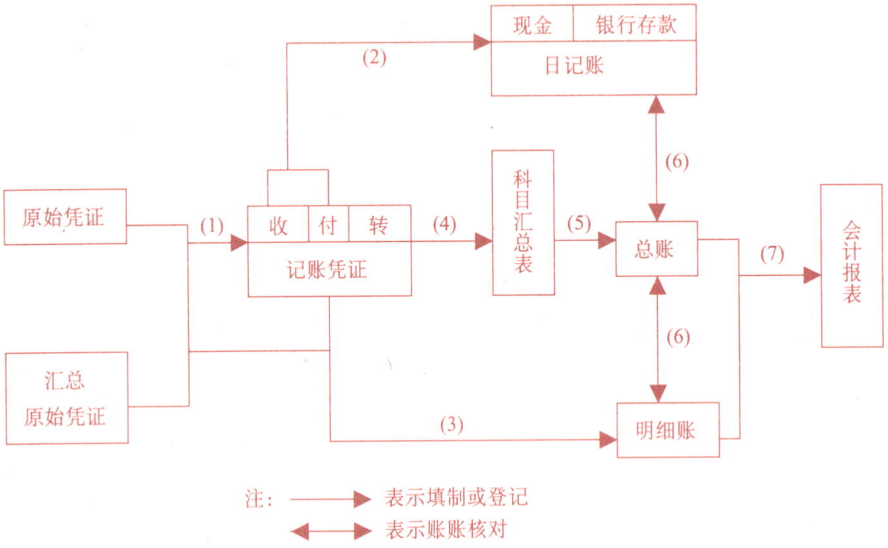

图 6-6　科目汇总表账务处理程序图

（五）科目汇总表账务处理程序的优缺点和适用范围

科目汇总表账务处理程序的主要优点是：总分类账是根据科目汇总表登记的，因而大大减轻了登记总分类账的工作量，简化了总分类账的记账工作。同时，通过科目汇总表的编制，可以将各科目本期借方发生额和贷方发生额的合计数进行试算平衡，能够及时发现填制凭证和汇总过程中的差错，从而保证记账工作的质量。其缺点是：科目汇总表不分对应科目进行汇总，反映不出账户的对应关系和经济业务的来龙去脉，不利于查账。

这种账务处理程序适用于那些规模较大、经济业务量较多的大中型企业和单位。对于规模较小、经济业务量不多的企业和单位，则起不到简化登记总账的作用。

第五节 对账和结账

登记账簿作为会计核算的专门方法之一，包括记账、对账和结账三个相互联系、不可分割的工作环节，忽略任何一个环节都不可能充分发挥账簿的作用。任何经济单位在月份和年度终了时，应将账簿记录核对结算清楚，使账簿资料如实反映情况，为编制财务报表提供可靠的资料。

一、对账

对账就是将各种账簿记录进行核对，即核对账目，是保证会计账簿记录真实准确的一项重要工作。在会计工作中，由于种种原因，难免发生计算、记账等差错，也难免出现账实不符的现象。

为了保证各种账簿记录的正确和完整，为编制会计报表提供真实可靠的数据资料，在记账之后、结账之前，必须做好对账工作，以保证账证相符、账账相符、账表相符和账实相符。**所谓相符，是指凭证、账簿、报表、实物所反映的内容、数字、金额等核对无误**。对账工作主要包括以下四个方面的内容：

（一）账证核对

账证核对是指将会计账簿记录与会计凭证（包括记账凭证和原始凭证）有关内容进行核对。由于会计账簿记录是根据会计凭证等资料编制的，两者之间存在逻辑联系。通过账证核对，可以检查、验证会计账簿和会计凭证的内容是否正确无误，以保证会计资料真实、完整。各单位应当定期将会计账簿记录与其相应的会计凭证（包括时间、编号、内容、金额、记账方向等）逐项核对，检查是否一致。如果发现有不一致之处，应当及时查明原因，并按照规定予以更正。

账证核对是对账工作的第一步，保证账证相符是会计核算的基本要求之一，也是账账相符、账实相符和账表相符的基础。

（二）账账核对

账账核对是指将各种会计账簿之间相对应的记录进行核对。由于会计账簿之间相对应的记录存在着内在联系，通过账账核对可以检查、验证会计账簿记录的正确性，以便及时发现错账，予以更正，保证账账相符。账账核对包括以下四个方面：

1. 总分类账各账户借方余额合计数与贷方余额合计数核对相符；

2. 总分类账各账户余额与其所属明细分类账各账户余额之和核对相符；

3. 库存现金日记账和银行存款日记账的余额与总分类账中“库存现金”和“银行存款”账户余额核对相符；

4. 会计部门有关财产物资的明细分类账余额与财产物资保管或使用部门登记的明细账核对相符。

（三）账实核对

账实核对是在账账核对的基础上，将各种财产物资的账面余额与实存数额进行核对。由于实物的增减变化、款项的收付都要在有关账簿中如实反映，因此，通过会计账簿记录与款项、实物的实有数进行核对，可以检查、验证款项、实物会计账簿记录的正确性，以便于及时发现财产物资和货币资金管理中存在的问题，查明原因，分清责任，保证账实相符。账实核对包括以下四个方面：

1. 库存现金日记账账面余额与现金实际库存数核对相符；
2. 银行存款日记账账面余额与开户银行对账单核对相符；
3. 各种材料、物资明细分类账账面余额与实存数核对相符；
4. 各种债权、债务明细账账面余额与有关债权、债务单位或个人的账面记录核对相符。

在实际工作中，账实核对一般要结合财产清查工作进行。

（四）账表核对

账表核对是将各种账簿记录与有关的计算表、会计报表进行核对。由于会计报表是根据会计账簿记录及有关资料编制的，两者之间存在着相对应的关系。检查会计报表各项目的数据与会计账簿有关数据是否一致，可以确保会计信息的质量。账表核对包括以下两个方面：

1. 总分类账各账户期末数与相关计算表、会计报表数据核对相符；
2. 各明细分类账户的发生额、期末余额与相关计算表、会计报表数据核对相符。

对账的内容与方法如图 6－7 所示。

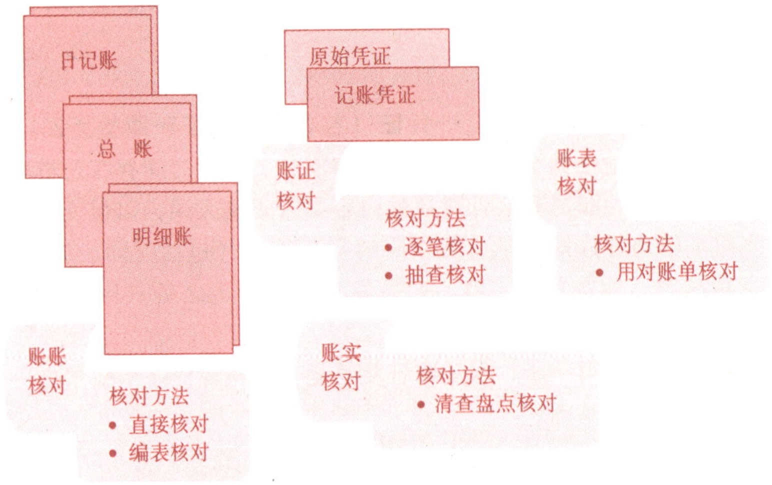

图 6－7　对账的内容与方法

相关链接

1999 年 10 月 31 日由中华人民共和国第九届全国人民代表大会常务委员会第十二次会议修订通过，2000 年 7 月 1 日起施行的《中华人民共和国会计法》第十七条规定："各单位应当定期将会计账簿与实物、款项及有关资料相互核对，保证会计账簿记录与实物及款项的实有数字相符、会计账簿记录与会计凭证的有关内容相符、会计账簿之间相对应的记录相符、会计账簿记录与会计报表的有关内容相符。"

二、错账更正

提示：发现错账后，可以刮、擦、涂、改吗？对于账簿记录中所发生的错误，必须采用正确的更正方法予以更正，不得刮、擦、涂、改。

登记会计账簿是一项很细致的工作。对于账簿记录中的错误，不准涂改、挖补、刮擦或者用药水消除字迹，不准重新抄写，而必须根据错误的具体情况和性质，采用规范的方法予以更正。常用的错账更正方法有以下三种：

（一）划线更正法

结账前，如果发现账簿记录有错误，且纯属文字或数字上的笔误，而记账凭证无错误，应采用划线更正法。其**具体做法是**：先在错误的文字或数字上划一条红线，表示注销，划线时必须使原有字迹仍可辨认；然后将正确的文字或数字用蓝墨水或黑墨水写在划线处的上方，并由记账人员在更正处盖章，以明确责任。对于文字的错误，可以只划去错误的部分，并更正错误的部分，对于错误的数字，应当全部划红线更正，不能只更正其中的个别错误数字。

【例 6－2】 用银行存款 3 258 元购买办公用品。记账凭证上编制的分录为：

借：管理费用　　3 258

　　贷：银行存款　　3 258

错账：“管理费用”账户中将 3 258 登记为 8 258。

更正时，应将错误数字“8258”全部用红线注销后，再写上正确的数字“3 258”，而不是只删改一个“8”字。

有关账户更正方法和登记情况如表 6－27 所示。

表 6－27　　划 线 更 正 法

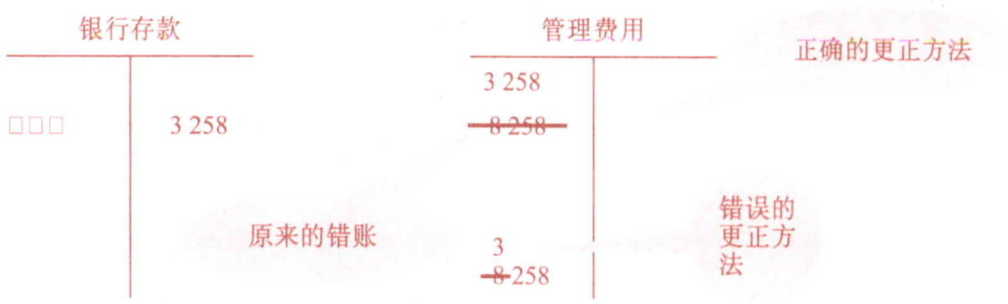

（二）红字更正法

记账以后，如果发现记账凭证中应借、应贷科目或金额发生错误，可以用红字更正法进行更正。其**具体做法是**：先用红字金额，填写一张与错误记账凭证内容完全相同的记账凭证，且在摘要栏注明“冲销某月某日第 × 号凭证”，并据以用红字金额登记入账，以冲销账簿中原有的错误记录，然后再用蓝字重新填制一张正确的记账凭证，登记入账。这样，就更正了原来的错误记录。红字更正法一般适用于以下两种错账情况的更正：

1. 记账后，发现记账凭证中应借、应贷科目发生错误，此时，可采用红字更正法更正。

【例 6－3】 向甲公司购进甲材料计 44 000 元，材料已验收入库，货款未付。填制记账凭证时，误将贷方科目写成“银行存款”，并已登记入账。

错误记账凭证为：

借：原材料　　　　　　　　　　　　　　　　　　　　　　44 000

　　贷：银行存款　　　　　　　　　　　　　　　　　　　　44 000

错账：贷方科目应为“应付账款”。

更正方法为：

（1）发现错误后，用红字填制一张与原错误记账凭证内容完全相同的记账凭证。同时，应在该补编的记账凭证摘要栏中注明“冲销××号凭证错记科目金额”字样。

（2）用蓝字填制一张正确的记账凭证，同时，应在该补编的记账凭证摘要栏中注明“更正××号凭证错记科目金额”字样。

有关账户更正方法和登记情况如表 6－28 所示。

表 6－28　　　　　　　　　　红字更正法

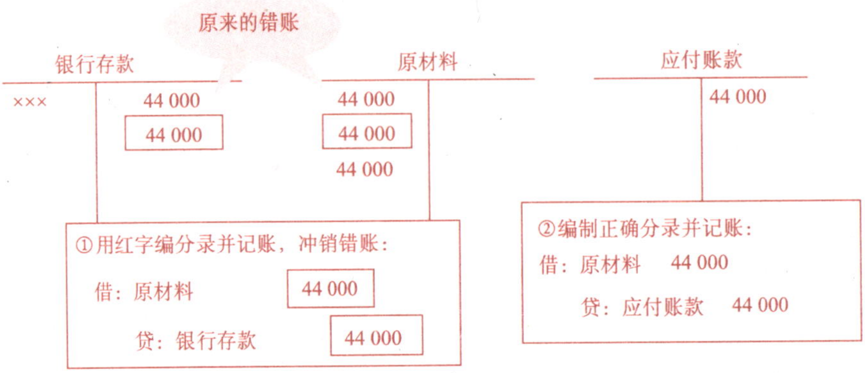

2. 记账后，发现记账凭证和账簿记录的应借、应贷科目并无错误，只是所记金额数大于应记金额数，这时可将多记金额用红字更正法冲销更正。

【例 6－4】 通过银行结算偿还甲公司货款 5 万元。

填制记账凭证时应借、应贷科目没有错误，只是误将金额“50 000”写成了“500 000”，并已登记入账。

错误分录为：

借：应付账款　　　　　　　　　　　　　　　　　　　　500 000

　　贷：银行存款　　　　　　　　　　　　　　　　　　　　500 000

错账：分录中金额写多 45 万元。

更正方法为：该笔业务只需编制一张记账凭证，将多记的金额 45 万元用红字冲销即可，同时应在该补编的记账凭证摘要栏中注明“冲销××号凭证多记金额”字样。

有关账户的更正方法和登记情况如表 6－29 所示。

（三）补充登记法

记账之后，如果发现记账凭证中应借、应贷的科目没有错误，但所记金额小于应记金额，造成账簿中所记金额也小于应记金额，这种错账应采用补充登记法进行更正。

具体做法是：将少记金额用蓝笔填制一张与原错误记账凭证会计科目相同的记账凭证，并在摘要栏内注明“补记某月某日第×号凭证”并予以登记入账，补足原少记金额，更正错账。

表 6－29 **红 字 更 正 法**

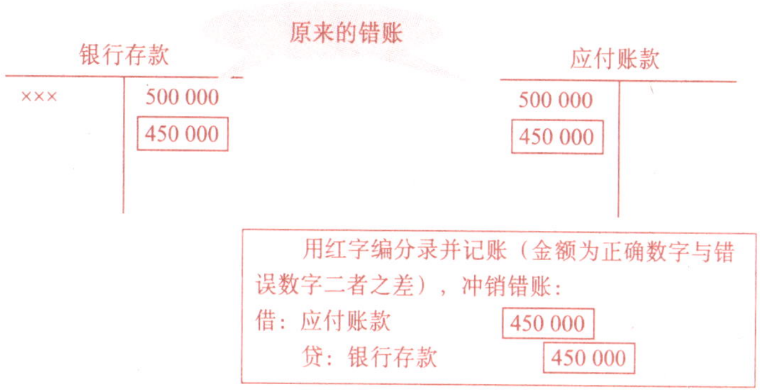

【例 6－5】 承例 6－3，假设在编制记账凭证时应借、应贷科目没有错误，只是金额由“50 000”元写成了“5 000”元，并且已登记入账。

错误分录为：

借：应付账款　　5 000

　　贷：银行存款　　5 000

错账：会计分录中金额写少 45 000 元。

更正方法为：该笔业务只需编制一张记账凭证，将少记的金额 45 000 元补足便可。同时，应在该补编的记账凭证摘要栏中注明“补记××号凭证少记金额”字样。

有关账户的更正方法和登记情况如表 6－30 所示。

表 6－30 **补 充 登 记 法**

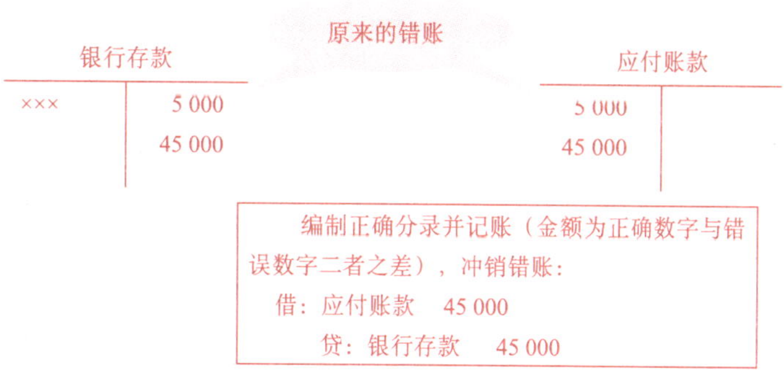

以上三种方法都是对当年内发现填写记账凭证或者登记账簿错误时而采用的更正方法。这三种方法中，红字更正法和补充登记法都是用来更正因记账凭证错误而产生的记账错误，如果不是因记账凭证的差错而产生的记账错误，只能用划线更正法更正。

练一练

记账以后发现取得的发票中，将 3 452 写成 3 425，应该采用的方法是（　　）。

A. 划线更正法　　B. 红字更正法　　C. 补充登记法

D. 重新取得正确的发票　　E. 划线更正后盖章

相关链接

1996年6月17日财政部财会字19号发布的《会计基础工作规范》第六十二条规定："账簿记录发生错误，不准涂改、挖补、刮擦或者用药水消除字迹，不准重新抄写，必须按照下列方法进行更正：

1. 登记账簿时发生错误，应当将错误的文字或数字用红线注销，但必须使原有的字迹仍可以辨认，然后在划线处上方填写正确的文字或数字，并由记账人员在更正处盖章。

2. 由于记账凭证错误而使账簿记录发生错误，应当按更正的记账凭证登记账簿。"

三、结账

结账就是将账簿记录定期进行结算，是在把一定时期内发生的全部经济业务登记入账的基础上，按规定的方法将各类账簿记录核算完毕，结出各种账簿本期发生额合计和期末余额，并将余额结转下期或转入新账簿内的一项会计核算工作。为了正确反映一定时期内在账簿中已经记录的经济业务，总结有关经济活动和财务状况，为编制财务报表提供资料，各经济单位必须定期进行结账。

结账工作通常在会计期末进行，一般分为日结、月结、季结和年结。

（一）结账的基本程序和内容

1. 在结账前，必须将本期内所发生的各项经济业务全部登记入账。若发现漏账、错账，应及时补记、更正，既不能提前结账，也不能延迟结账。

2. 在结账前，应按照权责发生制原则及时调整需进行期末调整的账项，编制有关会计分录，并据以登记入账。

3. 将损益类账户转入"本年利润"账户，即将所有的损益类账户结平。

4. 在本期全部经济业务登记入账的基础上，结算出资产、负债和所有者权益类账户的本期发生额和期末余额，并将余额结转下期，确定为下期的期初余额。

（二）结账的方法

结账主要是结算出每个账户的本期发生额和期末余额，并结转下一会计期间。结账的标志是划红线，目的是突出有关数字，表示本期的会计记录已经截止或结束，并将本期和下期的记录明显分开，便于编制报表。

对库存现金、银行存款日记账须按日结账，其他明细账和总分类账须月结、季结和年结。划线的具体方法在办理各种结账时有所不同。

1. 日结，每日结束时进行的结账。库存现金日记账和银行存款日记账须在每日终了结出日内发生额合计数和当日余额，用蓝字填到账页中最末一行记录的下一行，在摘要栏内加盖"本日合计"戳记，同时用红笔在"本日合计"行下划一条单红线。

2. 月结，每月末时进行的结账。月结是将借贷双方月内发生额合计数和月末余额用蓝字填到账页中最末一行记录的下一行，在摘要栏内加盖"本月合计"戳记，同时用红笔在"本月合计"行上下各划一条红线。月末如无余额，应在"余额"栏前面的"借或贷"一栏中注明"平"，并在"余额"栏的"元"位中记"0"，最后，再在下面划一条通栏红线。

3. 季结，每季末时进行的结账。季结是在本季末月结数字的红线下边一行，将季末金额和本季度3个月的借贷方发生额月结数加总，用蓝字填入，并在摘要栏内加盖“本季合计”戳记，同时在“本季合计”行下边再划一条通栏红线，表示完成季结工作。半年度结账方法与季度结账方法相同。

4. 年结，年末时进行的结账。年末，应在12月份月结下面（需办理季结的，应在第四季度的季结下面），结算填列全年12个月的发生额及期末余额，在“摘要”栏注明“本年合计”或“本年发生额及余额”字样；最后，再在这一行下面划上通栏双红线，表示借贷双方平衡和年度记账工作结束，以示封账。

结账方法示例如表6-31所示。

表6-31 **总 分 类 账**

总第______页

分第______页

会计科目或编号 原材料

××年		凭证号数	摘 要	借 方	贷 方	借或贷	余 额
月	日						
1	1		上年结转			借	20 000
	10			30 000			
	26			20 000			
	31				28 000	借	42 000
	31		本月合计	50 000	28 000	借	42 000
2	1 ⋮		（略）	⋮	⋮	（略）	⋮
	28		本月合计	30 000	26 000	借	40 000
3	1 ⋮		（略）	⋮	⋮	（略）	⋮
	31		本月合计	10 000	36 000	借	33 000
	31		本季合计	90 000	90 000	借	20 000
12	31		本年合计	200 000	160 000	借	60 000
	31		上年结转	20 000			
	31		结转下年		60 000		
	31		总计	220 000	220 000	平	

注：—表示单红线；≈表示双红线。

相关知识

1. 结账如何划线？结账划线的目的是为了突出本月合计数及月末余额，表示本会计期的会计记录已经截止或结束，并将本期与下期的记录明显分开。根据《会计基础工作规范》规定，月结划单线，年结划双线。划线时，应划红线；划线应划通栏线，不应只在本账页中的金额部分划线。

2. 账户余额的填写方法。每月结账时，应将月末余额写在本月最后一笔经济业务记录的同一行内，但在库存现金日记账、银行存款日记账和其他需要按月结计发生额的账户，如各种成本、费用、收入的明细账等，每月结账时，还应将月末余额与本月发生额写在同一行内，在摘要栏注明“本月合计”字样。这样做，账户记录中的月初余额加减本期发生额等于月末余额，便于账户记录的稽核。需要结计本年累计发生额的某些明细账户，每月结账时，“本月合计”行已有余额的，“本年累计”行就不必再写余额了。

3. 能否用红字结账？账簿记录中使用的红字具有特定的含义，它表示蓝字金额的减少或负数余额。因此，结账时如果出现负数余额，可以用红字在余额栏登记，但如果余额栏前印有余额的方向（如借或贷），则应用蓝黑墨水书写，而不得使用红色墨水。

提示： 编制会计报表前，必须把总账和明细账登记齐全，试算平衡，不准先出报表，后补记账簿和办理结账。

年度终了结账时，有余额的账户的余额直接记入新账户余额栏内即可，不需要编制记账凭证，也不必将余额再记入本年账户的借方或贷方（收方或付方），使本年有余额的账户的余额变为零。因为既然年末是有余额的账户，余额就应当如实地在账户中加以反映，这样更为清晰明了，否则就混淆了有余额的账户和无余额的账户的区别。

对于新的会计年度建账问题，一般说来，总账、日记账和多数明细账应每年更换一次。但有些财产物资明细账和债权债务明细账，由于材料品种、规格和往来单位较多，更换新账重抄一遍工作量较大，因此，可以跨年度使用，不必每年更换一次。各种备查簿也可以连续使用。

练习与实训

练习与实训一

目的：通过练习，掌握日记账的登记方法。

资料：某企业5月1日银行存款日记账余额25万元，库存现金日记账余额3 000元。本月发生如下涉及库存现金和银行存款的经济业务：

1. 2日，投资者投入现金25 000元，存入银行（银收1号）。
2. 3日，以银行存款2万元偿还应付账款（银付1号）。
3. 4日，以库存现金1 000元存入银行（现付1号）。
4. 6日，从银行提取现金18 000元，准备发放工资（银付2号）。
5. 6日，用库存现金18 000元发放工资（现付2号）。
6. 7日，用库存现金暂付职工差旅费800元（现付3号）。
7. 8日，用银行存款支付广告费1 000元（银付3号）。
8. 9日，收到应收账款5万元存入银行（银收2号）。
9. 11日，以银行存款4万元购入原材料（银付4号）。
10. 22日，用银行存款支付本月的水电费1 800元（银付6号）。

11. 26 日，用银行存款上缴税金 3 000 元（银付 7 号）。

要求：分别开设三栏式“库存现金”和“银行存款”日记账，将上述经济业务进行登记和月结。

练习与实训二

目的：通过练习，掌握更正错账的方法。

资料：兴业纺织品有限公司本月发现下列账务处理错误：

1. 用银行存款偿还 B 公司款项 5 000 元，尚未登记入账，编制会计凭证如下：

借：应收账款　　5 000

　　贷：银行存款　　5 000

2. 公司以库存现金 600 元支付购买办公用品费，编制如下会计凭证并登记入账：

借：销售费用　　600

　　贷：库存现金　　600

3. 以银行存款支付办公费 6 900 元，编制如下会计凭证并登记入账：

借：管理费用　　9 600

　　贷：银行存款　　9 600

4. 公司接到银行通知，收回甲企业所欠的货款 50 万元，已编制会计凭证并入账：

借：银行存款　　50 000

　　贷：应收账款　　50 000

要求：判断各种错误性质，说明应采取什么样的更正方法，并予以更正。

练习与实训三

目的：通过练习，掌握更正错账的方法。

资料：企业会计在记账后发现以下错误：

1. 出纳员在与银行对账中，发现企业银行日记账中有两笔记录与银行对账单不符。

（1）2 月 20 日，银行对账单贷方登记 6 000.00 元，摘要是收到货款。而企业银行存款日记账贷方登记 60 000.00 元，没有填写摘要内容，进一步核对相关原始凭证，发现是出纳员记账错误所致。

（2）2 月 26 日，银行对账单借方登记 36 000.00 元，摘要付购料款。经核对企业银行存款日记账贷方登记 63 000.00 元，摘要付大成集团款，查看原始凭证的结果是银行记账错误。

2. 记账员在登记本月固定资产折旧账时，误将车间的折旧 10 660 元记入“管理费用”明细账。

3. 在与往来单位对账时发现，应付兴业公司的货款 30 000.00 元记入大伟公司，经查是填制记账凭证时将两个往来单位混淆。

4. 计算成本时，发现本月领料单填写错误，车间一般耗用原材料作了以下记账凭证，上述业务已入账：

借：生产成本　　60 000

　　贷：原材料　　60 000

要求：判断错误的类型，并用正确的方法进行更正。

练习与实训四

目的：练习科目汇总表账务处理程序。

资料：甲公司原本是一家小规模的生产企业，但经过几年的发展，已经成为规模大、业务繁多的大型企业。原来企业采用的会计核算形式是记账凭证账务处理程序，目前继续采用这种方法能适应企业的实际状况吗？假如你是该企业的会计人员，改用哪一种会计核算形式较好？为什么？

要求：

（1）说明该企业设计科目汇总表账务处理程序的基本内容。

（2）将科目汇总表账务处理程序用图形表示出来，并配以必要的文字说明。

第7章 主要经济业务的核算

学习目标：☐ 熟悉制造业主要经济业务的核算内容
☐ 理解主要账户的性质、结构，并能熟练运用
☐ 掌握资金筹集、供应过程、生产过程、销售过程、利润形成等主要业务的账务处理
☐ 掌握采购成本、产品生产成本、产品销售成本计算的内容和基本方法

兴业纺织品有限公司组建时，投资人投入资本已全部到位；正式投产后，公司增购设备、扩建厂房、购买材料，组织生产适销对路的产品，企业的供、产、销运营顺畅。

在生产运营阶段，公司会计人员该如何通过生产经营过程中取得或填制的原始凭证，对公司主要的经济业务进行认知？如何运用借贷记账法的原理，正确理解和使用账户，对公司资金运动的全过程进行账务处理？如何使用正确的方法对采购、生产、销售环节的成本进行计算？如何按照会计惯例确定公司的利润，进一步为编制会计报表提供依据？

本章将带领大家通过对制造业主要经济业务内容的认识、各环节账户的设置和使用、主要业务类型的账务处理及成本计算，经过实训操场，完成一个企业会计循环核算之旅。

第一节 筹集资金的业务核算

一、筹集资金核算的主要内容

企业开展生产经营活动，必须要有一定的资金作保证。企业筹集资金的途径主要有**投资人投入和债权人借入两种**。投资人投入的资金形成企业的所有者权益，债权人提供的资金形

成企业的负债。

投资人投入的资金形成了企业的资本金。资本金是企业在工商行政管理部门登记的注册资金，也称为“注册资本”。第二章提及的兴业纺织品有限公司就是由大连华达公司作为投资人，出资349万元登记注册的。

资本金按其投资主体的不同，可以分为国家资本、法人资本、个人资本、外商资本；按其投入企业的形式不同，可以分为货币资金出资、实物（存货、固定资产）出资、无形资产出资三种。资本金一旦注入企业，便形成了企业的自有资金，企业便能自主支配并长期拥有。

债权人提供的资金，主要是企业向银行或其他金融机构的借款、结欠其他企业的货款等。企业借款按偿还期限的长短，分为短期借款和长期借款。借款无论长短，均需按规定使用，并按规定利率计算利息，到期还本付息。

根据上述分析，本节具体业务内容包括：

1. 根据投资协议及资产增减的原始凭证，进行资本变动的会计处理；

2. 根据借款协议及银行进账单据，进行借款业务的会计处理。

思考：结合你所知道的企业实际，和同学讨论一下：投资人投入资金与向债权人借入资金的区别。

二、设置的主要账户

1. “实收资本”账户。

（1）性质：所有者权益类账户。

（2）用途：核算投资者投入企业资本的增减变动过程和结果。

（3）结构：见表7－1。

表7－1　实收资本

实收资本的减少额	投资者投入的资本 用公积金转增的资本
	余额：实收资本的实有额

（4）明细账：按投资人设置（国家投资、法人投资、个人投资、外商投资），如“实收资本——A公司”。

2. “银行存款”账户。

（1）性质：资产类账户。

（2）用途：核算企业存入银行和其他金融机构的各种款项的增减变动及结余情况。

（3）结构：见表7－2。

表7－2　银行存款

存入而增加的金额	提取或支出而减少的金额
余额：银行存款的实有额	

（4）明细账：按开户行和币种，采用“银行存款日记账”的形式进行明细核算。如“银行存款——工商行——人民币户”、“银行存款——中国银行——美元户”。

3. “固定资产”账户。

（1）性质：资产类账户。

（2）用途：核算企业固定资产的原始价值的增减变动及结余情况。

（3）结构：见表7－3。

表7－3　固定资产

固定资产原始价值的增加	固定资产原始价值的减少
余额：固定资产原始价值的实有额	

（4）明细账：按类别、品名、使用部门设置。企业采用“固定资产卡片”对固定资产

进行明细核算。如“固定资产——生产经营用固定资产——车床（一车间）”。

4. “无形资产”账户。

（1）性质：资产类账户。

（2）用途：核算企业持有的没有实物形态的非货币性长期资产的增减变动情况。

（3）结构：见表7－4。

表7－4 无形资产

取得的无形资产的实际成本	因出售、投资等转出的价值
余额：无形资产的成本	

（4）明细账：按类别设置（无形资产主要有著作权、专利权、非专利技术、商标权、土地使用权、商誉等）。如“无形资产——专利权”。

5. “资本公积”账户。

（1）性质：所有者权益类账户。

（2）用途：核算企业资本公积的取得、使用及结余情况。

（3）结构：见表7－5。

表7－5 资本公积

按规定转增实收资本的数额	资本公积的增加额
	余额：资本公积的实有额

（4）明细账：按形成资本公积的类别设置。如“资本公积——资本溢价”、“资本公积——外币折算差额”。

6. “短期借款”账户。

（1）性质：负债类账户。

（2）用途：核算企业向银行或其他金融机构借入的期限在1年以内的各种借款的取得、归还情况。

（3）结构：见表7－6。

表7－6 短期借款

偿还的短期借款	取得的短期借款
	余额：尚未偿还的借款本金

（4）明细账：按借款的种类设置。如“短期借款——生产周转借款”。

7. “长期借款”账户。

（1）性质：负债类账户。

（2）用途：核算企业向银行或其他金融机构借入的期限在1年以上的各种借款的取得、归还情况。

（3）结构：见表7－7。

表7－7 长期借款

偿还的长期借款的本金 本期实际支付的利息	取得的长期借款的本金 本期应支付的利息
	余额：尚未偿还的借款本息

（4）明细账：按借款单位和种类设置。如“长期借款——基建借款（建行）”。

三、投入资本的业务核算实务

企业收到投资人投入的各种形式资产的出资时，可以借记“银行存款”、“固定资产”、“原材料”、“无形资产”账户，贷记“实收资本”账户。

下面是某制造业12月份发生的有关业务：

【例7－1】 3日，收到利达公司投入的资金30万元，存入企业在银行开设的基本存款账户。

分析：企业收到利达公司投入的资金时，其货币资金银行存款增加了30万元，同时其实收资本也增加了30万元。因此，财务人员要根据投资协议书和工商银行的进账单两张原始凭证，填制记账凭证如下：

借：银行存款　　300 000
　　贷：实收资本——利达公司　　300 000

【例7－2】 15日，昌凯公司将一台机床投入企业，双方协商确认价值为5万元。

分析：企业收到昌凯公司投入的机床时，企业的固定资产增加，同时企业的实收资本也等额增加。因此，财务人员要根据投资协议书和固定资产的验收单填制记账凭证如下：

借：固定资产　　50 000
　　贷：实收资本——昌凯公司　　50 000

【例7－3】 20日，市科技局下属开发公司，将一项专利权向企业投资，双方协议作价72万元。

分析：企业收到开发公司投入的专利权时，使企业的无形资产增加，同时企业的所有者权益实收资本也等额增加。因此，财务人员要根据投资协议书和无形资产的验收单填制记账凭证如下：

借：无形资产——专利权　　720 000
　　贷：实收资本——科技局开发公司　　720 000

【例7－4】 25日，企业召开董事会，决定将企业的资本公积50万元转增资本，以扩大企业的规模。

分析：资本公积转增资本时，企业的实收资本增加了，但同样作为所有者权益类账户的"资本公积"则等额减少了。财务人员要根据董事会决议的书面文件及内部转账通知单填制记账凭证如下：

借：资本公积　　500 000
　　贷：实收资本　　500 000

四、借入资金的业务核算实务

借入资金一般包括借款的取得、付息、借款偿还等业务。借款利息有按月计息、按季支付的方式；也有按月计息、到期还本付息等方式。

下面是某制造业12月份发生的有关业务：

【例7－5】 3日，向银行借入3个月期的借款10万元，存入银行存款账户。

分析：企业取得借款时，企业的货币资金——银行存款增加了10万元，同时企业的负债——短期借款也等额增加。财务人员应根据工商银行的借款进账单填制如下记账凭证：

借：银行存款　　100 000
　　贷：短期借款　　100 000

【例7－6】 8日，向银行借入3年期、年利率为6%的借款300万元，存入企业的银行存款账户。

分析：企业取得长期借款时，企业的货币资金——银行存款增加了300万元，同时企业的负债——长期借款也得到了等额增加。根据银行借款进账单，填制如下记账凭证：

借：银行存款　　3 000 000
　　贷：长期借款　　3 000 000

提示：有关长期借款的利息核算，将在"财务会计"课程中系统学习。

五、实训操场

兴业纺织品有限公司12月份发生下列有关筹集资金的业务。请运用前面章节学习的知识，辨识相关原始凭证，编制会计分录。

实训A：兴业纺织品有限公司接受大连市江北区人民政府投资。相关原始凭证如表7-8、表7-9所示。

表7-8 **投资协议书**

××年12月1日

投资单位	大连市江北区人民政府（甲方）	接受单位	兴业纺织品有限公司（乙方）
账号或地址	000756	账号或地址	000777
开户银行	工行民主路办事处	开户银行	工行中心路办事处
投资金额	人民币（大写）：伍拾万元整		
协议条款	经双方友好协商达成如下协议： 1. 投资期限5年。 2. 在投资期限内甲方不得抽回投资。 3. 在投资期限内乙方保证甲方投资保值和增值。 4. 在投资期限内乙方应按利润分配规定支付甲方利润。 5. 未尽事宜另行商定。 甲方代表签字：姜志国　　乙方代表签字：王伟光		

表7-9 **中国工商银行进账单**（回单或收账通知）

××年12月1日

收款人	全称	兴业纺织品有限公司	付款人	全称	大连市江北区人民政府
	账号或地址	000777		账号或地址	000756
	开户银行	工行中心路办事处		开户银行	工行民主路办事处

		千	百	十	万	千	百	十	元	角	分
金额	人民币（大写）：伍拾万元整		¥	5	0	0	0	0	0	0	0

票据种类	转账支票	收款人开户银行盖章：中国工商银行 中心路办事处 转讫

分析：从两张原始凭证中可知，大连市江北区人民政府代表国家向兴业纺织品有限公司投资人民币50万元，款项已存入兴业纺织品有限公司的账户。财务人员应及时根据“投资协议书的复印件”及“中国工商银行进账单”作如下账务处理：

借：银行存款　　500 000

　贷：实收资本——国家资本　　500 000

实训B：兴业纺织品有限公司接受凯利公司投资的纺纱机车40台。相关原始凭证如表7-10、表7-11所示。

表 7－10

投资协议书

××年 12 月 8 日

投资单位	凯利公司（甲方）	接受单位	兴业纺织品有限公司（乙方）
账号或地址	000789	账号或地址	000777
开户银行	工行胜利路办事处	开户银行	工行中心路办事处
投资金额	人民币（大写）：贰拾万元整		
协议条款	经双方友好协商达成如下协议： 1. 甲方以 40 台纺纱机车向乙方投资，投资协议价为贰拾万元整；投资期限 8 年。 2. 在投资期限内甲方不得抽回投资。 3. 在投资期限内乙方保证甲方投资保值和增值。 4. 在投资期限内乙方应按利润分配规定支付甲方利润。 5. 未尽事宜另行商定。 甲方代表签字：唐凯　　乙方代表签字：王伟光		

表 7－11

固定资产验收单

××年 12 月 10 日

名称	单位	数量	价格	预计使用年限	使用部门
纺纱机车	台	40	200 000	8	基本车间
备注	已交付生产车间使用				

制单：吴瑞丽　　　　审核：李明凯

分析：两张原始凭证中，“投资协议书”记录了兴业纺织品有限公司接受投资设备，协议作价 20 万元；“固定资产验收单”记录了 40 台纺纱机车已于 12 月 10 日交付使用。财务人员应根据“投资协议书的复印件”和“固定资产验收单”作账务处理如下：

借：固定资产　　　　200 000

　贷：实收资本——凯利公司　　　　200 000

实训 C：兴业纺织品有限公司向工商银行贷款 15 万元人民币，期限为 6 个月。相关原始凭证如表 7－12 所示。

表 7－12

中国工商银行借款单（收款通知）

××年 12 月 12 日

单位名称	兴业纺织品有限公司	账号	000777
贷款金额	150 000.00	借款起讫日期	××年 12 月 12 日至 6 月 12 日
计息总积数		利率（月）	5‰
借款金额	人民币（大写）壹拾伍万元整	¥150 000.00	
上列款项已划入你单位账户。 此致 借款单位　（银行盖章）　中国工商银行中心路办事处		复核：　记账：	

分析：从“工商银行借款单（收款通知）”中可知，兴业纺织品有限公司向工商银行的贷款已转入公司的银行存款账户，公司“银行存款”增加，同时也增加了“短期借款”的债务。财务人员应作账务处理如下：

借：银行存款　　150 000

　　贷：短期借款　　150 000

第二节　供应过程主要经济业务的核算

一、供应过程核算的主要内容

供应过程是制造业生产经营过程的第一个环节。在这个过程中，企业根据生产计划采购生产经营中所需的各种材料、物资；按照购销合同中规定的付款方式办理款项的结算。具体业务内容包括：

1. 根据生产计划进行采购，取得采购发票，按合同规定的付款方式办理款项结算；
2. 发生采购费用；
3. 计算材料采购成本；
4. 办理材料验收入库；
5. 结清与供应单位及运输部门的货款及运输费。

相关知识

1. 采购发票分两类：(1) 一般纳税人企业，应取得增值税专用发票，买价与增值税分别核算；(2) 小规模纳税人企业，取得采购发票，不单独核算增值税进项税额。

2. 采购费用包括：(1) 外地运杂费；(2) 途中的合理损耗；(3) 入库前的挑选整理费；(4) 应由买方负担的税金，如关税、消费税、资源税等。

3. 采购成本 = 买价 + 采购费用。

二、设置的主要账户

1. “材料采购”账户。

(1) 性质：资产类账户。

(2) 用途：核算企业外购材料的买价和采购费用，并据此确定外购材料的采购成本，反映外购材料验收入库情况。

(3) 结构：见表 7－13。

(4) 明细账：按材料的品种规格设置。

表 7－13　　材　料　采　购

外购材料的实际成本：买价 + 采购费用	验收入库材料的采购成本
余额：已付款尚未运到或尚未验收入库材料的实际成本	

知识扩展：

“材料采购”账户核算企业采用计划成本进行材料日常核算时购入材料的采购成本； 采用实际成本进行材料日常核算的，购入材料的采购成本通过“在途物资”账户核算。

2. “原材料”账户。

（1）性质：资产类账户。

（2）用途：核算企业库存的各种材料的成本。

（3）结构：见表7－14。

（4）明细账：按材料的品种规格设置。

表7－14　原　材　料

验收入库材料的成本	发出材料的成本
余额：库存材料的成本	

3. “库存现金”账户。

（1）性质：资产类账户。

（2）用途：核算企业库存的现金。

（3）结构：见表7－15。

表7－15　库　存　现　金

现金的增加额	现金的减少额
余额：库存现金的实有额	

（4）明细账：按币种，采用“库存现金日记账”的形式进行明细核算。

4. “应付账款”账户。

（1）性质：负债类账户。

（2）用途：核算企业因购买材料物资、接受劳务供应而应付给供应单位的款项。

（3）结构：见表7－16。

（4）明细账：按供应单位的名称设置。

表7－16　应　付　账　款

已付给供应单位的款项	应付给供应单位的款项
	余额：尚未偿付的应付款项

5. “应交税费”账户。

（1）性质：负债类账户。

（2）用途：核算企业应缴纳的各种税费。

（3）结构：见表7－17和表7－18。

①应交税费。

②应交税费——应交增值税。

表7－17　应　交　税　费

实际缴纳的税费	应缴纳的税费
	余额：尚未缴纳的税费

表7－18　应交税费——应交增值税

购进货物支付的进项税额	销售货物应收取的销项税额
余额：尚未抵扣的税额	

（4）明细账：按税种设置。

相关知识：

关于“应交税费——应交增值税”账户

1. 该账户下设：进项税额、销项税额、已交税金、出口退税、进项税额转出等细目。进项税额、已交税金一般在该账户的借方核算；销项税额、出口退税、进项税额转出一般在该账户的贷方核算。

2. 销项税额：一般纳税人销售货物或提供应税劳务，按照销售额和规定的税率计算并向购买方收取的增值税额，等于不含税销售额乘以税率。

3. 进项税额：纳税人购进材料物资或接受应税劳务所支付的增值税额。

三、主要经济业务核算实务

供应过程的主要经济业务是采购材料，即购入材料款已付或购入材料款未付业务；购入的材料入库或未入库的业务。

下面是某制造业一般纳税人12月份发生的有关业务：

【例7-7】 3日，向东方工厂购进甲材料3 000千克，单价20元，计60 000元，增值税率17%，增值税进项税额为10 200元（60 000×17%＝10 200），其款项以银行存款支付。

分析：这项经济业务涉及“材料采购”、“应交税费——应交增值税”和“银行存款”三个账户。采购成本的增加，应记入“材料采购”账户的借方；支付进项增值税应记入“应交税费——应交增值税”账户的借方；银行存款的减少应记入“银行存款”账户的贷方。这项经济业务的会计分录为：

借：材料采购——甲材料	60 000	
应交税费——应交增值税（进项税额）	10 200	
贷：银行存款		70 200

【例7-8】 5日，以银行存款支付购买甲材料的运输费1 800元（不考虑运输费的增值税）。

分析：运输费属于材料采购费用，增加采购成本，应借记“材料采购”。这项经济业务的会计分录为：

借：材料采购——甲材料	1 800	
贷：银行存款		1 800

【例7-9】 7日，上述甲材料运抵企业，按其实际采购成本验收入库。

分析：甲材料的实际采购成本＝60 000＋1 800＝61 800元，材料验收入库，“原材料”增加，“材料采购”减少。这项经济业务的会计分录为：

借：原材料　　甲材料	61 800	
贷：材料采购——甲材料		61 800

【例7-10】 10日，向红日工厂购进乙材料4 000千克，单价25元，计10万元，增值税进项税额1.7万元；材料采购费用3 000元，共计12万元。货物税款尚未支付，材料已验收入库，按其实际成本转账。

分析：这项经济业务涉及“材料采购”、“应交税费——应交增值税”和“应付账款”三个账户。采购成本增加，应记入“材料采购”账户的借方；增值税进项税额应记入“应交税费——应交增值税”账户的借方；应付货物税款及运费应记入“应付账款”账户的贷方。这项经济业务的会计分录为：

（1）按材料采购成本和应支付的款项。

借：材料采购——乙材料	103 000	
应交税费——应交增值税（进项税额）	17 000	
贷：应付账款——红日工厂		120 000

（2）按实际成本验收入库。

借：原材料——乙材料	103 000	
贷：材料采购——乙材料		103 000

【例 7－11】 15 日，以银行存款偿还前欠红日工厂的货物税款及代垫运费。

分析： 偿还欠款，企业的负债——应付账款减少，计入“应付账款”的借方；同时企业的资产——银行存款也等额减少，计入“银行存款”的贷方。这项经济业务的会计分录为：

借：应付账款——红日工厂　　120 000

　贷：银行存款　　120 000

四、材料采购成本计算

材料采购成本的计算就是将采购材料所支付的买价和采购费用，按照购入材料的品种、类别加以归集，计算出采购材料的总成本和单位成本。

材料的买价，可按发票金额直接计入相关材料的采购成本。

采购费用，如能分清是为哪种材料所支付的，则应直接计入该材料的采购成本；如不能分清，应采用一定的标准，分配计入各种材料的采购成本。分配标准一般可选择材料的重量、体积、买价等。计算公式为：

$$材料采购费用分配率=\frac{应分配的采购费用}{采购材料的总重量（体积、买价）}$$

$$某种材料应分配的采购费用=该种材料的重量（或体积、买价）\times 材料采购费用分配率$$

为了简化核算，在实际工作中，企业发生的零星采购费用、采购人员的差旅费、专设采购机构的经费，一般不再计入材料的采购成本，而在发生时直接作为期间费用计入“管理费用”账户。

提示： 材料采购费用的分配率若为一个约等数，在分配采购费用时，前面的分配可用公式相乘计算得出，最后一种材料分配的采购费用则相减得出。

例：企业购买甲材料 2 000 千克、乙材料 3 000 千克、丙材料 2 000 千克，三种材料共同发生采购费用 2 000 元。按材料重量比例分配采购费用（保留两位小数），则

分配率＝

甲材料应分配＝

乙材料应分配＝

丙材料应分配＝

同学们自己试一试！

【例 7－12】 18 日，向昌凯公司购买甲材料 4 000 千克，单价 20 元，计 8 万元；购买乙材料 2 000 千克，单价 25 元，计 5 万元；增值税进项税额共计 22 100 元。两种材料发生的共同运输费用 3 000 元，按材料的重量比例分配，货物税款及运费均以银行存款支付。

解： $材料采购费用分配率=\frac{3\ 000}{4\ 000+2\ 000}=0.5$

甲材料应分配＝4 000×0.5＝2 000（元）

乙材料应分配＝2 000×0.5＝1 000（元）

甲材料的采购成本＝80 000＋2 000＝82 000（元）

乙材料的采购成本＝50 000＋1 000＝51 000（元）

作会计分录如下：

借：材料采购——甲材料　　82 000
　　　　　　——乙材料　　51 000
　　应交税费——应交增值税（进项税额）　　22 100
　　贷：银行存款　　155 100

【例 7－13】 22 日，上述甲、乙材料验收入库，按实际成本转账。

借：原材料——甲材料　　82 000
　　　　　——乙材料　　51 000
　　贷：材料采购——甲材料　　82 000
　　　　　　　　——乙材料　　51 000

【例 7－14】 31 日，根据例 7－7 至例 7－13 登记的材料采购明细分类账的记录，计算本月采购材料的总成本和单位成本，如表 7－19 所示。

表 7－19　　材料采购成本计算表

项　　目	甲材料（7 000 千克）		乙材料（6 000 千克）	
	总成本	单位成本	总成本	单位成本
买　价	140 000	20	150 000	25
采购费用	3 800	0. 54	4 000	0. 67
材料采购成本	143 800	20. 54	154 000	25. 67

注：0. 54＝3 800÷7 000；0. 67＝4 000÷6 000（保留两位小数）。

五、实训操场

兴业纺织品有限公司 12 月份发生下列采购业务：

实训 A：兴业纺织品有限公司 12 月 3 日购买棉纱。相关原始凭证如表 7－20 和表 7－21 所示。

表 7－20　　增值税专用发票

开票日期：××年 12 月 3 日　　No. 400465

<table>
<tr><td rowspan="2">购货单位</td><td>名称</td><td colspan="8">兴业纺织品有限公司</td><td colspan="8">纳税人登记号</td><td colspan="7">110102103265488</td></tr>
<tr><td>地址、电话</td><td colspan="8">大连市滨江路 802 号</td><td colspan="8">开户银行及账号</td><td colspan="7">工行中心路办事处 000777</td></tr>
<tr><td rowspan="2" colspan="2">货物或应税劳务名称</td><td rowspan="2">计量单位</td><td rowspan="2">数量</td><td rowspan="2">单价</td><td colspan="10">金　　额</td><td rowspan="2">税率（%）</td><td colspan="9">税　　额</td></tr>
<tr><td>千</td><td>百</td><td>十</td><td>万</td><td>千</td><td>百</td><td>十</td><td>元</td><td>角</td><td>分</td><td>百</td><td>十</td><td>万</td><td>千</td><td>百</td><td>十</td><td>元</td><td>角</td><td>分</td></tr>
<tr><td colspan="2">全棉纱</td><td>吨</td><td>30</td><td>20 000</td><td></td><td></td><td>6</td><td>0</td><td>0</td><td>0</td><td>0</td><td>0</td><td>0</td><td>0</td><td>17</td><td></td><td>1</td><td>0</td><td>2</td><td>0</td><td>0</td><td>0</td><td>0</td><td>0</td></tr>
<tr><td colspan="2">涤棉纱</td><td>吨</td><td>20</td><td>12 800</td><td></td><td></td><td>2</td><td>5</td><td>6</td><td>0</td><td>0</td><td>0</td><td>0</td><td>0</td><td></td><td></td><td></td><td>4</td><td>3</td><td>5</td><td>2</td><td>0</td><td>0</td><td>0</td></tr>
<tr><td colspan="2">人棉纱</td><td>吨</td><td>10</td><td>20 800</td><td></td><td></td><td>2</td><td>0</td><td>8</td><td>0</td><td>0</td><td>0</td><td>0</td><td>0</td><td></td><td></td><td></td><td>3</td><td>5</td><td>3</td><td>6</td><td>0</td><td>0</td><td>0</td></tr>
<tr><td colspan="2">合　　计</td><td></td><td></td><td></td><td>¥</td><td>1</td><td>0</td><td>6</td><td>4</td><td>0</td><td>0</td><td>0</td><td>0</td><td>0</td><td></td><td>¥</td><td>1</td><td>8</td><td>0</td><td>8</td><td>8</td><td>0</td><td>0</td><td>0</td></tr>
<tr><td colspan="2">价税合计（大写）</td><td colspan="23">人民币壹佰贰拾肆万肆仟捌佰捌拾元整　¥1 244 880. 00</td></tr>
<tr><td rowspan="2">销货单位</td><td>名称</td><td colspan="8">大连市纺织集团公司</td><td colspan="8">纳税人登记号</td><td colspan="7">120189230145656</td></tr>
<tr><td>地址、电话</td><td colspan="8">大连市开元区西河路 18 号</td><td colspan="8">开户银行及账号</td><td colspan="7">工行西河路分理处 000685</td></tr>
<tr><td colspan="2">备注</td><td colspan="23"></td></tr>
</table>

第四联：记账联

开票单位（未盖章无效）：　　收款人：

表 7－21 中国工商银行进账单（回单或收账通知）

××年 12 月 3 日　　第　　号

付款人	全　称	兴业纺织品有限公司	收款人	全　称	大连市纺织集团公司
	账　号	000777		账　号	000685
	开户银行	工行中心路办事处		开户银行	工行西河路分理处

人民币（大写）	千	百	十	万	千	百	十	元	角	分
壹佰贰拾肆万肆仟捌佰捌拾元整	¥	1	2	4	4	8	8	0	0	0

票据种类		
票据张数		
单位主管　会计　复核　记账		收款人开户银行盖章

分析：根据上述两张原始凭证可知，兴业纺织品有限公司向大连市纺织集团公司购买棉纱，大连市纺织集团公司开具增值税专用发票，兴业纺织品有限公司将货税款通过银行支付，但棉纱尚未验收入库。财务人员作账务处理如下：

借：材料采购——全棉纱　　600 000

　　　　　　——涤棉纱　　256 000

　　　　　　——人棉纱　　208 000

　　应交税费——应交增值税（进项税额）　　180 880

　贷：银行存款　　1 244 880

实训 B：开出转账支票支付棉纱的运费。相关原始凭证如表 7－22 和表 7－23 所示。

表 7－22 大连市联运公司发票联　　No：05282

单位名称：兴业纺织品有限公司　　××年 12 月 3 日　　托运单编号：1202

货物名称	计费重量	费用项目	单　价	金额 万	千	百	十	元	角	分
棉纱	60 吨	商品运输费	200	1	2	0	0	0	0	0
合　计				1	2	0	0	0	0	0
	（大写）壹万贰仟零百零拾零元零角零分									

复核：　　制单：王蕾　　盖章：大连市联运公司财务专用章

表7-23　　中国工商银行

转账支票存根

支票号码 001209

科　　目

对方科目

签发日期　××年12月3日

收款人：大连市联运公司
金额：　¥12 000.00
用途：支付棉纱运费
备注：

单位主管：　　　　会计：

复　　核：　　　　记账：

分析：从上述运费发票可知，每吨运费200元，所购棉纱分配运费如下：

全棉纱 = 30×200 = 6 000（元）

涤棉纱 = 20×200 = 4 000（元）

人棉纱 = 10×200 = 2 000（元）

运费构成棉纱的采购成本，记入“材料采购”的借方，根据转账支票的存根，贷记“银行存款”。支付运费的账务处理如下：

借：材料采购——全棉纱　　6 000
　　　　　　——涤棉纱　　4 000
　　　　　　——人棉纱　　2 000
　贷：银行存款　　　　　　12 000

实训C：承上，计算该批棉纱的采购总成本和单位成本，验收入库。

根据实训A和实训B编制该批棉纱的采购总成本和单位成本表（见表7-24）。

表7-24　　棉纱采购成本计算表

项　目	全棉纱（30吨）		涤棉纱（20吨）		人棉纱（10吨）	
	总成本	单位成本	总成本	单位成本	总成本	单位成本
买价	600 000	20 000	256 000	12 800	208 000	20 800
采购费用	6 000	200	4 000	200	2 000	200
采购成本	606 000	20 200	260 000	13 000	210 000	21 000

根据棉纱采购总成本及单位成本计算表，填制收料单，见表7-25。

表7-25　　收　　料　　单　　No. 012001

供货单位：大连纺织集团公司

发票号码：400465　　　　××年12月3日　　　　收货仓库：材料库

材料类别	名称及规格	计量单位	数量		实际成本		计划成本		成本差异	
			应收	实收	单价	金额	单价	金额		
原材料	全棉纱	吨	30	30	20 200	606 000				记账联
	涤棉纱	吨	20	20	13 000	260 000				
	人棉纱	吨	10	10	21 000	210 000				
合计	—	—	—	—	—	1 076 000				

质量检验：李林　　　　收料：陈新　　　　制单：杨柳

分析：材料已经验收入库，则仓管员开具了“收料单”。“棉纱总成本及单位成本表”和“收料单”均属于企业自制原始凭证。根据上述两张原始凭证，进行账务处理如下：

借：原材料——全棉纱　　606 000
　　　　　——涤棉纱　　260 000
　　　　　——人棉纱　　210 000
　贷：材料采购——全棉纱　　606 000

——涤棉纱　　260 000
——人棉纱　　210 000

第三节　生产过程主要经济业务的核算

一、生产过程核算的主要内容

生产产品是制造业的基本任务，因此，生产过程是企业生产经营过程的中心环节。**在这个过程中，企业根据生产计划，组织生产、领用材料、计算并发放职工薪酬、归集分配费用、计算产品成本，以及为维护正常生产秩序而发生其他生产经营费用。**具体业务内容包括：

1. 领用材料的业务；
2. 职工薪酬的业务；
3. 折旧费、水电费、办公费、利息等其他生产经营业务；
4. 归集并分配制造费用的业务；
5. 产品成本计算及完工产品结转的业务。

二、设置的主要账户

1. “生产成本”账户。

（1）性质：成本类账户。

（2）用途：核算企业进行工业性生产所发生的各项生产费用。

（3）结构：见表7－26。

表7－26　生产成本

本期生产产品发生的材料费、人工费、月末分配的制造费用	已完工入库产品的生产成本
余额：在产品的生产成本	

（4）明细账：按车间和成本计算对象设置。如“生产成本——二车间——甲产品”，如不需要反映车间，则为“生产成本——甲产品”。

2. “制造费用”账户。

制造费用，指在企业基本生产车间范围内为组织和管理生产所发生的各项费用，包括车间管理人员的工资、福利费、折旧费、修理费、办公费、水电费、机物料消耗、劳动保护费、季节性和修理期间的停工损失、低值易耗品摊销等。

（1）性质：成本类账户。

（2）用途：核算企业基本生产车间范围内，为生产产品和提供劳务而发生的各项间接费用。

（3）结构：见表7－27。

表7－27　制造费用

本期发生的各项制造费用	月末按一定标准分配转入“生产成本”的费用
结转后一般无余额	

（4）明细账：按基本生产车间设置，账内按费用项目设专栏。

3. “应付职工薪酬”账户。

（1）性质：负债类账户。

（2）用途：核算应付职工的各种薪酬的提取、分配、发放、使用及结算情况。

（3）结构：见表7－28。

表7－28 应付职工薪酬

实际发放或使用的职工薪酬	分配或提取的、计入成本费用中的职工薪酬的数额
	余额：尚未支付或使用的职工薪酬

（4）明细账：本账户按“工资”、“职工福利”、“社会保险”开设明细账。如“应付职工薪酬——工资”、“应付职工薪酬——职工福利”。

4. “累计折旧”账户。

（1）性质：资产类账户。

（2）用途：核算企业固定资产累计提取的折旧额。

折旧是固定资产因投入使用而损耗的价值。计提折旧表明固定资产价值因使用而减少，但“固定资产”账户只反映固定资产原始价值的增减变动，计提折旧在“累计折旧”账户中反映。两个账户余额相减，为固定资产的净值，可以反映固定资产的新旧程度。

（3）结构：见表7－29。

表7－29 累计折旧

因固定资产减少而减少或转销的折旧额	计算并提取的折旧额
	余额：累计提取的折旧额

提示：“累计折旧”账户只进行总分类核算，不进行明细核算。

5. “库存商品”账户。

（1）性质：资产类账户。

（2）用途：核算企业库存的各种商品的实际成本。

（3）结构：见表7－30。

表7－30 库存商品

验收入库产品的实际成本	出库产成品的实际成本
余额：库存产成品的实际成本	

（4）明细账：按产品的品种和规格设置。如“库存商品——甲产品”。

6. “管理费用”账户。

（1）性质：损益类账户。

（2）用途：核算企业行政管理部门为组织和管理生产经营活动而发生的各项费用。

（3）结构：见表7－31。

表7－31 管理费用

当期实际发生的各项管理费用	期末转入“本年利润”的费用
期末无余额	

（4）明细账：按费用项目设置多栏式明细账。

7. “财务费用”账户。

（1）性质：损益类账户。

（2）用途：核算企业为筹集生产经营所需资金等而发生的费用，包括利息支出（减利息收入）、汇兑损失（减汇兑收益）以及相关的手续费等。

（3）结构：见表7－32。

表7－32 财务费用

企业实际支付的利息、银行手续费等费用	期末转入“本年利润”的费用
期末无余额	

（4）明细账：按费用项目设置多栏式明细账。

三、主要经济业务核算实务

（一）发出材料的核算

发出材料是生产过程的基本业务。按材料发出的用途，用于直接生产产品的材料通过“生产成本——××产品”账户直接计入产品成本；车间一般性消耗的材料计入“制造费用”账户；行政管理部门及产品研发部门领用的材料计入“管理费用”账户。在实际工作中，企业财务人员通过编制“材料发出汇总表”对发出材料进行核算。

【例7－15】 某制造业12月份仓库发出的材料如表7－33所示。

表7－33　　材料发出汇总表

类别用途	甲材料			乙材料			金额合计
	数量	单价	金额	数量	单价	金额	
A产品	3 500	20.54	71 890	2 000	25.67	51 340	123 230
B产品	2 000	20.54	41 080	1 500	25.67	38 505	79 585
车间一般	300	20.54	6 162	200	25.67	5 134	11 296
行政管理	200	20.54	4 108	100	25.67	2 567	6 675
合　计	6 000	—	123 240	3 800	—	97 546	220 786

分析：这项经济业务涉及“原材料”、“生产成本”、“制造费用”和“管理费用”四个账户。生产A、B产品耗用的材料202 815元（123 230＋79 585），应记入“生产成本”账户的借方；车间管理部门耗用材料11 296元，应记入“制造费用”账户的借方；企业行政管理部门耗用材料6 675元，应记入“管理费用”账户的借方；仓库共发出原材料220 786元，应记入“原材料”账户的贷方。这项经济业务的会计分录为：

借：生产成本——A产品	123 230	
——B产品	79 585	
制造费用	11 296	
管理费用	6 675	
贷：原材料——甲材料		123 240
——乙材料		97 546

（二）职工薪酬的核算

工资是指企业按国家有关规定，在一定时期内支付给企业职工的工资总额，包括各种工资、奖金、津贴和补贴。职工福利费是按工资总额的一定比例（如14%）提取的用于职工医药、卫生、福利等方面的费用。

企业发生的工资及福利费用，应按其用途分配计入有关的成本费用中去。生产工人工资及福利费，应通过“生产成本——××产品”账户直接计入各种产品成本；车间管理人员的工资及福利费，应记入“制造费用”账户；行政管理部门人员的工资及福利费，应记入“管理费用”账户。

职工薪酬的核算业务，一般包括薪酬的准备、发放、分配、提取、使用等内容。在实际工作中，企业财务人员通过编制“工资结算汇总表”对职工薪酬进行核算。

下面是某制造业12月份有关职工薪酬的核算业务。

【例 7－16】 某制造业 12 月份工资结算汇总表如表 7－34 所示。

表 7－34　　工资结算汇总表

部门、产品	工资标准	奖金	津贴、补贴	加班工资	应付工资
生产工人：A 产品	30 000	5 000	6 000	2 000	43 000
B 产品	25 000	8 000	4 000	3 000	40 000
车间管理人员	16 000	2 000	1 500	1 000	20 500
行政管理人员	25 000	3 000	2 500	1 500	32 000
销售机构人员	12 000	4 000	1 500	500	18 000
合　计	108 000	22 000	15 500	8 000	153 500

假设表 7－34 中的“应付工资”即为实发工资，那么，该制造业职工薪酬的核算业务有：

1. 15 日，开出现金支票，从银行提现金 153 500 元，准备发放工资。

分析：这项经济业务涉及“库存现金”和“银行存款”两个账户。从银行提取现金，出纳保管的库存现金增加，应记入“库存现金”账户的借方；企业在银行的存款减少，应记入“银行存款”账户的贷方。这项经济业务的会计分录为：

借：库存现金　　153 500

　　贷：银行存款　　153 500

2. 15 日，根据工资发放表，发放工资。

分析：这项经济业务涉及“库存现金”和“应付职工薪酬——工资”两个账户。发放工资，使企业应付职工的工资减少，应记入“应付职工薪酬——工资”账户的借方；发放工资减少的现金，应记入“库存现金”账户的贷方。这项经济业务的会计分录为：

借：应付职工薪酬——工资　　153 500

　　贷：库存现金　　153 500

3. 31 日，根据“工资结算汇总表”编制工资分配表。如表 7－35 所示。

表 7－35　　应付职工薪酬分配计算表

× ×年 12 月 31 日

部　门	账　户	产品、劳务	定额工时	分配率	职工薪酬分配额
基本生产车间	生产成本	A 产品	4 300	10	43 000
		B 产品	4 000	10	40 000
	小　计		8 300	—	83 000
	制造费用				20 500
管理部门	管理费用				32 000
销售机构	销售费用				18 000
合　计					153 500

分析：这项经济业务涉及“生产成本”、“制造费用”、“管理费用”“销售费用”和“应付职工薪酬——工资”5 个账户。因工资分配，使成本费用增加，按用途应分别借记“生产成本”、“制造费用”、“管理费用”、“销售费用”账户，贷记“应付职工薪酬——工

资”账户。这项经济业务的会计分录为：

借：生产成本——A 产品　　43 000

　　　　　　——B 产品　　40 000

　　制造费用　　20 500

　　管理费用　　32 000

　　销售费用　　18 000

　　贷：应付职工薪酬——工资　　153 500

4. 31 日，根据“应付职工薪酬分配表”计提职工福利费（见表 7 – 36）。

表 7 – 36　　职工福利计提表

××年 12 月 31 日

部门	账户	产品、劳务	职工薪酬分配额	提取率	职工福利
基本生产车间	生产成本	A 产品	43 000	14%	6 020
		B 产品	40 000	14%	5 600
	小计		83 000	—	11 620
	制造费用		20 500	14%	2 870
管理部门	管理费用		32 000	14%	4 480
销售机构	销售费用		18 000	14%	2 520
合计			153 500	—	21 490

分析：企业按规定比例提取的职工福利费，会增加企业的成本费用，因此，应记入“生产成本”、“制造费用”、“管理费用”、“销售费用”账户的借方；计提的职工福利费，在未使用前，形成了一项应付而未付的负债，应记入“应付职工薪酬——职工福利”账户的贷方。这项经济业务的会计分录为：

借：生产成本——A 产品　　6 020

　　　　　　——B 产品　　5 600

　　制造费用　　2 870

　　管理费用　　4 480

　　销售费用　　2 520

　　贷：应付职工薪酬——职工福利　　21 490

知识拓展

生产工人的工资有计件工资、计时工资两种形式。

在计时工资制下，如生产工人只生产一种产品，其工资和福利费只需计入该种产品的成本；如生产工人生产两种或两种以上的产品，则其工资和福利费应采用一定的标准，在各种产品中进行分配。分配标准一般为产品生产工时或定额工时。分配公式为：

$$生产工人工资分配率 = \frac{生产工人工资总额}{各种产品生产工时总和}$$

$$某种产品应分配的工资 = 该产品耗用生产工时数 \times 生产工人工资分配率$$

练一练

某企业月末分配应付职工工资50 000元，其中生产工人工资36 000元（按产品的生产工时比例分配，其中甲产品为4 000工时，乙产品为6 000工时），车间管理人员工资6 000元，公司行政管理人员工资8 000元。

计算：　　　　　　　　分配分录：

（三）其他生产经营费用的核算

为维护正常的生产秩序，企业还会发生诸如办公费、水电费、折旧费、修理费、利息等经济业务，其具体核算，下面以某制造业12月份的业务举例说明。

【例7－17】 5日，以现金购买办公用品，金额850元，其中车间管理部门领用300元，行政管理部门领用550元。

分析： 这项经济业务的发生使库存现金减少，使车间和行政部门的费用增加，应借记“制造费用”、“管理费用”账户，贷记“库存现金”账户。这项经济业务的会计分录为：

借：制造费用——办公费　　300
　　管理费用——办公费　　550
　　贷：库存现金　　850

【例7－18】 7日，采购员李闽出差预借差旅费3 500元，以现金付给。

分析： 这项经济业务的发生使库存现金减少，使企业应收款项（提示：应收的货款在“应收账款”账户核算；货款以外的应收及暂付款在“其他应收款”账户中核算）增加，应借记“其他应收款”，贷记“库存现金”。这项经济业务的会计分录为：

借：其他应收款——李闽　　3 500
　　贷：库存现金　　3 500

【例7－19】 12日，采购员李闽出差归来，报销差旅费3 200元，退回现金300元，结清原借款。

分析： 这项经济业务的发生涉及“管理费用”、“库存现金”、“其他应收款”3个账户。差旅费的发生使“管理费用”增加；退回现金使“库存现金”增加；结清原借款，使“其他应收款”减少。这项经济业务的会计分录为：

借：管理费用——差旅费　　3 200
　　库存现金　　300
　　贷：其他应收款——李闽　　3 500

【例7－20】 15日，开出转账支票，预付明年报刊费7 200元。

分析： 这项经济业务使企业的暂付款增加，应借记“预付账款”账户；开出转账支票，使银行存款减少，应贷记“银行存款”。这项经济业务的会计分录为：

借：预付账款——报刊费　　7 200
　　贷：银行存款　　7 200

【例7－21】 18日，开出转账支票，支付水电费15 600元，其中基本生产车间耗用8 000元，行政管理部门耗用7 600元（假定不考虑增值税因素）。

分析：这项经济业务使车间和行政管理部门的费用增加，应分别借记“制造费用”、“管理费用”账户；开出转账支票，使银行存款减少，应贷记“银行存款”账户。这项经济业务的会计分录为：

借：制造费用——办公费　　8 000
　　管理费用——办公费　　7 600
　　贷：银行存款　　15 600

【例7－22】 31日，计提固定资产折旧8 600元，其中基本生产车间4 200元，行政管理部门4 400元。

分析：这项经济业务使车间和行政管理部门的费用增加，应分别借记“制造费用”、“管理费用”账户；提取折旧，固定资产的累计折旧额增加，应贷记“累计折旧”账户。这项经济业务的会计分录为：

借：制造费用——折旧费　　4 200
　　管理费用——折旧费　　4 400
　　贷：累计折旧　　8 600

【例7－23】 31日，预提本月短期借款利息1 300元。

分析：这项经济业务使企业的利息增加，应借记“财务费用”账户；因本月负担的利息只是预提，并未支付，因此企业增加了负债，应贷记“应付利息”。这项经济业务的会计分录为：

借：财务费用——利息　　1 300
　　贷：应付利息　　1 300

相关知识

银行一般按季结息，因此，企业向银行借入短期借款的利息，应按月预提，到季末支付。短期借款预提利息使用“应付利息”账户，该账户贷方登记预提的利息额，借方登记实际支付的利息额，贷方余额反映已预提但尚未支付的利息。

季末支付利息的会计分录为：

借：财务费用——利息（当月发生的）
　　应付利息　　（前面预提的）
　　贷：银行存款

（四）制造费用的归集与分配

汇总计算当期制造费用的发生情况，称为“制造费用的归集”。企业将当期发生的制造费用在“制造费用”的总账或明细账中归集之后，应分配转入“生产成本——××产品”账户，以便计算完工产品成本和期末在产品成本。如一个基本生产车间同时生产两种或两种以上的产品，基本车间发生的制造费用则要采用一定的分配标准在各受益产品中进行分配。

制造费用采用的分配标准一般有产品的生产工时、生产工人工资、机器工时等。其分配的基本公式是：

$$制造费用分配率 = \frac{制造费用总额}{各种产品分配标准（生产工时或机器工时）总数}$$

某种产品应分配的制造费用 = 该产品分配标准总数 × 制造费用分配率

【例 7 – 24】 对某制造业 12 月份例 7 – 15 至例 7 – 24 业务中发生的制造费用登记总账，如表 7 – 37 所示（注：以例题号作为凭证号数）。

表 7 – 37 制造费用总分类账

××年		凭证号数	摘　要	借　方	贷　方	借或贷	余　额
月	日						
12	5	7 – 17	支付办公费	300		借	300
	18	7 – 21	支付水电费	8 000		借	8 300
	31	7 – 15	耗用材料费用	11 296		借	19 596
	31	7 – 16	分配工资	20 500		借	40 096
	31	7 – 16	分配福利费	2 870		借	42 966
	31	7 – 22	计提折旧费	4 200		借	47 166
	31	7 – 24	分配制造费用		47 166	平	– 0 –

分析：从制造费用总分类账中得出本月制造费用发生额为 47 166 元，车间生产 A、B 两种产品，A、B 产品的定额工时分别为 4 300 工时和 4 000 工时（注：见例 7 – 16 中的表 7 – 35）。将制造费用分配转入生产成本的业务处理如下：

$$制造费用分配率 = \frac{47\ 166}{4\ 300 + 4\ 000} = 5.68$$

A 产品应分配的制造费用 = 4 300 × 5.68 = 24 424（元）

B 产品应分配的制造费用 = 47 166 – 24 424 = 22 742（元）

提示：如分配率为约等数时，为保证将应分配的费用分配完，前面项目的分配用“乘”的方法计算，最后一项的计算用“减”的方法计算。

制造费用分配，通常可以编制分配表来进行，根据以上资料编制制造费用分配表，如表 7 – 38 所示。

表 7 – 38 制造费用分配表

××年 12 月 31 日

产品名称	分配标准（生产工时）	分配率	分配金额
A 产品	4 300	5. 68	24 424
B 产品	4 000	5. 68	22 742
合　计	8 300	—	47 166

制造费用分配业务涉及“生产成本”和“制造费用”两个账户。产品应负担的制造费用应记入“生产成本”账户的借方；结转制造费用应记入“制造费用”账户的贷方，这项经济业务的会计分录为：

借：生产成本——A 产品　　24 424

　　　　　　——B 产品　　22 742

　贷：制造费用　　47 166

提示：制造费用分配结转后，“制造费用”账户期末一般无余额。

（五）完工产品成本的结转

产品完工验收入库后，完工产品的成本从“生产成本”账户的贷方转入“库存商品”账户借方的过程，称之为“完工产品成本的结转”。

【例 7－25】 某制造业生产甲、乙两种产品，本月甲产品完工并验收入库 1 200 件，总成本 432 000 元；乙产品 2 500 件全部未完工，在产品成本为 212 500 元。

分析： 对于完工入库的产品，因企业存货增加，应记入“库存商品”账户的借方；生产成本减少，应记入“生产成本”账户的贷方。这项经济业务的会计分录为：

借：库存商品——甲产品　　432 000

　　贷：生产成本——甲产品　　432 000

对于未完工的产品，不作账务处理。因此，对乙产品不作账务处理。

四、产品生产成本的计算

产品生产成本的计算是生产过程中最重要的一项核算工作，计算出产品的总成本和单位成本是生产过程核算的基本任务。产品生产成本计算的一般程序为：

1. 确定成本计算对象：即生产费用的归属对象，如产品的品种、批别、步骤等。
2. 归集和分配各项生产费用，登记生产成本明细账。
3. 开设成本计算单，采用一定的方法，计算完工产品成本和在产品成本。

【例 7－26】 根据例 7－15 至例 7－24 的相关业务，登记生产成本明细账，如表 7－39、表 7－40 所示（注：期初在产品成本为已知数）。

练一练

请同学们两两合作，一人看例 7－15 至例 7－24 的业务及会计分录，一人看表 7－8 和表 7－9，同时核对分录与账表的内容，然后互换角色。试试看，一定会与自己看有不一样的感受。

表 7－39　　生产成本明细账

产品名称：A 产品　　　　金额单位：元

××年		凭证号数	摘　要	直接材料	直接人工	制造费用	合　计
月	日						
12	1		月初余额	21 770	2 980	2 576	27 326
	31	7－15	耗用材料费用	123 230			123 230
	31	7－16	分配工资		43 000		43 000
	31	7－16	分配福利费		6 020		6 020
	31	7－24	分配制造费用			24 424	24 424
	31	7－26	结转完工产品成本	－145 000	－52 000	－27 000	－224 000
			本月合计	0	0	0	0

表7－40　　生产成本明细账

产品名称：B产品　　金额单位：元

××年		凭证号数	摘　要	直接材料	直接人工	制造费用	合　计
月	日						
12	1		月初余额	10 415	4 400	2 258	17 073
	31	7－15	耗用材料费用	79 585			79 585
	31	7－16	分配工资		40 000		40 000
	31	7－16	分配福利费		5 600		5 600
	31	7－24	分配制造费用			22 742	22 742
			本月合计	90 000	50 000	25 000	165 000

【例7－27】 如该企业采用品种法计算产品成本，根据例7－26开设成本计算单，如表7－41和表7－42所示（注：产量资料，已列在计算单中）。

表7－41　　产品成本计算单

产品名称：A产品　　完工产量：1 000件　　在产品数量：0　　单位：元

项　目	直接材料	直接人工	制造费用	合　计
期初在产品成本	21 770	2 980	2 576	27 326
本月生产费用	123 230	49 020	24 424	196 674
合　　计	145 000	52 000	27 000	224 000
单位成本	145	52	27	224
完工成本	145 000	52 000	27 000	224 000

结转完工入库的A产品成本：

借：库存商品——A产品　　224 000

　　贷：生产成本——A产品　　224 000

表7－42　　产品成本计算单

产品名称：B产品　　完工产量：0件　　在产品数量：320件　　单位：元

项　目	直接材料	直接人工	制造费用	合　计
期初在产品成本	10 415	4 400	2 258	17 073
本月生产费用	79 585	45 600	22 742	147 927
合　　计	90 000	50 000	25 000	165 000
期末在产品成本	90 000	50 000	25 000	165 000

B产品未完工，不作账务处理。

五、实训操场

生产过程是劳动者利用劳动资料对劳动对象进行加工，生产出劳动产品的过程。会计核算的特点是：对外发生业务相对较少，企业原始凭证多为自制凭证。

实训A：兴业纺织品有限公司织布车间领用棉纱，如表7－43所示。

表 7－43　　　　领　料　单

NO：002248

发料仓库：材料仓库　　　　××年 12 月 3 日　　　　记账联

领料部门	材料类别	材料名称	计量单位	数量		单价	金额	用途
				请领	实领			
织布车间	原材料	全棉纱	吨	0.1	0.1	20 200	2 020	坯布
		涤棉纱	吨	0.15	0.15	13 000	1 950	花色布
		人棉纱	吨	0.05	0.05	21 000	1 050	花色布
合计						—	5 020	

仓库主管：陈明　　　发料人：王蕾　　　领料人：胡月、刘霞、李丽

分析：上述领料单为企业自制原始凭证，从内容上看，是企业织布车间领用三种棉纱生产两种布匹。如对这笔业务进行账务处理，可作会计分录如下：

借：生产成本——坯布　　　2 020

——花色布　　　3 000

贷：原材料——全棉纱　　　2 020

——涤棉纱　　　1 950

——人棉纱　　　1 050

实训 B：兴业纺织品有限公司发放上个月工资的业务，相关原始凭证见表 7－44 和表 7－45。

表 7－44　中国工商银行现金支票存根

支票号码：

科　　目________

对方科目________

签发日期　××年 12 月 5 日

收款人：兴业纺织品有限公司

金额：　¥60 000.00

用途：发放工资

备注：

主管　　会计　　复核　　记账

表 7－45　　工资发放汇总表

××年 12 月 5 日

部门		应付工资	略	实发工资	员工签名
生产工人	甲产品	20 000		20 000	李欣
	乙产品	24 000		24 000	张冀
车间管理人员		6 000		6 000	王凯
行政管理部门		10 000		10 000	赵亮
合计		60 000		60 000	现金付讫

分析：上述两张原始凭证，一张是现金支票的存根，从内容便知道，企业从银行提取现金 6 万元，用途是发放工资；另一张是工资发放汇总表，说明企业已用现金发放了工资。这里需要作两笔会计分录：

根据现金支票的存根作：借：库存现金　　　60 000

贷：银行存款　　　60 000

根据工资发放汇总表作：借：应付职工薪酬——工资　　60 000

　　贷：库存现金　　60 000

实训C：兴业纺织品有限公司采购员张硕预借差旅费，相关原始凭证见表7－46。

表7－46　　**借　款　单**

××年12月12日

借款部门：采购部门　张硕		
借款理由：出差，采购材料		
借款数额：叁仟陆佰元整　¥3 600.00		
本部门负责人意见：同意。采购部严谨		借款人：（签章）张硕
领导意见 同意。 王伟光	会计主管人员核批：张艳	备注： 现金付讫

分析：这是一张填写内容较为完整的借款单，借款已由现金付讫，企业增加了一笔暂付的款项。财务人员可以根据这张原始凭证作如下会计分录：

借：其他应收款——张硕　　3 600

　　贷：库存现金　　3 600

实训D：兴业纺织品有限公司支付第四季度的利息（其中10月、11月预提200元），相关原始凭证如表7－47所示。

表7－47　　**中国工商银行计收利息清单**（付款通知）

××年12月21日

单位名称	兴业纺织品有限公司	账号	000777
贷款金额	20 000元	计息起讫日期	××年10月1日至12月31日
计息总积数	60 000	利率（月）	5‰
利息金额	人民币（大写）叁佰元整　¥300.00		
你单位上述应偿借款 利息已从你单位账户划出 此致 借款单位　（银行盖章）	中国工商银行 中心路办事处	复核：	记账：

分析：按银行规定，利息于季末收付。企业10月份、11月份的利息已在当月进行了预提，预提的会计分录为：借记“财务费用”；贷记“应付利息”。“应付利息”贷方的发生额为200元。

12月当月支付的利息，不需要预提，直接作为当期的期间费用。根据这张银行“付款通知”作如下会计分录：

借：财务费用　　100

　　应付利息　　200

　　贷：银行存款　　300

实训E：兴业纺织品有限公司采购员张硕报销差旅费，相关原始凭证如表7－48所示。

表 7－48 **差旅费报销单**

××年 12 月 22 日

<table>
<tr><td colspan="3">单位名称</td><td colspan="2">兴业纺织品有限公司</td><td colspan="2">部门领导签字</td><td>严谨</td></tr>
<tr><td colspan="3">出差事由</td><td>采购出差</td><td rowspan="2">出差人：张硕</td><td colspan="3" rowspan="2">出差日期××年 12 月 13 日
至××年 12 月 20 日共 8 天</td></tr>
<tr><td colspan="3">地　点</td><td>上　海</td></tr>
<tr><td rowspan="3">项目</td><td colspan="3">交通工具</td><td rowspan="2">卧铺补贴</td><td rowspan="2">住宿费</td><td rowspan="2">住勤补助</td><td rowspan="2">其　他</td></tr>
<tr><td>火车</td><td>汽车</td><td>市内交通包干费</td></tr>
<tr><td>1 250</td><td>367</td><td>160</td><td>120</td><td>2 100</td><td>240</td><td></td></tr>
<tr><td colspan="2">报销总额</td><td colspan="5">人民币（大写）肆仟贰佰叁拾柒元零角零分　¥4 237.00</td><td></td></tr>
<tr><td colspan="2" rowspan="2">预借旅费</td><td colspan="3" rowspan="2">¥3 600.00</td><td>补领金额</td><td colspan="2">¥637.00</td></tr>
<tr><td>退还金额</td><td colspan="2">¥</td></tr>
</table>

领导签批：王伟光　　　会计审核：张艳　　　出纳：王丽梅

分析：采购员张硕按公司差旅费报销制度填写“差旅费报销单”。从填写内容可知，差旅费的报销额为 4 237 元，增加了企业的管理费用；因张硕原借款为 3 600 元，以现金 637 元补给张硕，库存现金减少；因结清了原借款，冲减当时挂账的“其他应收款——张硕”。根据报销单及所附的原始凭证，作会计分录如下：

借：管理费用——差旅费　　4 237

　　贷：其他应收款——张硕　　3 600

　　　　库存现金　　637

第四节　销售过程主要经济业务的核算

一、销售过程核算的主要内容

销售过程是制造业生产经营过程的最后一个环节。在这一过程中，企业不仅要努力把生产出的商品产品销售出去，还要想方设法及早收回货款。同时，为增加收益，企业还要开展提供劳务、让渡资产使用权等其他经济业务。当然，企业在取得收入的同时，也会发生相应的成本费用。该过程具体的业务内容包括：

1. 企业在销售商品、提供劳务、让渡资产使用权等日常活动中收入的取得及货税款的结算。

2. 销售过程中运输费、包装费、保险费、广告费的发生与核算。

3. 销售成本、销售环节税金的计算与结转。

二、设置的主要账户

1. “主营业务收入”账户。

（1）性质：损益类账户。

（2）用途：核算企业在销售商品，提供工业性劳务等日常活动中所取得的收入。

（3）结构：见表 7-49。

（4）明细账：按产品类别或劳务项目设置。

表 7-49 主营业务收入

发生销售退回或销售折让时冲减的收入；期末结转入“本年利润”账户的数额	本期销售商品提供劳务取得的收入

2. “主营业务成本”账户。

（1）性质：损益类账户。

（2）用途：核算企业因销售商品、提供工业性劳务而结转的实际成本。

（3）结构：见表 7-50。

（4）明细账：按主营业务的种类设置。

表 7-50 主营业务成本

已销售商品、提供劳务的实际成本	销售退回时冲减的成本；期末结转入“本年利润”账户的数额

3. “营业税金及附加”账户。

（1）性质：损益类账户。

（2）用途：核算企业日常活动应负担的税金及附加。包括营业税、消费税、资源税、城市维护建设税、土地增值税、教育费附加等。

（3）结构：见表 7-51。

（4）明细账：按税费的类别设置。

表 7-51 营业税金及附加

计算并结转的本期应缴纳的税费及附加	期末结转入“本年利润”账户的数额

4. “其他业务收入”账户。

（1）性质：损益类账户。

（2）用途：核算企业除了主营业务以外的其他业务收入，如多余材料销售、固定资产出租、包装物出租、无形资产出租取得的收入。

（3）结构：见表 7-52。

（4）明细账：按其他业务种类设置。

表 7-52 其他业务收入

期末结转入“本年利润”的数额	取得的其他业务收入

5. “其他业务成本”账户。

（1）性质：损益类账户。

（2）用途：核算企业除主营业务成本以外的其他业务而发生的相关成本、费用以及相关税金及附加等。

（3）结构：见表 7-53。

（4）明细账：按其他业务类别设置。

表 7-53 其他业务成本

因其他业务而发生的成本费用及相关税费支出	期末结转入“本年利润”的数额

6. “应收账款”账户。

（1）性质：资产类账户。

（2）用途：核算企业因销售产品、提供劳务等应向购货方或接受劳务的单位收取的款项。

（3）结构：见表7－54。

（4）明细账：按购货方单位名称设置。

表7－54 应收账款

应收取的款项	已收回的款项； 已确认为坏账的款项
余额：尚未收回的款项	

7．“应收票据”账户。

（1）性质：资产类账户。

（2）用途：核算企业因销售商品、提供劳务而收到的商业汇票。

（3）结构：见表7－55。

（4）明细账：设“应收票据备查簿”进行明细核算。

表7－55 应收票据

收到的商业汇票的面值	票据到期收回的数额； 到期前贴现的转出额； 到期未收回款项的转出额
余额：尚未到期的票据金额	

8．“销售费用”账户。

（1）性质：损益类账户。

（2）用途：核算企业为销售产品、提供劳务过程中发生的各项费用及专设销售机构的费用。

（3）结构：见表7－56。

（4）明细账：按费用项目。

表7－56 销售费用

企业发生的各项销售费用	期末转入“本年利润”账户的数额

三、主要经济业务核算实务

销售过程的主要经济业务是确认销售收入的实现、办理货税款的结算、销售费用的发生、销售成本与销售税金的计算及结转。

下面是某制造业12月份有关销售环节的核算业务：

【例7－28】 12月5日，企业销售A产品150件，每件售价400元，计6万元，按售价17%计算的增值税销项税额为10 200元，款项已收存银行。

分析：这项经济业务涉及“主营业务收入”、“应交税费——应交增值税”和“银行存款”三个账户。销售产品取得的收入应记入“主营业务收入”账户的贷方；向购货方收取的增值税应记入“应交税金——应交增值税”账户的贷方；银行存款的增加记入“银行存款”账户的借方。这项经济业务的会计分录为：

借：银行存款　　　　70 200
　　贷：主营业务收入——A产品　　　　60 000
　　　　应交税费——应交增值税（销项税额）　　　　10 200

【例7－29】 12月7日，企业开出转账支票支付市电视台产品广告费5万元。

分析：这项经济业务涉及“销售费用”和“银行存款”两个账户。广告费的增加应记入“销售费用”账户的借方；银行存款的减少应记入“银行存款”账户的贷方。这项经济业务应作如下会计分录：

借：销售费用——广告费　　　　50 000
　　贷：银行存款　　　　50 000

【例7－30】 12月12日，企业销售B产品50件给长富公司，每件售价800元，计4万元，按售价17%计算的增值税销项税额为6 800元；企业代长富公司垫付的运费1 200元由银行存款支付。企业已向银行办理托收手续，款项尚未收到。

分析：这项经济业务涉及“应收账款”、“主营业务收入”和“应交税费——应交增值税”、“银行存款”四个账户。企业尚未收回的货税款及代垫运费记入“应收账款”账户的借方；产品销售收入的增加记入“主营业务收入”账户的贷方；应向购货方收取的增值税应记入“应交税费——应交增值税”账户的贷方；企业垫支的运费记入“银行存款”账户的贷方。这项经济业务的会计分录为：

借：应收账款——长富公司	48 000	
贷：主营业务收入——B产品		40 000
应交税费——应交增值税（销项税额）		6 800
银行存款		1 200

【例7-31】 12月15日，企业将2 000千克不需用的丙材料出售，每千克售价50元，按售价17%计算的增值税销项税额为17 000元。款项已收存银行。

分析：这项经济业务涉及“银行存款”、“其他业务收入”、“应交税费——应交增值税”三个账户。银行存款的增加，应记入“银行存款”账户的借方；销售材料的收入，应记入“其他业务收入”账户的贷方；向购货方收取的增值税应记入“应交税费——应交增值税”账户的贷方。这项经济业务的会计分录为：

借：银行存款	117 000	
贷：其他业务收入——丙材料		100 000
应交税费——应交增值税（销项税额）		17 000

【例7-32】 12月19日，接银行收账通知，收到长富公司前欠的款项。

分析：这项经济业务涉及“应收账款”和“银行存款”两个账户。收到款项，银行存款增加，应记入“银行存款”账户的借方；收回销货款，应收的款项减少，应记入“应收账款”的贷方。这项经济业务的会计分录为：

借：银行存款	48 000	
贷：应收账款——长富公司		48 000

【例7-33】 企业销售A、B产品给上海的经销商。A产品120件，单位售价380元；B产品100台，单位售价750元。增值税税率为17%。企业收到经销商开出的承兑期为90天的商业票据。

分析：这项经济业务涉及“应收票据”、“主营业务收入”和“应交税费——应交增值税”三个账户。收到经销商承兑的商业票据，应记入“应收票据”账户的借方；产品销售收入的增加，应记入“主营业务收入”账户的贷方；向购货方收取的销项增值税，应记入“应交税费——应交增值税”的贷方。这项经济业务的会计分录为：

借：应收票据	141 102	
贷：主营业务收入——A产品		45 600
——B产品		75 000
应交税费——应交增值税（销项税额）		20 502

【例7-34】 12月31日，经计算，本月应交增值税为6.5万元。结转企业应缴纳的城市维护建设税（税率7%）和教育费附加（比例3%）。

分析：这项经济业务涉及“营业税金及附加”、“应交税费”两个账户。结转销售环节的税费，应记入“营业税金及附加”账户的借方；应交的城建税和教育费附加，应记入“应交税费”账户的贷方。这项经济业务的会计分录为：

借：营业税金及附加　　6 500
　　贷：应交税费——应交城建税　　4 550
　　　　　　　　——教育费附加　　1 950

四、销售成本的计算

企业销售产品，意味着企业产成品的数量和制造成本的减少。企业月末需计算确定销售产品的成本，并从“库存商品”账户结转到“主营业务成本”账户；原材料的出售，则需将原材料的成本由“原材料”账户结转到“其他业务成本”账户。

【例7－35】 A产品单位生产成本为224元；B产品单位生产成本为550元。根据“库存商品明细账”和“产品出库单”统计，本月销售A产品270件，B产品150件。结转本月销售成本。

分析：这项经济业务涉及“主营业务成本”和“库存商品”两个账户。结转已销产品成本应记入“主营业务成本”账户的借方；转销出库产成品成本应记入“库存商品”账户贷方。这项经济业务的会计分录为：

借：主营业务成本——A产品　　60 480
　　　　　　　　——B产品　　82 500
　　贷：库存商品——A产品　　60 480
　　　　　　　　——B产品　　82 500

【例7－36】 丙材料的单价为40元，根据“原材料明细账”和“材料出库单”，计算并结转已销丙材料的成本为8万元。

分析：这项经济业务涉及“其他业务成本”和“原材料”两个账户。结转已销原材料的成本应记入“其他业务成本”账户的借方；转销出售原材料的成本应记入“原材料”账户贷方。这项经济业务的会计分录为：

借：其他业务成本　　80 000
　　贷：原材料——丙材料　　80 000

五、实训操场

实训A：兴业纺织品有限公司销售产品并收回款项，相关原始凭证如表7－57和表7－58所示。

分析：增值税专用发票和银行进账单是兴业纺织品有限公司销售产品开具或取得的两张原始凭证。增值税专用发票一方面反映销售的收入，另一方面反映增值税销项税额；工商银行进账单反映的是收款人已全额收回款项。财务人员可根据上述两张原始凭证，作如下账务处理：

借：银行存款　　175 500
　　贷：主营业务收入——全棉坯布　　150 000
　　　　应交税费——应交增值税（销项税额）　　25 500

表 7－57

增值税专用发票

开票日期：　　　　××年 12 月 05 日　　　　No. 000236

购货单位	名称	华纺集团公司	纳税人登记号	126985698745630
	地址、电话	沈阳纺织大街 101 号	开户银行及账号	801—589—8588

货物或应税劳务名称	计量单位	数量	单价	金额 千	百	十	万	千	百	十	元	角	分	税率（%）	税额 百	十	万	千	百	十	元	角	分
全棉坏布	米	5 000	30			1	5	0	0	0	0	0	0	17			2	5	5	0	0	0	0
合　　计					¥	1	5	0	0	0	0	0	0			¥	2	5	5	0	0	0	0

价税合计（大写）	人民币零仟零佰壹拾柒万伍仟伍佰零拾零元零角零分　¥175 500. 00		
销货单位 名称	兴业纺织品有限公司	纳税人登记号	110102103265488
地址、电话	大连市中心路 802 号	开户银行及账号	工行中心路分理处 000777
备注			

开票单位（未盖章无效）：兴业纺织品有限公司　　　　收款人：王丽丽

表 7－58

中国工商银行进账单（回单或收账通知）

××年 12 月 08 日　　　　第 0087 号

付款人	全　　称	华纺集团公司	收款人	全　　称	兴业纺织品有限公司
	账　　号	801—589—8588		账　　号	000777
	开 户 银 行	工行和平路分理处		开 户 银 行	工行滨江路分理处

人民币（大写）	百	十	万	千	百	十	元	角	分
壹拾柒万伍仟伍佰元整	¥	1	7	5	5	0	0	0	0

票据种类		
票据张数		
单位主管　会计　复核　记账		收款人开户银行盖章：款项全额转讫

实训 B：兴业纺织品有限公司支付广告费，相关原始凭证如表 7－59 和表 7－60 所示。

表 7－59

大连市企业单位统一收据

××年 12 月 15 日

交款单位 兴业纺织品有限公司

人民币（大写）壹万贰仟元整　　　　¥12 000. 00

系　　付 产品广告费

现金	
支票	
付委	

②发票联

收款单位（盖章有效）　大连市广告公司财务专用章　　财务 林致力　　经手人 祁红伟

表 7－60 **中国工商银行**
转账支票存根

支票号码 001216
科　　目
对方科目
签发日期 ××年 12 月 15 日

收款人：大连市广告公司
金额：￥12 000.00
用途：产品广告费
备注：

单位主管：　　　会计：
复　　核：　　　记账：

分析：收据和转账支票存根是兴业纺织品有限公司支付广告费的两张原始凭证。转账支票存根说明款项已经支付；收据表示广告公司收款后的凭据。根据上述原始凭证，财务人员作如下账务处理：

借：销售费用——广告费　　12 000
　　贷：银行存款　　12 000

实训 C：兴业纺织品有限公司收回销货款项，相关原始凭证如表 7－61 所示。

表 7－61 **中国工商银行托收承付凭证**（收账通知）

邮

委托日期：××年 12 月 07 日
承付日期：××年 12 月 17 日

付款人	全　称	晋城精纺公司	收款人	全　称	大连市兴业纺织品公司							
	账号或地址	0007788		账号或地址	000777							
	开户银行	工行太原市支行		开户银行	中心路办事处							
托收金额	人民币（大写）：壹拾捌万玖仟贰佰元整		千	百	十	万	千	百	十	元	角	分
				￥	1	8	9	2	0	0	0	0
附　件	商品发运情况		合同名称号码									
附寄单证：4 张	铁路		958									
备注：中国工商银行 中心路办事处 转讫	上列款项已由付款人开户银行全额划回收入你方账户。 此致！ 收款人 （收款人开户行盖章）　月　日		科目： 对方科目： 转账日期：201×年 12 月 17 日 单位主管：　　会计： 复核：　　记账：									

分析：从银行的收账通知可知，兴业纺织品有限公司先前委托银行收取的销货款及代垫运费，按到期日全额收回。根据上述原始凭证，财务人员的账务处理如下：

借：银行存款　　189 200
　　贷：应收账款——晋城精纺公司　　189 200

实训 D：兴业纺织品有限公司月末计算并结转销售成本，相关原始凭证如表 7－62 和表 7－63 所示。

表 7－62 **产 品 出 库 单**

用途：销售　　××年 12 月 31 日

类　别	编　号	名称及规格	计量单位	数　量	单位成本	总成本
针织类	ZZM003	全棉坯布	米	150 000	20	3 000 000
印染类	DLM199	涤纶布	米	320 000	15	4 800 000

记账：王小莉　　保管：李伟　　检验：张新　　制单：马玲

表 7－63 产品销售成本计算表

××年 12 月 31 日

产品名称	销售数量	库存数量	单位成本	销售成本	
全棉坯布	150 000 米	70 000	20	3 000 000	
涤纶布	320 000 米	80 000	15	4 800 000	
合　计	…	…	…	7 800 000	

分析：产品出库单和产品销售成本计算表是兴业纺织品有限公司结转销售成本的原始凭证。产品出库单是库存商品减少的凭据；产品销售成本计算表确定本月出库商品的金额。根据上述两张原始凭证，财务人员可作如下账务处理：

借：主营业务成本　　7 800 000

　　贷：库存商品——全棉坯布　　3 000 000

　　　　　　　　——涤纶布　　4 800 000

实训 E：兴业纺织品有限公司计算并结转销售税金及附加，相关原始凭证如表 7－64 所示。

表 7－64 营业税金及附加计算表

××年 12 月 31 日

项　目	金　额
产品销项税额	367 000
进项税额	285 000
应交增值税额	82 000
应交城建税额（7%）	5 740
应交教育费附加（3%）	2 460

分析：销售税金及附加的计算表，也就是结转营业税金及附加账务处理的原始凭证。从表 7－64 中可知，企业本月应交增值税 = 367 000 － 285 000 = 82 000 元，按城建税及教育费附加的计算方法计算出本月应交的城建税和教育费附加。根据计算表，财务人员作如下账务处理：

借：营业税金及附加　　8 200

　　贷：应交税费——应交城建税　　5 740

　　　　　　　　——教育费附加　　2 460

第五节　利润形成过程主要经济业务的核算

一、利润形成过程的主要内容

企业生产经营的最终结果称为财务成果，其表现为企业实现的利润或发生的亏损。企业利润按其形成过程，主要分为以下三部分：

（一）营业利润

营业利润是企业经营业务产生的利润，它是企业利润总额的主要组成部分。

营业利润＝营业收入－营业成本－营业税费－期间费用＋投资净收益

其中，营业收入 = 主营业务收入 + 其他业务收入

营业成本 = 主营业务成本 + 其他业务成本

营业税费 = 营业税金及附加

期间费用 = 管理费用 + 销售费用 + 财务费用

投资净收益 = 对外投资获得的收益 - 对外投资发生的损失。

（二）利润总额

利润总额是企业在一定时期实现的会计利润总额，其为企业计算缴纳企业所得税的基础。

利润总额 = 营业利润 + 营业外收入 - 营业外支出

1. 营业外收入是指企业发生的与企业生产经营活动无直接相关的各项收入。主要包括固定资产的盘盈、处置固定资产的净收益、出售无形资产的收益、罚款净收入、无法支付的应付款项。

2. 营业外支出是指企业发生的与企业生产经营活动无直接相关的各项支出。主要包括固定资产的盘亏、处置固定资产的净损失、出售无形资产的损失、罚款支出、捐赠支出、自然灾害造成的净损失。

（三）净利润

企业实现的利润总额，应依国家税法规定缴纳企业所得税，缴纳所得税费用后的利润即为净利润。

净利润 = 利润总额 - 所得税费用

二、设置的主要账户

1. “营业外收入”账户。

（1）性质：损益类账户。

（2）用途：核算企业与经营活动无直接关系的收入。

（3）结构：见表 7 - 65。

（4）明细账：按收支项目设置。

表 7 - 65　营业外收入

期末结转入“本年利润”的数额	取得的各项营业外收入

2. “营业外支出”账户。

（1）性质：损益类账户。

（2）用途：核算企业与经营活动无直接关系的支出。

（3）结构：见表 7 - 66。

（4）明细账：按收支项目设置。

表 7 - 66　营业外支出

发生的各项营业外支出	期末结转入“本年利润”的数额

3. “投资收益”账户。

（1）性质：损益类账户。

（2）用途：核算企业对外投资取得的收益或发生的亏损。

（3）结构：见表 7 - 67。

表 7 - 67　投资收益

发生的投资损失 期末转入“本年利润”账户的净收益（净损失则用红字）	取得的投资收益

（4）明细账：按对外投资的种类设置。

4. “本年利润”账户。

（1）性质：所有者权益类账户。

（2）用途：核算企业实现的净利润（或发生的净亏损）。

（3）结构：见表 7-68。

表 7-68　本年利润

由损益类账户转入的各项费用总额	由损益类账户转入的各项收入总额
余额：净亏损	余额：净利润

“本年利润”账户平常月份（1—11 月）贷方余额为净利润；借方余额为净亏损。全年实现的净利润（或净亏损）年终结转入“利润分配”账户，故“本年利润”年终无余额。

（4）明细账：按构成利润的各项目设置。

5. “所得税费用”账户。

（1）性质：损益类账户。

（2）用途：核算企业按规定从本期损益中扣减的所得税。

（3）结构：见表 7-69。

（4）该账户不设明细账。

表 7-69　所得税费用

计入本期损益的所得税费用	期末结转入“本年利润”账户

三、主要经济业务核算实务

企业一般在期末通过结转损益类账户，确定在一定时期实现的利润。

下面是某制造业 12 月份利润形成的核算业务。

【例 7-37】 12 月 12 日，企业以银行存款 30 万元捐赠地震灾区。

分析：这项经济业务涉及“营业外支出”和“银行存款”两个账户。营业外支出增加应记入“营业外支出”账户借方；银行存款减少应记入“银行存款”账户的贷方。这项经济业务的会计分录为：

借：营业外支出——公益捐赠　　300 000

　　贷：银行存款　　300 000

【例 7-38】 12 月 18 日，企业收到一笔罚款收入 5 000 元，存入银行。

分析：这项经济业务涉及“银行存款”和“营业外收入”两个账户。银行存款的增加应记入“银行存款”账户的借方；营业外收入的增加应记入“营业外收入”账户的贷方。这项经济业务的会计分录为：

借：银行存款　　5 000

　　贷：营业外收入　　5 000

【例 7-39】 12 月 31 日，企业收到对外投资分红 25 万元，存入银行。

分析：这项经济业务涉及“银行存款”和“投资收益”账户。银行存款增加应记入“银行存款”账户的借方；投资收益增加应记入“投资收益”账户贷方。这项经济业务的会计分录为：

借：银行存款　　250 000

　　贷：投资收益　　250 000

【例 7-40】 12 月 31 日，将本月损益类账户予以结转。根据损益类账户总账及所属明细账可知，收益类账户的发生额为：主营业务收入为 425 万元（A 产品 220 万元；B 产品

205 万元)，其他业务收入 8 万元，投资收益 25 万元，营业外收入 5 000 元；费用损失类账户的发生额为：主营业务成本 285 万元（A 产品 145 万元；B 产品 140 万元），营业税金及附加 8 200 元，其他业务成本 5.5 万元，管理费用 15.6 万元，销售费用 24.4 万元，财务费用 46 500 元，营业外支出 30 万元。

分析：这项经济业务需要作两笔会计分录：一笔是将所有收益类账户转入“本年利润”的贷方；一笔是将所有费用损失类账户转入“本年利润”的借方。这项经济业务的会计分录为：

借：主营业务收入——A 产品　　2 200 000
　　　　　　　　——B 产品　　2 050 000
　　其他业务收入　　80 000
　　营业外收入　　5 000
　　投资收益　　250 000
　　贷：本年利润　　　　4 585 000
借：本年利润　　3 659 700
　　贷：主营业务成本——A 产品　　　　1 450 000
　　　　　　　　　　——B 产品　　　　1 400 000
　　　　营业税金及附加　　　　8 200
　　　　其他业务成本　　　　55 000
　　　　销售费用　　　　244 000
　　　　管理费用　　　　156 000
　　　　财务费用　　　　46 500
　　　　营业外支出　　　　300 000

由该项经济业务可知，企业本月利润总额 = 4 585 000 - 3 659 700 = 925 300（元）

小练习

你能帮企业计算出本月的营业利润吗？

营业利润 =

【例 7-41】 12 月 31 日，将企业利润总额调整为应纳税所得额，计算并结转 12 月份的所得税费用（所得税率为 25%）。

应纳税所得额 = 925 300（利润总额）- 300 000（捐赠灾区支出免税）= 625 300（元）

应交所得税 = 625 300 × 25% = 156 325（元）

分析：这项经济业务涉及两笔会计分录和“所得税费用”、“应交税费”、“本年利润”三个账户。所得税费用的形成应记入“所得税费用”账户的借方；应交而未交的所得税应记入“应交税费”账户的贷方；所得税费用转出应记入“本年利润”账户的借方和“所得税费用”账户的贷方。这项经济业务的会计分录为：

借：所得税费用　　156 325
　　贷：应交税费——应交所得税　　　　156 325
借：本年利润　　156 325
　　贷：所得税费用　　　　156 325

想一想：

你知道这家企业本月实现的净利润吗？

净利润 =

四、实训操场

实训 A：兴业纺织品有限公司捐赠业务的处理。相关原始凭证如表 7 – 70 和表 7 – 71 所示。

表 7 – 70 **捐 赠 协 议 书**

× × 年 12 月 12 日

捐赠单位	兴业纺织品有限公司	接受单位	市红十字会
账号或地址	000777	账号或地址	000001
开户银行	工行中心路办事处	开户银行	工行公益路办事处
捐赠金额	人民币（大写）：贰万元整		
协议条款	经双方友好协商达成如下协议： 兴业纺织品有限公司自愿捐赠人民币贰万元整，用于因自然灾害造成的儿童失学救助。 捐赠代表签字：王伟光　　　　接受代表签字：李美善		

表 7 – 71 **中国工商银行转账支票存根**

支票号码 001211

科　　目

对方科目

签发日期 × × 年 12 月 12 日

收款人：市红字会
金额：　¥20 000.00
用途：捐赠支出
备注：

单位主管：　　会计：

复　　核：　　记账：

分析：兴业纺织品有限公司与市红十字会签订捐赠协议，公司开出转账支票将款项转入市红十字会的银行账户。根据上述两张原始凭证，财务人员可作如下账务处理：

借：营业外支出——捐赠支出　　20 000

　　贷：银行存款　　20 000

实训 B：兴业纺织品有限公司分红业务的处理。相关原始凭证如表 7 – 72 和表 7 – 73 所示。

表 7 – 72 **炫彩服饰集团公司投资分红决议书**

× × 年 12 月 18 日

投资分红单位	兴业纺织品有限公司	投资分红年度	× × 年度
可分配净收益	400 000 元	投资分红单位持股	30%
投资分红金额	人民币（大写）壹拾贰万元整	¥120 000 元	
董事会意见： 同意。 董事长：刘炫彩	（印章：炫彩公司 财务专用章） 财务经理：徐佳美		制单：张月丽

表 7－73

中国工商银行进账单（回单或收账通知）

××年 12 月 18 日

收款人	全　称	兴业纺织品有限公司	收款人	全　称	炫彩服饰集团公司												
	账号或地址	000777		账号或地址	000111												
	开户银行	工行中心路办事处		开户银行	工行三江路办事处												
人民币（大写）：壹拾贰万元整					千	百	十	万	千	百	十	元	角	分			
						¥	1	2	0	0	0	0	0	0			
票据种类	转账支票		收款人开户银行盖章：中国工商银行中心路办事处 转讫														
票据张数	1																
单位主管　会计　复核　记账																	

分析：两张原始凭证，一张是分红决议书，说明分红的经济事项具有法律效力；另一张是进账单，说明分红款已转入兴业纺织品有限公司的银行账户。根据上述原始凭证，财务人员可作如下账务处理：

借：银行存款　　120 000

　　贷：投资收益　　120 000

实训 C：兴业纺织品有限公司职工违章操作罚款业务的处理。相关原始凭证如表 7－74 所示。

表 7－74

大连市企业单位统一收据

××年 12 月 23 日

交款单位　李大齐

人民币（大写）叁佰元整　　¥300.00

系　付　违章操作罚款

现金	✓
支票	
付委	

②发票联

收款单位（盖章有效）兴业纺织品有限公司财务专用章　　财务　杨可　　经手人　赵丽

分析：收据为企业自制原始凭证，兴业纺织品有限公司的收入内容为违章操作罚款，属于与公司正常生产经营无直接关系的收入，应列入"营业外收入"账户；收款的方式是现金。根据上述收据，财务人员可做如下账务处理：

借：库存现金　　300

　　贷：营业外收入　　300

实训 D：兴业纺织品有限公司 12 月份损益结转及利润计算业务。相关原始凭证如表 7－75所示。

分析：利润计算表为企业自制原始凭证，兴业纺织品有限公司财务人员对××年 12 月份损益类账户进行汇总登记，以便计算当月企业实现的利润总额。根据上述原始凭证，可做两笔会计分录，即结转收益和结转费用及损失。

表 7－75

利润计算表

××年 12 月

单位：元

收入账户	发生额	支出账户	发生额
主营业务收入	876 000	主营业务成本	562 000
其他业务收入	180 000	营业税金及附加	12 500
投资收益	120 000	其他业务成本	120 000
营业外收入	300	管理费用	52 000
		销售费用	80 000
		财务费用	35 000
		营业外支出	20 000
合　计	1 176 300	合　计	881 500

审核：徐佳美　　　　制单：王丽丽

（1）将收入、收益类账户转入“本年利润”账户的贷方。

借：主营业务收入　876 000
　　其他业务收入　180 000
　　投资收益　120 000
　　营业外收入　300
　　贷：本年利润　1 176 300

（2）将支出、损失类账户转入“本年利润”账户的借方。

借：本年利润　881 500
　　贷：主营业务成本　562 000
　　　　营业税金及附加　12 500
　　　　其他业务成本　120 000
　　　　管理费用　52 000
　　　　销售费用　80 000
　　　　财务费用　35 000
　　　　营业外支出　20 000

由该项经济业务可知，企业本月利润总额＝1 176 300－881 500＝294 800（元）。

思考：结合第五章所学的知识，上述两张记账凭证的“附件”栏应如何填写呢？

实训 E：兴业纺织品有限公司 12 月份的利润总额为 294 800 元，计算并结转当月所得税费用。相关原始凭证如表 7－76 所示。

分析：兴业纺织品有限公司 12 月份的利润总额为 294 800 元，因向市红十字会捐赠 2 万元，因此公司应纳税所得额为：294 800－20 000＝274 800 元；按 25% 的所得税税率计算，应交所得税为：274 800×25%＝68 700 元。

根据上述自制原始凭证，财务人员可作如下账务处理：

（1）结转应交所得税：

表 7－76　　应交所得税计算表

××年 12 月　　单位：元

项　目	计税依据	税　率	税　额	备　注
应交所得税	274 800	25%	68 700	
合　计	274 800		68 700	

审核：徐佳美　　制单：王丽丽

借：所得税费用　　68 700

　　贷：应交税费——应交所得税　　68 700

（2）结转本月所得税费用：

借：本年利润　　68 700

　　贷：所得税费用　　68 700

练习与实训

练习与实训一

目的：练习材料采购业务的核算。

资料：远华公司××年 9 月份发生下列业务：

1. 从利达公司购进甲材料 2 000 千克，每千克 30 元；乙材料 2 000 千克，每千克 20 元，甲、乙材料价款共计 10 万元，支付运杂费 500 元，增值税进项税额 1.7 万元。材料已验收入库，货款、运杂费及税金已用银行存款支付（运费按材料重量比例分摊）。

2. 从红星工厂购进丙材料 4 000 千克，每千克 20 元，计价款 8 万元，发生运杂费 800 元，增值税进项税额 13 600 元，款项尚未支付，材料尚在途中。

3. 以银行存款向富华工厂预付购买乙材料货款 3 万元。

4. 企业收到富华工厂发运的乙材料，并验收入库。该批材料买价 5 万元，运杂费 300 元，增值税进项税额 8 500 元。

5. 月末，以银行存款归还红星工厂的货税款。

要求：编制会计分录。

练习与实训二

目的：练习生产加工业务的核算。

资料：

1. 远华公司××年 9 月 1 日，“生产成本——A 产品”账户余额 20 000 元。

2. 远华公司××年 9 月份发生下列部分经济业务：

（1）9 月 1 日生产 A 产品领用下列材料：

材料名称	数量	单价	金额
甲材料	1 500 千克	30 元	45 000
乙材料	2 000 千克	20 元	40 000
合 计			85 000

（2）9 月 5 日，以现金支付办公用品费 360 元，其中行政管理部门 200 元，基本生产车间 160 元。

（3）9 月 10 日，从银行提取现金 4 万元，准备发放工资。

（4）9 月 10 日，以现金发放本月职工工资 4 万元。

（5）9 月 12 日，以银行存款支付本月份水电费 4 800 元，其中基本生产车间用 3 000 元，行政管理部门用 1 800 元。

（6）9 月 20 日，以银行存款预付下年度报刊费 3 600 元。

（7）9 月 25 日，以银行存款支付本季度银行借款利息 600 元。

（8）9 月 30 日，摊销本月份应负担的报刊费 300 元。

（9）9 月 30 日，预提本月份应负担的长期借款利息 4 000 元。

（10）9 月 30 日，计提本月份固定资产折旧：

基本生产车间应计提的折旧费	6 000 元
企业行政管理部门计提折旧费	4 000 元
合　　计	10 000 元

（11）9 月 30 日，结转本月职工工资 40 000 元，其中：

基本生产工人工资（生产 A 产品）	28 000 元
车间管理人员工资	5 000 元
企业行政管理人员工资	7 000 元

（12）按上述工资的 14% 计提职工福利。

（13）9 月 30 日，结转本月发生的制造费用。

（14）9 月 30 日，A 产品全部完工，结转本月完工的 A 产品的生产成本。

要求：

1. 根据以上资料编制会计分录。

2. 根据有关会计分录，分别登记“生产成本”、“制造费用”的丁字型账户。

练习与实训三

目的：练习销售、财务成果的核算。

资料：远华公司××年 9 月份发生下列经济业务：

1. 9 月 2 日，销售 A 产品 600 件，每件售价 200 元，货款 12 万元，增值税销项税额 20 400 元，当即收到，存入银行。

2. 9月5日，收到上月利达公司所欠货款35 000元，存入银行。

3. 9月10日，销售给利达公司A产品300件，每件售价200元，B产品200件，每件售价100元，共计8万元，增值税销项税额13 600元，货税款尚未收到。

4. 9月15日，收到利达公司用以抵付前欠销货款的商业汇票一张，金额93 600元。

5. 9月16日，以银行存款支付电视台广告费3万元。

6. 9月17日，销售甲材料1 000千克，单价40元，货款4万元，增值税销项税额6 800元，款已收到存入银行。

7. 9月18日，以银行存款支付罚没支出2 800元。

8. 9月20日，将无法支付的光明公司的应付账款2 000元转账。

9. 9月26日，销售给富达公司A产品900件，每件售价200元，B产品200件，每件售价100元，计货款20万元，增值税销项税额34 000元，款尚未收到。

10. 9月30日，结转本月已销产品的生产成本：

产品名称	数量	单位成本	总成本
A	1 800件	120元	216 000元
B	400件	50元	20 000元
合　计			236 000元

11. 9月30日，结转本月已销甲材料成本30 000元。

12. 9月30日，收到对外投资收入12万元，存入银行。

13. 9月30日，本月发生管理费用2.5万元，财务费用3 000元。

14. 9月30日，将收入和收益账户的数额转“本年利润”账户。

15. 9月30日，将主营业务成本、其他业务支出转入“本年利润”账户。

要求：

1. 根据上述经济业务编制会计分录。
2. 登记“主营业务收入”丁字型账户。
3. 计算本期利润总额。

练习与实训四

目的：练习企业主要经济业务的核算。

资料：

（一）科达公司××年11月末部分总账账户期末余额表

账户名称	余额（元）
生产成本	3 550（借方）
应收账款	5 300（借方）
原材料	135 000（借方）
应付账款	15 600（贷方）

（二）科达公司××年 11 月末部分明细账户余额表

总账户名称	明细账户	余　额
应收账款	友谊工厂	5 300 元
生产成本	A 产品	24 00 元，其中：直接材料 1 560 元；直接人工 360 元；制造费用 480 元
	B 产品	1 150 元，其中：直接材料 690 元；直接人工 230 元；制造费用 230 元
原材料	甲材料	45 000 元，其中：单价 30 元；重量 1 500 公斤
	乙材料	90 000 元，其中：单价 20 元；重量 4 500 公斤
应付账款	福兴工厂	8 000 元
	恒昌工厂	7 600 元

（三）科达公司××年 12 月份发生下列部分经济业务：

1. 12 月 1 日用现金购买办公用品，其中生产车间 170 元，管理部门 400 元。

2. 12 月 2 日用银行存款预付明年上半年财产保险费 4 800 元。

3. 12 月 3 日收到国家投资的 200 000 元，存入银行。

4. 12 月 3 日从福兴工厂购入甲材料 2 000 千克，买价 59 700 元，增值税进项税额 10 149 元，代垫运杂费 300 元，款项用银行存款支付，材料已验收入库。

5. 12 月 4 日采购员李闽出差，预借差旅费 1 000 元，以现金支付。

6. 12 月 5 日用银行支付产品销售广告费 2 000 元。

7. 12 月 5 日销售给立达工厂甲材料 300 千克，每千克售价 40 元，计 12 000 元，增值税销项税额 2 040 元，款项暂未收到。

8. 12 月 6 日生产 A 产品领用甲材料 3 000 千克，成本 90 000 元，领用乙材料 1 000 千克，成本 20 000 元，生产 B 产品领用乙材料 3 000 千克，成本 60 000 元，生产车间领用甲材料 500 千克，成本 15 000 元，管理部门领用乙材料 200 千克，成本 4 000 元。

9. 12 月 7 日向银行借入为期六个月的借款 200 000 元，存入银行存款户。

10. 12 月 8 日提现金 60 000 元备发工资。

11. 12 月 10 日用现金发放工资 60 000 元。

12. 12 月 10 日采购员出差归来，报销差旅费 980 元，退回现金 20 元。

13. 12 月 11 日从宏胜工厂购入甲材料 3 000 千克，买价 90 000 元，增值税进项税额 15 300 元，乙材料 5 000 千克，买价 100 000 元，增值税进项税额 17 000 元，增值税发票已到，款项暂未支付。

14. 12 月 14 日销售给东城工厂 A 产品 500 件；每件单价 290 元，计 145 000 元，增值税销项税额 24 650 元。销售给振华工厂 B 产品 300 件，每件售价 270 元，计 81 000 元，增值税销项税额 13 770 元，款项尚未收到。

15. 12 月 15 日摊销本月应负担财产保险费 800 元，其中生产车间 500 元，管理部门 300 元。

16. 12 月 17 日收到东城工厂偿还前欠 A 产品货款 169 650 元，存入银行。

17. 12 月 21 日上述从宏胜工厂购入的材料运达，如数验收入库。

18. 12 月 25 日用银行存款支付本月水电费 30 000 元，其中生产车间 24 000 元，管理部门 6 000 元。

19. 12 月 31 日结转本月已售甲材料 300 千克的成本 9 000 元。

20. 12 月 31 日结转本月应付职工工资 60 000 元，其中，生产 A 产品工人工资 25 000 元，生产 B 产品工人工资 18 000 元，生产车间管理人员工资 6 200 元，企业管理人员工资 10 800 元。

21. 12 月 31 日按工资总额 14% 计提职工福利费 8 400 元。其中，生产 A 产品生产工人工资 3 500 元，B 产品生产工人工资 2 520 元，生产车间管理人员工资 980 元，企业管理人员 1 400 元。

22. 12 月 31 日，计提本月固定资产折旧 7 000 元，其中，生产车间固定资产折旧 4 500 元，企业管理部门固定资产折旧 2 500 元。

23. 12 月 31 日将本月发生制造费用转入生产成本，其中，A 产品负担 29 500 元，B 产品负担 21 850 元。

24. 12 月 31 日结转本月完工入库产品的生产成本，其中，A 产品 710 件，全部完工，总成本 170 400 元，B 产品 500 件全部完工，总成本 103 520 元。

25. 12 月 31 日结转本月销售 A 产品 500 件，单位成本 240 元。B 产品 300 件，单位成本 230 元。

26. 12 月 31 日根据本月应交的增值税 7 871 元，计算产品销售应交纳城市维护建设税（7%）和教育费附加（3%）。

27. 12 月 31 日将损益类有关账户结转到“本年利润”账户。

28. 12 月 31 日按本月实现利润总额 10 832.90 元，计算并结转应交所得税（所得税税率 25%，小数点保留二位，四舍五入）。

要求：

1. 根据上述经济业务编制会计分录。
2. 登记“应收账款”、“原材料”、“应付账款”账户的总账和明细账（丁字型账户）。
3. 登记“生产成本明细账”并编制 A、B 产品成本计算单。

第8章 财产清查

学习目标：
- □ 理解财产清查的概念、作用、种类
- □ 了解财产清查的范围
- □ 掌握对货币资金、存货、固定资产、应收及应付款等财产物资的具体清查方法
- □ 掌握财产清查结果的账务处理

在单位财务会计工作中，各项财产物资的增减变化和结存结果，都是通过账簿记录反映的。在实际工作中，由于人为和自然两方面的因素，账簿的记录结果与各项财产物资、货币资金、债权债务的实有数可能存在差异，如库存现金账上记录有现金 3 000 元，但存放在财会部门保险柜的现金却只有 2 780 元，这就出现了账实不符的问题。为保证会计信息的真实可靠，查清账实不符的原因，必须运用财产清查的方法，对各项财产进行定期或不定期的盘点或核查，以确保账实相符。

第一节　财产清查概述

一、财产清查的意义

财产清查是指通过对货币资金、实物资产和往来款项的盘点或核对，确定其实存数，查明账存数与实存数是否相符的一种专门方法。

造成账实不符的主要原因有：在收发各项财产物资时，由于计量不准确，导致其数量或质量上出现差错；在财产物资的保管过程中，发生的自然损耗；在管理和核算方面，由于手

续不健全或制度上的不严密，发生了计算上或登记上的错误；由于管理不善或工作人员失职而造成了财产物资的毁损和短缺；由于不法分子的贪污盗窃等行为而发生了财产物资的损失；在结算过程中，由于未达账项等原因而造成的单位之间的账目不符。

想一想：

如果我们不进行财产清查（账实核对）工作，可能会出现哪些问题呢？

财产清查具有以下作用：

1. 确保账实相符，使会计资料真实可靠；
2. 改进保管工作，保护财产安全；
3. 挖掘财产潜力，加速资金周转。

二、财产清查的种类

（一）按财产清查的范围分为全面清查和局部清查

全部清查和局部清查的具体内容如表 8－1 所示。

表 8－1　　全面清查和局部清查对照表

种类	全面清查	局部清查
概念	对单位所有的财产物资进行全面的盘点或核对。	对部分财产物资进行清查盘点，主要是对流动性较大的财产和重要财产进行清查。
范围	所有的财产物资。	部分财产物资。
对象	（1）现金和银行存款等各种货币资产； （2）存货和固定资产等各种实物资产； （3）应收应付款和预收预付款等各种往来结算款项。总的来说，就是指与本单位相关的所有财产物资和资金情况。	（1）现金，出纳人员应于每日业务终了时清点核对； （2）银行存款，出纳人员每月至少应同银行核对一次； （3）库存商品、原材料、包装物等，年内应轮流盘点或重点抽查；对各种贵重物资，每月应盘点一次； （4）债权债务，每年至少应同对方核对一至两次账目。
特点	清查内容多、范围广，需要投入的人力、物力多，花费的时间长。	清查范围小，涉及人员少，但专业性较强。
适用范围	（1）年终编制报表时； （2）进行资产核资或资产评估； （3）单位财产产权发生重大变化，如破产、撤销、兼并、改制或改变隶属关系。	（1）更换财产和现金保管人员时； （2）发生自然灾害和意外损失时； （3）上级主管、财政、税务、银行等有关部门对本单位进行会计检查时； （4）发现贪污盗窃、营私舞弊等行为时； （5）会计主体发生改变或隶属关系发生变动时。

（二）按财产清查的时间分为定期清查和不定期清查

定期清查和不定期清查的具体内容如表 8－2 所示。

表 8-2　　定期清查和不定期清查对照表

种类	定期清查	不定期清查
概念	在计划安排期或各个会计期末对所要清查的财产物资进行的清查。	根据需要所进行的临时清查，又称为“临时清查”。
特点	有确定的时间。	无确定的时间。
举例	每月的银行核对清查。	突然更换会计、出纳人员，单位的撤销、合并，发生自然灾害等。

财产清查种类之间的联系：两种划分标准存在着交叉性，即全面清查和局部清查可以是定期清查和不定期清查，定期清查和不定期清查也可以是全面清查和局部清查。它们内部不存在联系，如全面清查就不能是局部清查，定期清查也不能是不定期清查。财产清查的分类如图 8-1 所示。

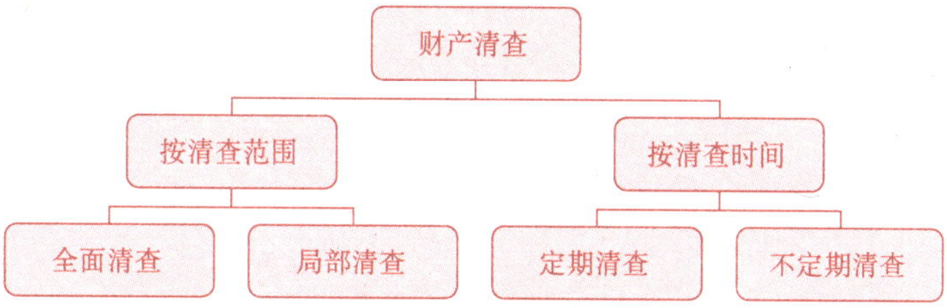

图 8-1　财产清查的分类图

小练习

下列关于财产清查的说法正确吗？

1. 财产清查是一种专门的会计核算方法。
2. 企业在更换财产或现金保管人员时，应进行定期全面的财产清查。
3. 企业改变隶属关系时进行的清查既是全面清查也是临时清查。
4. 对银行存款和现金只需要在更换出纳员的时候进行临时清查，不需要进行定期清查。
5. 对于本单位租用其他单位的财产物资无需进行清查。

第二节　财产清查的方法

一、财产物资的盘存制度

财产清查包括对货币资金的清查、对往来结算款项的清查和对实物资产的清查。其中，实物资产的清查与实物资产的盘存制度有密切的联系。**实物资产的盘存制度是指在日常会计**

核算中采取一定方式确定各项实物资产账面结存情况的制度，包括“永续盘存制”和“实地盘存制”两种。见表8－3。

表8－3　　永续盘存制和实地盘存制对照表

种类	永续盘存制	实地盘存制
定义	永续盘存制又称“账面盘存制”，是通过账簿记录随时反映各项财产物资增加和减少及结存情况的方法。	实地盘存制，是指在日常核算中对各项财产物资的增加数在账簿中进行登记，不登记减少数，月末根据实地盘点的结存数倒挤出财产物资减少数，并据以登记有关账簿的盘存方法。
基本内容	对各项财产物资的增加和减少，都必须根据会计凭证在有关账簿中进行连续登记，并随时在账上结算出结存数。	对各项财产物资，平时在账上只登记增加数，不登记减少数，月末根据实地盘点的结存数来倒挤财产物资的减少数，再据以登账。
计算公式	发出存货价值＝发出存货数量×存货单价 期末账面结存金额＝期初账面结存金额＋本期增加金额－本期减少金额	期末存货金额＝存货单价×期末存货盘点数量 本期减少金额＝期初账面结存金额＋本期增加金额－期末存货结存金额
优缺点	优点：能在账上随时反映各项财产物资的增加、减少和结存数量，有利于加强实物控制和财产物资管理。 缺点：核算工作量较大，可能发生账实不符的情况。所以，应定期进行财产清查。	优点：核算上较为简便。 缺点：不能随时反映财产物资收、发、存的动态，同时会掩盖物资管理中存在的问题。因此，实地盘存制一般不宜采用。

二、财产清查的方法

（一）货币资金的清查方法

1. 库存现金的清查。主要方法是采用**实地盘点法**，即对库存现金进行实地清点计数，然后再与现金日记账的账面余额进行核对。

清查时，出纳人员必须在场，以便明确责任。清查人员和出纳人员各自清点现金各种币值的张数和总值，共同进行以下核对：

（1）将库存现金的实存数与现金日记账的余额进行核对，确定是否相符。将库存现金的实存数与库存限额进行核对，确认库存现金是否有超出银行规定的库存限额现象。

（2）清查有无“白条”、挪用现金、公款私存等现象。

现金清查结束后，填制“库存现金盘点报告表”（见表8－4），由清查人员与出纳人员共同签字或盖章。

表8－4　　库存现金盘点报告表

单位名称：　　　　年　　月　　日

实存金额	账存金额	实存与账存对比		备　注
		盘盈（长款）	盘亏（短款）	

盘点人签章：　　　　　　　　出纳员签章：

2. 银行存款的清查。银行存款的清查与现金、实物的清查方法不一样，应采用**核对账目法**进行清查。

> **小知识**
>
> 在实际工作中，企业的开户银行会定期（通常在每月月末）给企业寄来一份银行对账单，上面详细记载了本期企业在该行的银行存款增减变动和结余情况。企业可以将本单位的银行存款日记账与开户银行对账单进行逐笔核对，以查明账实是否相符。这种方法称为"核对账目法"。

具体操作程序是：

第一步，检查本单位的银行存款日记账是否记录完整、计算正确；

第二步，将银行对账单与银行存款日记账进行逐日逐笔核对，查看二者是否相符。

导致银行对账单与银行存款日记账不符的原因有两个：一是存在"未达账项"，二是账簿记录错误。

未达账项是指企业与银行之间由于核算时间不同而形成的一方已入账，另一方尚未入账的事项。未达账项一般有四种情况：

（1）企业已收银行未收。即企业将收到的款项已经入账，而银行尚未入账。

（2）企业已付银行未付。即企业将支付的款项已经入账，而银行尚未入账。

（3）银行已收企业未收。即银行代企业收进的款项已经入账，而企业因未收到有关凭证未能入账。

（4）银行已付企业未付。即银行代企业支付的款项已经入账，而企业因未收到有关凭证未能入账。

未达账项的存在会导致银行存款日记账账面余额与银行对账单余额的不相符。此时，应编制银行存款余额调节表，检验双方的结余数额是否一致。

编制"银行存款余额调节表"的方法：在企业银行存款日记账和银行对账单的账面余额基础上，各自分别增减应记入而未记入的款项，再分别计算出调整后的余额。如果调整后余额相等，一般可以表明双方的账面记录正确；如果调整后的余额仍然不等，表明双方账面记录存在错误，需进一步核对，查明原因。

【例8-1】 兴业纺织品有限公司12月份企业的银行存款日记账和银行对账单内容如表8-5、表8-6所示。从资料上看，银行存款日记账的余额为86 554元，银行对账单余额为91 810元。编制银行存款余额调节表，见表8-7（假定12月份银行存款日记账中收到一笔上月未达账项，即11月份银行存款利息收入700元）。

表8-5 银行存款日记账

××年		凭证号数	摘要	结算凭证		借方	贷方	余额
月	日			种类	号数			
12	1		期初余额					30 730
12	2	111	支付运费	转支	963		600	30 130
12	4	122	11月份存款利息			700		30 830
12	12	123	收入销售款	进账		120 000		150 830

续表

××年		凭证号数	摘要	结算凭证		借方	贷方	余额
月	日			种类	号数			
12	15	112	购入材料	转支	964		46 800	104 030
12	18	113	购入材料	转支	965		35 100	68 930
12	23	124	收入销售款	进账		28 000		96 930
12	31	114	归还购货款	信汇			10 376	86 554

表 8－6 **银 行 对 账 单**

户名：兴业纺织品有限公司 201×年 12 月 31 日 单位：元

××年		凭证号码	摘要	借方	贷方	借或贷	余额
月	日						
12	1	略	期初余额			贷	31 430
	2		汇入		120 000	贷	151 430
	4		转付	46 800		贷	104 630
	12		转付	1 120		贷	103 510
	15		转付	600		贷	102 910
	18		汇入		600	贷	103 510
	23		汇入		23 400	贷	126 910
	31		转付	35 100		贷	91 810

注：企业和银行的记账方向相反。

思考：逐笔核对一下表 8－5、表 8－6，哪些是未达账项？如何编制银行存款余额调节表？

表 8－7 **银行存款余额调节表**

××年 12 月 31 日 单位：元

银行存款日记账	金额	银行对账单	金额
账面存款余额	86 554	银行对账单余额	91 810
加：银行已收企业未收款	600 23 400	加：企业已收银行未收款	28 000
减：银行已付企业未付款	1 120	减：企业已付银行未付款	10 376
调节后存款余额	109 434	调节后存款余额	109 434

提示："银行存款余额调节表"只起到对账的作用，不能作为调节账面余额的凭证，也不能作为编制记账凭证的依据。

（二）实物的清查方法

实物的清查主要包括对各种存货以及固定资产等财产物资的清查。盘点时要根据实物的不同特点采用不同的方法。主要有以下两种：

1. 实地盘点法。即清查人员到实物存放地点逐一点数或计量，确定其实存数额。这种方法适用于容易计数或计量的实物。

2. 技术推算法。即由清查人员通过技术推算确定财产物资的实存数额。这种方法适用于难以逐一点数、计量的财产，如露天堆放的煤、矿石等。

提示：盘点时，实物的管理人员必须在场，以便明确责任。

盘点结束时，根据盘点的情况填制“实存账存对比表”（见表8－8），经清查人员、管理人员和保管人员签字，明确经济责任，并根据“实存账存对比表”的差异情况，查明账实不符的原因，进行相应的处理。

表8－8　　实存账存对比表

单位名称：　　　　　　　　　　　　　　年　月　日

类别名称	计量单位	单价	实存		账存		差异				备注
							盘盈		盘亏		
			数量	金额	数量	金额	数量	金额	数量	金额	

会计主管：　　　　　　　复核：　　　　　　　制表：

（三）往来款项的清查方法

往来款项的清查是指对各种债权债务结算款项的清查，主要包括各种应收预收款项和应付预付款项的核对。

往来款项的清查方法一般采用电函、信函或面询等方式。若核对相符，应在函件上注明并加盖印章；若不符应注明不符的事项及原因。企业收到函件后应编制“往来款项清查表”（见表8－9）。

表8－9　　往来款项清查表

总账名称：　　　　　　　　　　　　　　年　月　日

明细账		清查结果		核对不符原因			备注
名称	账面余额	核对相符金额	核对不符金额	未达账项金额	有争议款项金额	其他	

清查人员（签章）　　　　　　　　　　　记账人员（签章）

财产清查的方法，如图8－2所示。

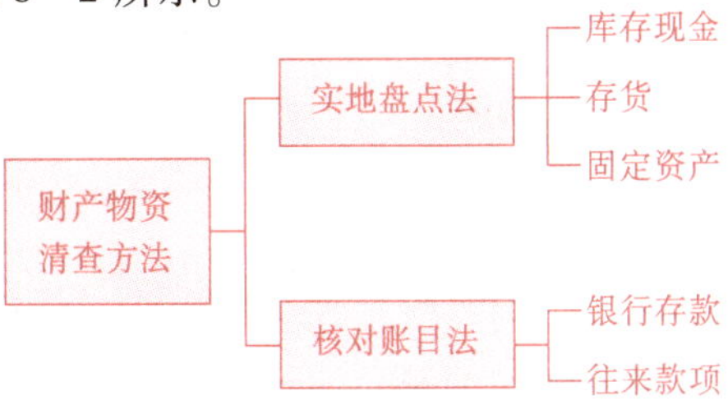

图8－2　财产清查的方法

三、财产清查结果处理

（一）财产清查结果的处理步骤

1. 财产清查的四种结果：

（1）实存数=账存数；

（2）实存数>账存数，为盘盈；

（3）实存数<账存数，为盘亏；

（4）实存数=账存数，但财产物资有质量问题，为毁损。

2. 财产清查结果的账务处理分两步进行：

（1）审批之前：以清查中的“账存实存对比表”作为原始凭证，编制会计分录，调整账簿记录，使账存数与实存数一致，待批准后作进一步处理。

（2）审批之后：根据有关机构的批复意见，编制记账凭证，登记账簿。

（二）财产清查结果的处理方法

为核算监督财产物资的清查及其结果的处理，应设置“待处理财产损溢”账户。

“待处理财产损溢”账户是用来核算企业在财产清查过程中查明的各种财产盘盈、盘亏和毁损价值的账户。该账户的借方登记各种财产盘亏、毁损数及按规定程序批准的盘盈转销数；贷方登记各种财产的盘盈数及按规定程序批准的盘亏、毁损转销数；期末处理后，本账户应无余额（见表8－10）。

表8－10　　待处理财产损溢

借方	贷方
（1）审批前待处理财产的盘亏、毁损金额 （2）审批后结转的盘盈金额	（1）审批前待处理财产的盘盈金额 （2）审批后结转的盘亏金额

在该账户下应设置“待处理固定资产损溢”和“待处理流动资产损溢”两个明细分类账户进行明细核算。

1. 库存现金清查结果的账务处理。

【例8－2】　企业在进行现金清查时，发现现金长款25元。

（1）根据“库存现金盘点报告表”编制会计分录：

借：库存现金　　25

　　贷：待处理财产损溢——待处理流动资产损溢　　25

（2）经批准，转作营业外收入，编制会计分录：

借：待处理财产损溢——待处理流动资产损溢　　25

　　贷：营业外收入　　25

【例8－3】　企业在进行现金清查时，发现现金短款18.50元。

（1）根据“库存现金盘点报告表”编制会计分录：

借：待处理财产损溢——待处理流动资产损溢　　18.5

贷：库存现金　　18.5

(2) 经查，现金短款为出纳人员责任，应由其赔偿，编制会计分录：

借：其他应收款——×出纳　　18.5

　　贷：待处理财产损溢——待处理流动资产损溢　　18.5

2. 存货清查结果的账务处理。

【例8－4】 企业在进行存货清查时，盘盈乙材料一批，同类存货的市场价格为850元。

(1) 发生盘盈时，根据“实存账存对比表”编制会计分录：

借：原材料——乙材料　　850

　　贷：待处理财产损溢——待处理流动资产损溢　　850

(2) 经查明，盘盈的乙材料为计量误差所致。按规定冲减“管理费用”，编制会计分录：

借：待处理财产损溢——待处理流动资产损溢　　850

　　贷：管理费用　　850

【例8－5】 企业在进行存货清查时，盘亏丙材料一批，价值为3 600元。

(1) 发现盘亏时，根据“实存账存对比表”编制会计分录：

借：待处理财产损溢——待处理流动资产损溢　　3 600

　　贷：原材料——丙材料　　3 600

(2) 经查明核准，由保险公司赔偿1 800元，自然损耗造成短缺价值600元，保管人员小王过失造成短缺价值1 200元。编制会计分录：

借：其他应收款——小王　　1 200

　　　　　　　——保险公司　　1 800

　　管理费用　　600

　　贷：待处理财产损溢——待处理流动资产损溢　　3 600

3. 固定资产清查结果的账务处理。

提示：固定资产的盘盈不通过“待处理财产损溢”账户，而是通过“以前年度损益调整”账户核算。

【例8－6】 企业进行固定资产清查时，发现账外机器设备一台，有八成新。估计其重置成本为10万元。

发生盘盈时，根据“固定资产盘盈、盘亏报告表”编制会计分录：

借：固定资产　　80 000

　　贷：以前年度损益调整　　80 000

【例8－7】 企业进行固定资产清查时，发现短少一台机器设备，该设备的原值为15万元，累计折旧为10万元，未计提减值准备。

(1) 发生盘亏时，根据“固定资产盘盈、盘亏报告表”编制会计分录：

借：待处理财产损溢——待处理固定资产损溢　　50 000

　　累计折旧　　100 000

　　贷：固定资产　　150 000

(2) 经查明核准，上述短少机器设备系因管理不善而丢失，由责任人赔偿2万元，其余由单位承担。编制会计分录：

借：其他应收款——××责任人　　20 000
　　营业外支出　　30 000
　贷：待处理财产损溢——待处理固定资产损溢　　50 000

四、实训操场

兴业纺织品有限公司××年年终进行财产清查，有关资料如下：

1. 原材料的账面资料见表8－11。

表8－11　　原材料账面资料

编号	材料规格名称	单位	单价	结余（12月31日）	
				数量	金额
略	甲材料	Kg	30	1 200	36 000
	乙材料	Kg	25	800	20 000
	丙材料	T	9 000	20	180 000
	丁材料	Kg	20	2 700	54 000

2. 原材料的清查资料（盘存单）如表8－12所示。

表8－12　　实物盘存单

财产类别：原材料

存放地点：3号库　　盘点时间：××年12月31日　　编号：105423

编号	材料名称	单位	数量	单价	金额	备注
	甲材料	Kg	1 120	30	33 600	定额损耗30Kg，收发计量的差错50Kg
	乙材料	Kg	780	25	19 500	保管人员失职造成短缺
	丙材料	T	19	9 000	171 000	收发计量上的差错
	丁材料	Kg	2 750	20	55 000	代外厂加工剩余50Kg

盘点人签章：张　同　　保管员签章：李晚秋

3. 根据账面资料和盘存单编制实存账存对比表，见表8－13。

表8－13　　实存账存对比表

单位名称：　　××年12月31日

材料名称	计量单位	单价	实存		账存		差异				备注
							盘盈		盘亏		
			数量	金额	数量	金额	数量	金额	数量	金额	
甲材料	Kg	30	1 120	33 600	1 200	36 000			80	2 400	
乙材料	Kg	25	780	19 500	800	20 000			20	500	
丙材料	T	9 000	19	171 000	20	180 000			1	9 000	
丁材料	Kg	20	2 750	55 000	2 700	54 000	50	1 000			

会计主管：　　复核：　　制表：

4. 根据上述盘存资料，编制如下会计分录：

借：待处理财产损溢——待处理流动资产损溢　　2 400
　　贷：原材料——甲材料　　2 400
借：待处理财产损溢——待处理流动资产损溢　　500
　　贷：原材料——乙材料　　500
借：待处理财产损溢——待处理流动资产损溢　　9 000
　　贷：原材料——丙材料　　9 000
借：原材料——丁材料　　1 000
　　贷：待处理财产损溢——待处理流动资产损溢　　1 000

5. 上列盘盈、盘亏和损失，经查原因属实，报请有关部门审核批准后，作出处理如下：

（1）材料定额内损耗，作为管理费用处理。

（2）材料收发计量上的差错，列入管理费用处理。

（3）管理人员失职造成的材料短缺，责成过失人赔偿。

（4）代外厂加工剩余，折合价款列入“其他应付款”。

6. 根据审核批准的结果，编制如下会计分录：

借：管理费用　　11 400
　　其他应收款　　500
　　贷：待处理财产损溢——待处理流动资产损溢　　11 900
借：待处理财产损溢——待处理流动资产损溢　　1 000
　　贷：其他应付款　　1 000

练习与实训

练习与实训一：

兴业纺织品有限公司8月31日银行存款日记账余额为35 200元，银行对账单余额为34 800元，经核对发现的未达账项有：

1. 30日公司开出的转账支票金额5 300元持票人尚未办理结算。
2. 31日公司送存的转账支票金额4 500元银行尚未入账。
3. 31日公司委托银行托收的3 500元货款，银行已收妥入账，但尚未通知公司。
4. 31日银行为公司支付水电费4 700元，银行已入账，公司未入账。

根据上述未达账项，编制“银行存款余额调节表”。

表8－14　　银行存款余额调节表

银行存款日记账	金　额	银行对账单	金　额
账面存款余额		银行对账单余额	
加：银行已收企业未收款		加：企业已收银行未收款	
减：银行已付企业未付款		减：企业已付银行未付款	
调节后存款余额		调节后存款余额	

练习与实训二：

某企业（小规模纳税人）在财产清查中发现以下问题：

1. 业务部门盘缺电子计算机一台，原值 19 300 元，已提折旧 9 000 元；

2. 服装组实地盘点库存商品，发现女装账面结存数量为 108 箱，实际存量为 106 箱，每箱进价为 500 元；

3. 家电组实地盘点库存商品，发现 29 寸电视机存量 30 台，账面结存数量为 29 台，进货单价为 2 100 元；

4. 出纳处库存现金经盘点短缺 41 元；

5. 核对部门往来账目，查明 C 公司已撤销，所欠货款 1 000 元无法收回，经报批准作为坏账处理；

6. 上述盘点溢缺原因已经查明，报请批准，处理意见如下：

第一，盘亏电子计算机系搬迁中遗失，列作营业外支出；

第二，服装短缺 2 箱系保管人员丢失，由过失人赔偿；

第三，29 寸电视机盘盈 1 台，系供货单位多发，已交供货单位收回；

第四，库存现金短缺 41 元，应由过失人赔偿。

要求：根据上述情况，编制有关会计分录。

第9章 财务会计报告

学习目标：□ 理解财务会计报告的概念、种类和编制的目的及作用
□ 学会编制资产负债表和利润表

财务会计报告如同一张成绩单，是一张反映企业财务状况、经营成果和现金流量情况的报告性文件。业主想了解企业经营业绩，政府主管部门同样想掌握企业经济信息，报表使用者也不例外。为此，整理汇总会计核算资料，提供相关最终信息，是十分必要的，而提供的财务信息是否真实、可靠，也就是说信息质量如何，对指导经济运行起决定作用。

为避免会计信息失真而给国家和社会公众造成损失，会计人员就必须做到客观公正、计算准确，培养诚实守信，操守为重，信誉至上的职业情操。

第一节 财务会计报告概述

一、编制财务会计报告的意义

（一）财务会计报告的概念

财务会计报告是指企业对外提供的反映企业某一特定日期财务状况和某一会计期间经营成果、现金流量的书面文件，包括会计报表、会计报表附注和财务情况说明书。编制财务会计报告是会计核算的终点。

（二）财务会计报告的作用

一般而言，财务会计报告的主要作用是向与企业有经济利益联系的各方（政府、管理者、银行、关联企业、债权人、投资人）提供财务信息。具体包括：

1. 为投资者提供会计信息，便于进行投资决策；

2. 向政府有关部门提供企业承担社会义务和责任的情况，为国家经济管理部门进行宏观调节和管理提供重要信息；

3. 向债权人提供偿债能力的信息；

4. 向管理者提供企业管理水平和获利信息，为企业加强和改善经营管理提供依据。

二、财务会计报告的编制要求

编制财务会计报告是会计核算的一项专门方法，也是会计核算的最后一个环节。为了确保报告的质量，编制财务会计报告必须做好充分的准备工作，并按基本要求进行编制。

（一）编制财务会计报告前的准备工作

1. 核实资产。这是企业编制报表前一项重要的基础工作。主要包括：

（1）现金清点；

（2）核对银行存款，编制银行存款余额调节表；

（3）核对往来款项；

（4）清查各项存货；

（5）清查各项固定资产等。

2. 试算平衡。在完成核实资产之后，还应进行一次试算平衡，以检查账务处理有无错误。

3. 结账。试算平衡后便可进行结账工作，主要有以下几项：

（1）将损益类账户全部转入“本年利润”账户；

（2）将“本年利润”账户形成的本年税后净利润或亏损转入“利润分配”账户；

（3）进行利润分配后，编制年终会计决算报表。

以上各项准备工作往往是同时交叉进行的。在实现会计电算化的企业，有些准备工作是可以通过电脑完成的，如试算平衡和结账等。

（二）财务会计报告编制的基本要求

1. 数字真实。是指企业提供的会计资料应当真实可靠，不能用估计数代替实际数，不能弄虚作假，不能篡改或隐瞒。

2. 内容完整。是指企业提供的财务会计报告应该是按照国家统一制度规定编报的，无论是表内项目还是补充资料，必须填写齐全，不准漏报、漏编。

3. 计算准确。是在报表项目内容填写完整的基础上，报表数字的计算要准确，不能有错算、漏算或重复计算等现象。

4. 说明清楚。对于企业提供的财务会计报告，按照规定需要加以说明的事项或数据，应当用简洁的语言予以清晰说明。

5. 报送及时。企业提供的财务会计报告具有较强的时效性，因此，必须按照规定的时间和程序及时编制，及时报送。

财务会计报告报送时间按规定分为年报、半年报、季报和月报。报表的时间范围不同，报送的时限长短也不同。月报应于月份终了后 6 天内对外提供；季报应于季度终了后 15 天内对外提供；半年报应于年度中期结束后 60 天内对外提供；年报应于年度终了后 4 个月内报出。

三、财务会计报告的种类

按照《企业财务通则》和《企业会计准则》的规定，我国财务会计报告体系，已基本上和国际接轨，形成了以资产负债表、利润表和现金流量表为主的财务会计报告体系。财务会计报告也可以根据需要，按照不同的标准进行分类（见表9－1）。

表9－1　　财务会计报告种类

分类标准	报表种类
反映内容	• 动态财务会计报告，是指反映一定时期内资金耗费和资金收回的报表，如利润表。 • 静态财务会计报告，是指综合反映某一特定日期企业资产总额和权益总额的报表，如资产负债表。
编制时间	分为月报、季报、半年报（或称“中期报告”）和年报。其中月报要求简明扼要、反映及时；年报要求揭示完整，反映全面；季报、半年季报在会计信息的详细程序方面，介于月报和年报之间。股份有限公司应编制中期报告，中期报告比年报提供的资料略为简化。
编制单位	• 单位报表，是指由企业在自身会计核算的基础上，对账簿记录进行加工而编制的财务会计报告，以反映企业本身的财务状况和经营成果。 • 汇总报表，是指由企业主管部门或上级机关，根据所属单位报送的财务会计报告，连同本单位财务会计报告汇总编制的综合性财务会计报告。
各项目所反映的数字内容	• 个别报表，各项目数字所反映的内容，仅仅包括企业本身的财务数字。 • 合并财务会计报告，由母公司编制的，一般包括所有控股子公司财务会计报告的有关数字。
服务对象	• 内部报表，指为适应企业内部经营管理需要而编制的不对外公开的财务会计报告，内部报表可以不需要统一规定的格式，也没有统一的指标体系。 • 外部报表，指企业向外提供的，供政府部门、其他企业和个人使用的财务会计报告。

第二节　资产负债表

一、资产负债表的概述

（一）资产负债表的概念

资产负债表是反映企业在某一特定日期财务状况的报表。如，资产总额是多少，流动资产有多少，固定资产有多少；在这些资产中，业主的有多少、借来的有多少。

（二）资产负债表的作用

资产负债表是企业会计报表体系中最主要的会计报表。它主要提供企业某一特定日期的财务信息（见图9－1）。资产负债表的具体作用如图9－2所示。

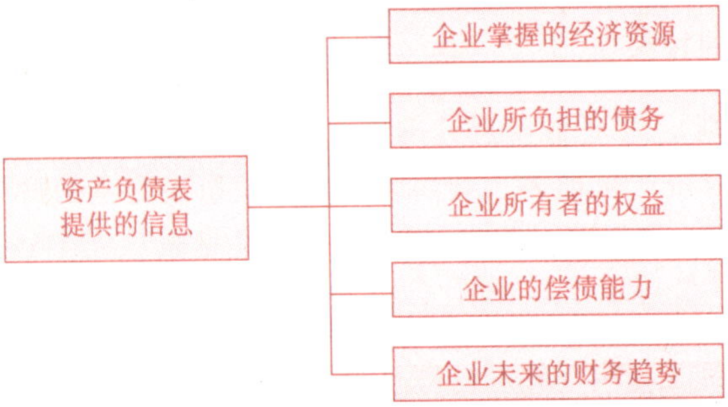

图 9－1　资产负债表提供信息

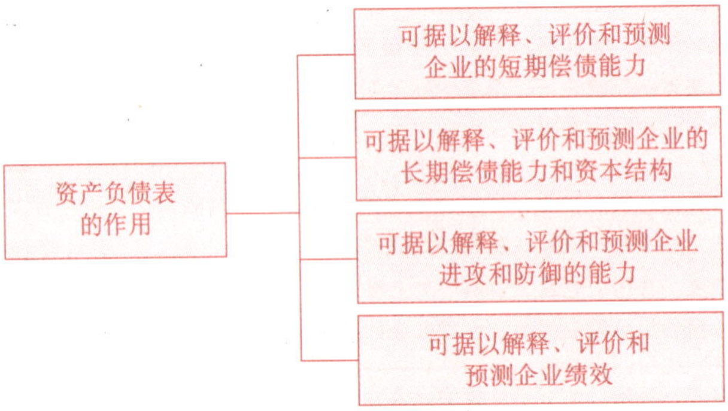

图 9－2　资产负债表的作用

二、资产负债表的结构

资产负债表由表头部分、基本部分、补充部分组成（见表 9－2）。

表 9－2　　**资 产 负 债 表**

会工 01 表

编制单位：速达股份有限公司　　××年 12 月 31 日　　单位：元

资　　产	期末余额	年初余额	负债及所有者权益	期末余额	年初余额
流动资产：			流动负债：		
货币资金	26 000	25 500	短期借款	60 000	86 000
交易性金融资产	12 000	18 000	交易性金融负债		
应收票据	30 000	26 000	应付票据	32 000	28 300
应收账款	6 000	9 000	应付账款	10 000	11 000
预付款项			预收款项		
应收利息			应付职工薪酬	37 000	34 000
应收股利			应交税费	60 000	68 000
其他应收款	3 000	6 000	应付利息		
存货	103 000	123 000	应付股利	44 000	33 000
一年内到期的非流动资产			其他应付款	8 000	13 000
其他流动资产			一年内到期的非流动负债		

续表

资产	期末余额	年初余额	负债及所有者权益	期末余额	年初余额
流动资产合计	180 000	207 500	其他流动负债		
非流动资产：			流动负债合计	251 000	273 300
可供出售金融资产			非流动负债：		
持有至到期投资			长期借款	66 000	60 000
长期应收款：			应付债券：		
长期股权投资	250 000	250 000	长期应付款		
投资性房地产			专项应付款		
固定资产	280 000	240 000	预计负债		
在建工程			递延所得税负债		
工程物资			其他非流动负债		
固定资产清理			非流动负债合计	66 000	60 000
无形资产	3 000	40 000	负债合计	317 000	333 300
开发支出			所有者权益：（或股东权益）		
商誉			实收资本（或股本）	280 000	280 000
长期待摊费用			资本公积	18 000	13 000
递延所得税资产			减：库存股		
其他非流动资产			盈余公积	40 000	25 200
非流动资产合计	533 000	530 000	未分配利润	58 000	86 000
			所有者权益（或股东权益）合计	396 000	404 200
资产总计	713 000	737 500	负债和所有者权益（或股东权益）总计	713 000	737 500

补充资料：

1. 已贴现的商业承兑汇票：8 万元；
2. 包括在固定资产原价内的融资租入固定资产原价：40 万元；
3. 国家资本 15 万元；
4. 法人资本 13 万元；
5. 个人资本 0 元；
6. 外商资本 0 元；

资产、负债及所有者权益三者关系：资产 = 负债 + 所有者权益。

1. 表头部分列示报表的名称（“资产负债表”）、编报单位、编报日期、货币计量单位。

2. 基本部分分为左右两边，左边反映企业报告日期资产总额及其构成内容；右边反映企业报告日期负债和所有者权益的具体组成金额。

资产负债表内的项目，应按要求进行排列：资产类按其流动性大小排列，流动性大的排在前，流动性小的排在后面，以次类推；负债项目按其到期日的远近排列，到期日近的排在前，到期日远的排在后；所有者权益项目按其永久性程度的高低排列，永久性程度高的排在前，永久性低的排在后。

3. 补充部分列示有关资产的必要补充内容。

三、资产负债表的编制方法

资产负债表各项目均分为“期末余额”和“年初余额”。

1. “年初余额”栏内的各项数字，应根据上年末资产负债表“期末余额”填列。

2. “期末余额”栏内的各项数字，主要来源于本期会计账簿记录。其中，有的数字可以根据相关账户的期末余额直接填列，由于资产负债表栏内的项目与账簿并不完全一致，因而需要对有关账户进行合并或分析调整后再填列。

资产负债表的具体填列方法可归纳如下：

（1）直接根据总账余额填列。如：“交易性金融资产”、“短期借款”、“应付职工薪酬”、“资本公积”等。

（2）根据有关总账账户的期末余额合计填列的项目。如：货币资金、存货等。

货币资金 =“库存现金”+“银行存款”+“其他货币资金”

存货 =“在途物资”+“原材料”+“生产成本”+“库存商品”+“周转材料”

（3）根据明细账账户的余额分析填列。如：“应收账款”、“预收账款”、“应付账款”、“预付账款”等。

应收账款 =“应收账款”（借方余额）+“预收账款”（借方余额）-“坏账准备”

（4）根据总账和明细账账户余额分析计算填列。如：“长期借款”、“持有至到期投资”、“长期应收款”等。

长期借款 =“长期借款”总账余额 -“长期借款”明细账中将于一年内到期的金额

（5）根据相关账户余额相减后填列。如：“其他应收款”、“固定资产”、“无形资产”、“持有至到期投资”、“长期股权投资”等。

固定资产 =“固定资产”-“累计折旧”

无形资产 =“无形资产”-“累计摊销”

四、资产负债表编制实例

1. 会计资料。

【例 9－1】 大商股份有限公司本年度的总账账户期末余额表如表 9－3 所示。

表 9－3 总账账户期末余额表

××年 12 月 31 日

单位：元

账户名称	借方余额	账户名称	贷方余额
库存现金	500	坏账准备	23 400
银行存款	3 958 701	累计折旧	668 110
其他货币资金	110 000	短期借款	100 000
交易性金融资产	10 000	应付票据	425 338
应收票据	168 580	应付账款	105 947
应收账款	468 000	预收账款	4 800
预付账款	228 867	其他应付款	16 700

续表

账户名称	借方余额	账户名称	贷方余额
其他应收款	1 200	应付职工薪酬	30 100
在途物资	150 000	应交税费	7 370
原材料	362 000	长期借款	1 299 000
周转材料	20 000	实收资本	10 000 000
库存商品	5 075 860	资本公积	235 700
长期股权投资	402 532	盈余公积	211 686
固定资产	2 145 647	利润分配	380 584
工程物资	92 500		
在建工程	202 348		
无形资产	112 000		
合计	13 508 735	合计	13 508 735

在各总账账户中，坏账准备的余额23 400元为按应收账款余额百分比计提；应收账款、预付账款明细账户的余额均在借方；应付账款、预收账款明细账户的余额均在贷方；长期负债中没有一年内将要到期的长期负债。

2. 编制资产负债表的实务。该公司本年度的资产负债表中，“年初余额”栏的数字是按上一年度资产负债表的“期末余额”过入，“期末余额”栏的数字是按照资产负债表的编制原理计算得出。

该公司编制完成的资产负债表见表9－4。

表9－4　　　　资 产 负 债 表

会工01表

编制单位：大商股份有限公司　　　　××年12月31日　　　　单位：元

资产	期末余额	年初余额	负债及股东权益	期末余额	年初余额
流动资产：			流动负债：		
货币资产	4 619 465	4 069 201	短期借款	200 000	100 000
交易性金融资产	210 000	10 000	交易性金融负债		
应收票据	368 580	168 580	应付票据	585 338	425 338
应收账款	119 000	444 600	应付账款	105 947	105 947
预付款项	208 867	228 867	预收款项	4 800	4 800
应收利息			应付职工薪酬	3 500	30 100
应收股利			应交税费	450	7 370
其他应收款	2 500	1 200	应付利息		
存货	5 508 400	5 607 860	应付股利		
一年内到期的非流动资产			其他应付款	16 700	16 700
其他流动资产			一年内到期的非流动负债	750 000	
流动资产合计	11 036 812	10 530 308	其他流动负债		

续表

资产	期末余额	年初余额	负债及股东权益	期末余额	年初余额
非流动资产：			流动负债合计：	1 666 735	690 255
可供出售金融资产			非流动负债：		
持有至到期投资			长期借款	850 000	1 299 000
长期应收款			应付债券		
长期股权投资	302 532	402 532	长期应付款		
投资性房地产			专项应付款		
固定资产	1 422 973	1 477 537	预计负债		
在建工程	202 348	202 348	递延所得税负债		
工程物资		92 500	其他非流动负债		
固定资产清理			非流动负债合计	850 000	1 299 000
无形资产	205 000	112 000	负债合计	2 516 735	1 989 255
开发支出			所有者权益（或股东权益）		
商誉			实收资本（或股本）	10 000 000	10 000 000
长期待摊费用			资本公积	235 700	235 700
递延所得税资产			减：库存股		
其他非流动资产			盈余公积	185 430	211 686
非流动资产合计	2 132 853	2 286 917	未分配利润	293 610	380 584
			所有者权益（或股东权益）合计	10 652 930	10 827 970
资产总计	13 169 665	12 817 225	负债和所有者权益（或股东权益）总计	13 169 665	12 817 225

补充资料：

1. 已贴现的商业承兑汇票 20 万元；

2. 已包括在固定资产原价内的融资租入固定资产原价 0 元。

单位负责人：李东，财务负责人：方芳，复核：刘成，制表：何红。

注：

（1）货币资金 =“库存现金”余额 +“银行存款”余额 +“其他货币资金”余额

=500 +3 958 701 +110 000

=4 069 201（元）

（2）应收账款 =“应收账款”余额 −“坏账准备”余额

=468 000 −23 400

=444 600（元）

（3）存货 =“在途物资”余额 +“原材料”余额 +“周转材料”余额 +“库存商品”余额

=150 000 +362 000 +20 000 +5 075 860

=5 607 860（元）

（4）资产负债表中其他各项目的金额按照相对应总账账户的余额直接填列。

（5）已贴现的商业承兑汇票 20 万元，在补充资料中列明。

五、拓展学习——资产负债表的分析

对资产负债表提供的企业财务信息，我们可以借助一些财务指标进行简单分析。

偿债能力就是一种财务分析指标。它是指企业偿还各种到期债务的能力。偿债能力的好坏，直接反映一个企业的商业信誉和经济实力，关系到企业的生存与发展，一般可以通过以下指标进行分析：

1. 流动比率。是指企业的流动资产与流动负债之比。公式为：

$$流动比率=\frac{流动资产}{流动负债}$$

流动比率理想的比值为：2。如果

流动比率>2，表明企业偿债能力比较强

流动比率<2，表明企业偿债能力比较弱

流动比率=1，表明企业偿债能力比较危险

流动比率<1，表明企业偿债能力基本难

2. 速动比率。以上指标采用全部流动资产，由于流动资产中存货流动性较差，为了进一步对企业短期偿债能力进行检验，可以采用速动比率。速动比率是企业速动资产与流动负债的比率。公式为：

$$速动比率=\frac{速动资产总额}{流动负债总额}$$

速动资产总额=流动资产总额-存货

提示：流动资产总额为何要减去存货？因为：（1）存货变现速度最慢；（2）部分存货可能已报废，损失未处理；（3）部分存货已抵押给他人；（4）存货估价成本与合理市价相差悬殊。

理想的速动比率为：1。如果

速动比率>1，表明企业短期偿债能力比较强

速动比率<1，表明企业短期偿债能力比较弱

3. 现金比率。现金比率是企业的现金类资产与流动负债的比率，可以反映企业的直接支付能力。现金类资产包括企业拥有的现金和现金等价物（如3个月到期的短期债券投资）。计算公式为：

$$现金比率=\frac{现金+现金等价物}{流动负债}\times 100\%$$

从计算公式内容可以看出，现金比率越高，企业短期偿债能力越强。但同时也可能说明企业现金类资产获利能力不高，或没有充分利用。

4. 资产负债率。是指企业负债总额与资产总额的比率。计算公式为：

$$资产负债率=\frac{负债总额}{资产总额}\times 100\%$$

这一指标表明企业资产中负债的比例，可以检查企业的财务状况是否稳定。负债率越低，财务状况越稳定。一般认为我国企业理想化负债率为40%左右，上市公司一般不超过50%。

练习与思考：

根据大商股份有限公司12月31日报送的资产负债表，计算该企业流动比率、速动比率、现金比率、资产负债率，并把你思考后的评价写上。

流动比率：________________

速动比率：________________

现金比率：________________

资产负债率：________________

评　　价：____

____

____

第三节　利　润　表

一、利润表的概念及作用

（一）利润表的概念

利润表是反映企业在一定期间内经营成果情况的报表。因为利润表项目是根据“一定期间”发生额累计填列，所以它是一种动态报表。

利润包括收入减去费用后的净额、直接计入当期利润的利得和损失等。如果所得结果为正数，则是利润；反之，则是亏损。

目前，按月报送的利润表按“本月数”和“本年累计数”列示，按年报送的利润按“上年余额”和“本年余额”列示。

思考：从概念上理解，资产负债表与利润表有何区别？

（二）利润表的作用

编制利润表的主要目的是将企业经营成果的信息提供给报表使用者，以供报表使用者了解企业利润形成的原因，并以此作为决策的依据。其作用，可归纳为：

1. 了解、分析企业的经营成果和获利能力；
2. 预测企业未来经营的赢利能力和发展趋势；
3. 为企业管理者进行未来经营决策提供依据；
4. 评价、考核管理人员的绩效。

二、利润表的结构

利润表是通过一定的格式来反映企业在一定时期内经营成果的报表。企业经营成果可能表现为盈利，也可能表现为亏损，因此，利润表又称“损益表”。由于不同的国家和企业对会计报表的信息要求不完全一样，所以利润表的基本结构也不完全一样。目前，普遍采用的主要有单步式和多步式两种。根据我国《企业会计准则》的规定，我国企业采用的利润表为多步式结构。

（一）多步式利润表的结构

多步式利润表的结构如表9－5所示。

表9－5　　利　润　表

企会02表

编制单位：长江股份有限公司　　××年12月　　单位：元

项　目	本期金额	上期金额
一、营业收入	550 000	略
减：营业成本	370 000	
营业税金及附加	9 350	
销售费用	30 000	
管理费用	5 000	
财务费用	3 000	
资产减值损失		
加：公允价值变动损益（损失以“－”填列）		
投资收益（损失以“－”填列）	23 500	
其中：对联营企业和合营企业的投资收益		
二、营业利润（亏损以“－”填列）	156 150	
加：营业外收入	600	
减：营业外支出	400	
其中：非流动资产处置损失		
三、利润总额（亏损总额以“－”填列）	156 350	
减：所得税费用	48 050	
四、净利润（净亏损以“－”填列）	103 800	
五、每股收益		
（一）基本每股收益		
（二）稀释每股收益		

（二）多步式利润表结构各项目之间的关系

营业利润＝营业收入－营业成本－营业税费－销售费用－管理费用－财务费用＋投资净收益

利润总额＝营业利润＋营业外收入－营业外支出

净利润＝利润总额－所得税

（三）多步式利润表的特点

多步式利润表的优点在于便于对企业利润形成的渠道进行分析，盈利的主要因素或亏损的主要原因明了，使管理更具有针对性。同时，也有利于不同企业之间进行比较，并可以预测企业未来的赢利能力。

三、利润表的编制方法

（一）利润表编制原理

利润表的编制原理是“收入－费用＝利润”的会计平衡公式和收入与费用的配比原则。

在生产经营活动中企业不断地发生各种费用支出，同时取得各种收入，收入减去费用，剩余的部分就是企业的盈利。会计部门应定期（一般按月份）核算企业的经营成果，并将核算结果编制成报表，这就形成了利润表。

提示： *利润表是一种动态报表。表内项目是根据相关账户发生额累计数填列。而资产负债表是一种静态报表，表内项目是根据相关账户报告期末余额填列。*

（二）利润表的编制方法

1. 计算利润表中各利润项目（其计算公式已在利润表结构中各项目之间的关系里作了说明）。

2. “本期金额”栏反映各项目的本期实际发生额，根据各有关账户的发生额直接或分析计算填列。“上期金额”栏内各项数据，应根据上期利润表中的“本期金额”栏内所列各项数据填列。

提示： *无论是“上期金额”还是“本期金额”，如果有关项目分析计算结果为损失或亏损，则用“－”号表示。*

（三）有关项目的编制说明

1. 营业收入根据本期内“主营业务收入”及“其他业务收入”贷方发生净额填列。

2. 营业成本根据本期内“主营业务成本”及“其他业务成本”借方发生净额填列。

3. 营业税费主要指企业日常活动应负担的税金及附加，包括营业税、消费税、城市维护建设税、教育费附加等，但不包括增值税。根据本年内借方发生净额填列。

4. 销售费用是指企业在销售商品过程中发生的费用。销售费用包括的内容主要有运输费、保险费、装卸费、包装费、展销费和广告费，以及企业专设的销售机构的职工工资及福利费、业务费等。根据本期内借方发生净额填列。

5. 管理费用指企业为组织和管理生产经营所发生的管理费用，包括企业的董事会和行政管理部门在企业的经营管理中发生的，或者应当由企业统一负担的公司经费、工会经费、待业保险费、劳动保险费、董事会费、聘请中介机构费、咨询费、诉讼费、业务招待费、房产税、车船使用税、印花税、技术转让费、存货盘亏或盘盈（不包括应计入营业外支出的存货损失）等。根据本期内借方发生净额填列。

6. 财务费用指企业为筹集生产经营所需资金等而发生的费用，包括应当作为期间费用的利息支出（减利息收入）、汇兑损失（减汇兑收益）以及相关的手续费用等。根据本期内借方发生净额填列。

企业的销售费用、管理费用和财务费用统称“期间费用”，期间费用应直接计入当期损益。

7. 投资收益主要指企业对外投资所取得的收益或发生的亏损。根据企业对外投资取得的收益减去发生的投资亏损再减去减值准备后的差额填列。

8. 所得税费用是指按税法规定，企业对其经营所得和其他所得支付的一种税费，根据本期内借方发生净额填列。

四、利润表编制实例

兴业纺织品有限公司8月份有关收入和成本、费用数字如表9－6所示。

表9－6

账户名称	借方发生额	贷方发生额	账户名称	借方发生额	贷方发生额
主营业务收入		600 000	其他业务收入		85 000
主营业务成本	380 000		投资收益		120 000
销售费用	10 000		管理费用	96 000	
其他业务成本	4 000		营业税金及附加	10 200	
财务费用	51 800		所得税费用	78 174	
营业外收入		13 000	营业外支出	12 000	

1. 根据表9－6的资料，按多步式计算该公司的最终财务成果。

解：营业利润＝营业收入－营业成本－营业税费－销售费用－管理费用－财务费用＋投资净收益

＝(600 000 ＋ 85 000)－(380 000 ＋ 4 000)－10 200－10 000－96 000－51 800 ＋ 120 000

＝ 253 000（元）

利润总额＝营业利润＋营业外收入－营业外支出

＝253 000 ＋ 13 000 － 12 000

＝254 000（元）

净利润＝利润总额－所得税

＝254 000 － 78 174

＝175 826（元）

2. 根据以上资料及计算结果编制公司8月份利润表，见表9－7。

表9－7　　　　**利　润　表**

企会02表

编制单位：长江股份有限公司　　　　××年8月　　　　单位：元

项　　目	本期金额	上期金额
一、营业收入	685 000	略
减：营业成本	384 000	
营业税金及附加	10 200	
销售费用	10 000	
管理费用	96 000	

续表

项　目	本期金额	上期金额
财务费用	51 800	
资产减值损失		
加：公允价值变动损益（损失以“-”填列）		
投资收益（损失以“-”填列）	120 000	
其中：对联营企业和合营企业的投资收益		
二、营业利润（亏损以“-”填列）	253 000	
加：营业外收入	13 000	
减：营业外支出	12 000	
其中：非流动资产处置损失		
三、利润总额（亏损总额以“-”填列）	254 000	
减：所得税费用	78 174	
四、净利润（净亏损以“-”填列）	175 826	
五、每股收益		
（一）基本每股收益		
（二）稀释每股收益		

练习与实训

练习与实训一

目的：练习企业资产负债表的编制。

资料：远东股份有限公司12月31日有关账户的余额如表9－8所示。

表9－8　　**账户余额表**

单位：元

总账	明细账	借方余额	贷方余额	总账	明细账	借方余额	贷方余额
库存现金		10 000		短期借款			100 000
银行存款		280 000		应付票据			130 000
交易性金融资产		120 000		应付账款			139 490
应收票据		80 000			甲公司	630 000	
应收账款		261 800			乙公司		769 490
	A公司	161 000		应交税费			22 600
	C公司	120 000		应付职工薪酬			34 000
	D公司		19 200	其他应付款			7 000

续表

总账	明细账	借方余额	贷方余额	总账	明细账	借方余额	贷方余额
其他应收款		40 000		坏账准备			1 800
原材料		200 000		长期借款			340 000
库存商品		110 000		累计折旧			88 000
持有至到期投资		90 000		实收资本			1 000 00
固定资产		810 000		资本公积			12 000
在建工程		62 000		盈余公积	法定盈余公积		117 000
无形资产		52 000			任意盈余公积		10 437
				利润分配	未分配利润		113 473
合 计		2 115 800			合 计		2 115 800

要求：根据表9－7的资料编制资产负债表（表9－9）。

表9－9　　资 产 负 债 表

会工01表

编制单位：　　　　年　　月　　日　　　　单位：

资　产	期末余额	年初余额	负债及股东权益	期末余额	年初余额
流动资产		（略）	流动负债：		（略）
货币资产			短期借款		
交易性金融资产			交易性金融负债		
应收票据			应付票据		
应收账款			应付账款		
预付款项			预收款项		
应收利息			应付职工薪酬		
应收股利			应交税费		
其他应收款			应付利息		
存货			应付股利		
一年内到期的非流动资产			其他应付款		
其他流动资产			一年内到期的非流动负债		
流动资产合计			其他流动负债		
非流动资产：			流动负债合计：		
可供出售金融资产			非流动负债：		
持有至到期投资			长期借款		
长期应收款			应付债券		
长期股权投资			长期应付款		
投资性房地产			专项应付款		
固定资产			预计负债		

续表

资产	期末余额	年初余额	负债及股东权益	期末余额	年初余额
在建工程			递延所得税负债		
工程物资			其他非流动负债		
固定资产清理			非流动负债合计		
无形资产			负债合计		
开发支出			所有者权益（或股东权益）		
商誉			实收资本（或股本）		
长期待摊费用			资本公积		
递延所得税资产			减：库存股		
其他非流动资产			盈余公积		
非流动资产合计			未分配利润		
			所有者权益（或股东权益）合计		
资产总计			负债和所有者权益（或股东权益）总计		

练习与实训二

目的：练习企业利润表的编制。

资料：黄河股份有限公司 12 月 31 日损益类各账户结账前余额如表 9－10 所示。

表 9－10

账户名称	借方金额	贷方金额
主营业务收入		1 940 000
主营业务成本	1 188 000	
营业税金及附加	120 000	
销售费用	55 250	
管理费用	46 000	
财务费用	59 000	
其他业务收入		252 000
其他业务成本	16 000	
投资收益		90 000
营业外收入		61 000
营业外支出	57 000	

要求：根据表 9－9 资料编制利润表（表 9－11）。

表 9－11

利　润　表

企会 02 表

编制单位：黄河股份有限公司　　　　年　　月　　　　单位：元

项　　目	本期金额	上期金额
一、营业收入		
减：营业成本		
营业税金及附加		
销售费用		
管理费用		
财务费用		
资产减值损失		
加：公允价值变动损益（损失以“－”填列）		
投资收益（损失以“－”填列）		
其中：对联营企业和合营企业的投资收益		
二、营业利润（亏损以“－”填列）		
加：营业外收入		
减：营业外支出		
其中：非流动资产处置损失		
三、利润总额（亏损总额以“－”填列）		
减：所得税费用		
四、净利润（净亏损以“－”填列）		
五、每股收益		
（一）基本每股收益		
（二）稀释每股收益		

第10章 会计基础综合实训

学习目标：
- □ 学会识别、填制、审核各种原始凭证
- □ 掌握依据原始凭证分析经济业务，编制记账凭证
- □ 掌握依据记账凭证登记账簿
- □ 学会编制资产负债表和利润表

会计实务工作中，从筹集资金到供应过程、生产过程、销售过程以及利润形成和分配过程的各个环节是相互联系不可分割的。本章从会计实际工作角度，以兴业纺织品有限公司发生的典型经济业务为主线，通过提供仿真的会计凭证、账簿和报表进行会计基础综合实训，让我们不仅学会“作业本上的会计”，而且做到理解会计工作基本流程，掌握实际工作中的会计业务处理，以全面提高会计综合职业技能。

第一节　会计基础综合实训概述

一、模拟实训企业简介

（一）概况

综合实训的会计主体为兴业纺织品有限公司。该公司是以生产棉麻制品为主的中型企业，系增值税一般纳税人，增值税率17%，所得税率25%。该公司于201×年1月1日注册成立，注册资本为349万元，均为大连华达公司投资。

（二）基本资料

企业名称：兴业纺织品有限公司。

经营地址：锦州市解放中路86号。

经营范围：亚麻产品、纯棉产品。

纳税人登记号：210757786445878。

开户行及账号：工商银行上海路支行。

账号：02014574061459。

预留银行印鉴：

（三）相关岗位人员情况

法人代表：唐天浩。

会计主管：王一诺，负责登记总账、编制会计报表和财务科全面工作。

会计：李婉，负责编制记账凭证等工作。

会计：张枫林，负责对记账凭证进行审核、登记各种明细账。

出纳：刘珊，负责出纳业务工作。

二、会计基础综合实训操作程序

1. 实训从兴业纺织品有限公司筹集资金成立起开始核算，各个账户的期初余额为零。

2. 取得、填制和审核原始凭证。兴业纺织品有限公司201×年1月份发生的经济业务已填制或取得了原始凭证。在实训过程中应学会对原始凭证进行识别、审核，并学会依据所给定的原始凭证对经济业务进行描述。

3. 填制记账凭证。本实训按照兴业纺织品有限公司资金周转运动过程，分为五个部分：（1）筹集资金业务实训；（2）供应过程业务实训；（3）生产过程业务实训；（4）销售过程业务实训；（5）利润形成过程业务实训。在每一过程的实训中，按照经济业务发生的时间顺序排序，但各过程实训业务在时间上有交叉。为使初学者能够更好地把握实训，记账凭证的编号已经编好。

要求实训者运用所学的会计原理编制记账凭证，把相关的原始凭证附在记账凭证后，按编号顺序整理装订。

4. 登记账簿。根据审核无误的记账凭证登记日记账、明细分类账和总分类账。本实训采用科目汇总表账务处理程序登记总分类账。

5. 进行试算平衡。

6. 对账。要进行账证核对，即记账凭证与账簿记录核对相符；进行账账核对，即日记账、明细账和总账核对相符。

7. 结账。月末时，将各种有余额的账户结算出余额，无余额的结平。

8. 编制会计报表。要求根据有关账簿记录编制资产负债表和利润表。

会计实训操作流程见图 10 - 1。

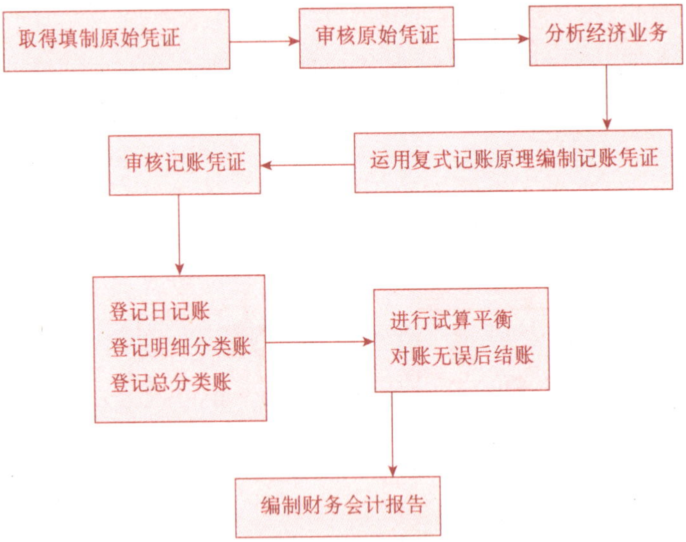

图 10 - 1　会计实训操作流程

第二节　会计基础综合实训业务（一）

实训目的：

1. 通过实训，学会辨识原始凭证，解读原始凭证所反映的经济业务活动，并对其进行描述。

2. 通过实训，掌握依据审核的原始凭证编制记账凭证。

实训要求：

1. 按照正确规范的要求填制记账凭证。

2. 全部记账凭证编制完成后，将原始凭证附在所编制的记账凭证后面，并按照给定的凭证编号顺序对会计凭证进行整理。

实训资料：

本节实训共分为五个部分：即筹集资金业务实训、供应过程业务实训、生产过程业务实训、销售过程业务实训、利润形成过程业务实训。

第一部分　筹集资金业务实训

实训 1

1. 原始凭证见表 10 - 1、表 10 - 2。

表 10－1　　**中国工商银行　进账单**（收账通知）　3

201×年 1 月 1 日

收款人	全　称	兴业纺织品有限公司	付款人	全　称	大连华达实业有限公司										
	账　号	02014574061459		账　号	2013336888521										
	开户银行	工商银行上海路支行		开户银行	工行西海路支行										
金额	人民币（大写）叁佰肆拾玖万元整			亿	千	百	十	万	千	百	十	元	角	分	
					¥	3	4	9	0	0	0	0	0	0	
票据种类	转账支票														
票据张数	1														
复核：王同　记账：李晓一				中国工商银行 上海路支行 201×.01.01 转讫　开户银行盖章											

表 10－2　　**收　款　收　据**　　NO：0355351

收款日期 201× 年 1 月 1 日

付款单位	大连华达实业有限公司	收款单位	兴业纺织品有限公司											收款项目	
人民币（大写）	叁佰肆拾玖万元整		千	百	十	万	千	百	十	元	角	分		结算方式	
			¥	3	4	9	0	0	0	0	0	0		转账	
收款事由	投资		经办	部门											
				人员											
上述款项照数收讫无误。收款单位财务专用章：（兴业纺织品有限公司 财务专用章）			会计主管		稽核			出纳			交款人				
			王一诺					李珊							

第二联　收款单位记账依据

2. 经济业务描述：____

____

3. 填制记账凭证（表 10－3）。

表 10－3　　**通 用 记 账 凭 证**

年　　月　　日　　　　凭证编号：1

摘　要	会计科目		借方金额										贷方金额										记账符号
	总账科目	明细科目	千	百	十	万	千	百	十	元	角	分	千	百	十	万	千	百	十	元	角	分	
附单据　张		合计：																					

会计主管：王一诺　记账：张枫林　稽核：张枫林　制单：　出纳：刘珊　交款人：

实训 2

1. 原始凭证见表 10－4。

表 10－4 **业 务 收 费 单**

锦州银行 201×年 1 月 3 日

户名	兴业纺织品有限公司	账号	02014574061459
业务种类	□现金支票 □转账支票 □电汇 □汇票委托书 □银行承兑商业汇票 □贷款承诺 □查询查复 □保函 □企业验资 □其他		

业务种类	笔数	工本费	邮电费	手续费	起止号码	金额 千	百	十	万	千	百	十	元	角	分
转账支票	1	15.00		5.00								2	0	0	0
现金支票	1	15.00		5.00								2	0	0	0
合计金额（大写）	肆拾元整										¥	4	0	0	0
客户预留印鉴：兴业纺织品有限公司 财务专用章；唐浩天印						银行业务签章：中国工商银行上海路支行 201×.01.03 转讫 复核员： 记账员： 验印：									

第五联 回单

2. 经济业务描述：____

____

3. 填制记账凭证（表 10－5）。

表 10－5 **通 用 记 账 凭 证**

年 月 日 凭证编号：2

摘要	会计科目 总账科目	明细科目	借方金额 千	百	十	万	千	百	十	元	角	分	贷方金额 千	百	十	万	千	百	十	元	角	分	记账符号
附单据 张		合计：																					

会计主管：王一诺 记账：张枫林 稽核：张枫林 制单： 出纳：刘珊 交款人：

实训 3

1. 原始凭证见表 10－6、表 10－7 和图 10－2。

表 10－6

吉林省增值税专用发票

1125532145

No00625879

发 票 联

开票日期：201×年1月9日

国税函［2003］102号海南华森实业公司

购货单位	名称	兴业纺织品有限公司			密码区	6＋－〈2〉6〉589＋256＋/＊加密版本 01446〈600375〈35〉〈4/＊1125532145 2－2〈2051＋24＋2618〈700625879/3－15〉〉09/5/－1〉〉〉＋2		
	纳税人识别号	210757786445878						
	地址	解放中路86号工商银行上海路支行						
	开户行及账号	0801457406I459						
货物应税劳务名称		规格型号	单位	数量	单价	金额	税率	税额
设备		XS366	套	1	800000	800000	17%	136000
合计						￥800 000		￥136 000
价税合计（大写）		人民币玖拾叁万陆仟元整						￥936 000.00
销货单位	名称：	长春机械设备有限公司			备注	长春机械设备有限公司 220502002232545 发票专用章		
	纳税人识别号：	220502002232545						
	地址：	西园街26号						
	开户行及账号：	工行西园分行 25102662203589						

收款人：王池　　复核：郑同　　开票人：王志飞　　销货单位：（章）

表 10－7

固定资产验收交接单

201×年1月9日

资产编号	资产名称	计量单位	发票价格	其他费用	合计	
0101	XDRⅣ型纺织设备	套	936 000.00		936 000.00	
资金来源	自有		使用年限	10年	附属设备	
制造厂家	长春机械设备有限公司		估计残值	6 000.00		
制造日期及编号	201×年1月		折旧率	0.83%		
使用部门	一车间		系数			

验收人：王显玉

中国工商银行
转账支票存根
NO. 01833951
附加信息
出票日期 201□年1月9日
收款人：长春机械设备有限公司
金 额：￥936 000.00
用 途：设备款
单位主管： 会计：

图 10－2

2. 经济业务描述：____

____

3. 填制记账凭证（表 10－8）

表 10－8

通 用 记 账 凭 证

年　　月　　日

凭证编号：3

摘要	会计科目		借方金额										贷方金额										记账符号
	总账科目	明细科目	千	百	十	万	千	百	十	元	角	分	千	百	十	万	千	百	十	元	角	分	
附单据　　张		合计：																					

会计主管：王一诺　记账：张枫林　稽核：张枫林　制单：　出纳：刘珊　交款人：

实训 4

1. 原始凭证见表 10－9。

表 10－9

借款借据（入账通知）　**1**

201×年 1 月 10 日

收款人	全称	兴业纺织品有限公司	付款人	全称	工商银行上海路支行										
	账号	02014574061459		账号	02014574061459										
	开户银行	工商银行上海路支行		开户银行	工行上海路支行										
金额	人民币（大写）捌拾万元整			亿	千	百	十	万	千	百	十	元	角	分	
						¥	8	0	0	0	0	0	0	0	
借款原因	基建		上列款项已转入你单位结算账户内，借款到期由我行按期自你单位结算转还。 借款单位：兴业纺织品有限公司 中国工商银行 上海路支行 201×.01.10 转讫 （银行盖章）												
借款期限	24 个月														
备注：年利率 5%															

此联是开户银行交给持（出）票人的回单

2. 经济业务描述：____

____

3. 填制记账凭证（表 10－10）。

表 10－10 **通用记账凭证**

年 月 日 凭证编号：4

摘要	会计科目		借方金额										贷方金额										记账符号
	总账科目	明细科目	千	百	十	万	千	百	十	元	角	分	千	百	十	万	千	百	十	元	角	分	
附单据 张		合计：																					

会计主管：王一诺 记账：张枫林 稽核：张枫林 制单： 出纳：刘珊 交款人：

实训 5

1. 原始凭证见表 10－11。

表 10－11 **中国工商银行借款凭证** （代回单）

201×年 1 月 11 日

<table>
<tr><td rowspan="3">收款人</td><td>全　称</td><td colspan="2">兴业纺织品有限公司</td><td rowspan="3">付款人</td><td>全　称</td><td colspan="11">工商银行上海路支行</td></tr>
<tr><td>账　号</td><td colspan="2">02014574061459</td><td>账　号</td><td colspan="11">02014574061459</td></tr>
<tr><td>开户银行</td><td colspan="2">工商银行上海路支行</td><td>开户银行</td><td colspan="11">工行上海路支行</td></tr>
<tr><td rowspan="2">金额</td><td colspan="5" rowspan="2">人民币（大写）壹拾万元整</td><td>亿</td><td>千</td><td>百</td><td>十</td><td>万</td><td>千</td><td>百</td><td>十</td><td>元</td><td>角</td><td>分</td></tr>
<tr><td></td><td></td><td>¥</td><td>1</td><td>0</td><td>0</td><td>0</td><td>0</td><td>0</td><td>0</td><td>0</td></tr>
<tr><td>借款原因</td><td colspan="3">生产周转借款</td><td colspan="13" rowspan="3">上列款项已转入你单位结算账户内，借款到期由我行按期自你单位结算转还。
（中国工商银行 上海路支行 201×.01.11 转讫）
借款单位：兴业纺织品有限公司
（银行盖章）</td></tr>
<tr><td>借款期限</td><td colspan="3">6 个月</td></tr>
<tr><td colspan="4">备注：年利率 3.5%</td></tr>
</table>

此联是开户银行交给持（出）票人的回单

2. 经济业务描述：________________

3. 填制记账凭证（表 10－12）。

表 10－12 **通用记账凭证**

年 月 日 凭证编号：5

摘要	会计科目		借方金额										贷方金额										记账符号
	总账科目	明细科目	千	百	十	万	千	百	十	元	角	分	千	百	十	万	千	百	十	元	角	分	
附单据 张		合计：																					

会计主管：王一诺 记账：张枫林 稽核：张枫林 制单： 出纳：刘珊 交款人：

第二部分 供应过程业务实训

实训 6

1. 原始凭证见表 10－13 至表 10－16。

表 10－13

辽宁省增值税专用发票

发 票 联

2100033140　　　　　　　　　　　　　　　　　　　　　　　　　　　　No00661136

开票日期：201×年 1 月 12 日

国税函[2003]102号海南华森实业公司

购货单位	名称	兴业纺织品有限公司		密码区	6＋－〈2〉6〉589＋256＋/ ＊ 加密版本 01446〈600375〈35〉〈4/ ＊ 2100033140 2－2〈2051＋24＋2618〈700661136/3－15〉〉09/5/－1〉〉〉＋2		
	纳税人识别号	210757786445878					
	地址	解放中路 86 号					
	开户行及账号	工商银行上海路支行 0201457406l459					
货物应税劳务名称	规格型号	单位	数量	单价	金额	税率	税额
亚麻纱线	24N	吨	2.4	50 000	120 000	17%	20 400
合计					120 000		20 400
价税合计（大写）	人民币壹拾肆万零肆佰元整				¥140 400.00		
销货单位	名称：	辽宁四海有限责任公司		备注	辽宁四海有限责任公司 210602002234678 发票专用章		
	纳税人识别号：	210602002234678					
	地址：	解放街 206 号 0136—3133666					
	开户行及账号：	工行南海分行 30100112200088					

收款人：张林　　　复核：孟飞　　　开票人：郑少春　　　销货单位：（章）

表 10－14

公路、内河货物运输业统一发票

发 票 联

202140910604

开票日期：201×年 1 月 12 日　　　　　　　　　　　　　　　　　　　　07280012

机打代码 机打号码 机器编号	略	税控码	略
收货人及纳税人识别码	兴业纺织品有限公司 210757786445878	承运人及纳税人识别码	铁岭货运公司 0021147856852
发货人及纳税人识别码	辽宁四海有限责任公司 210602002234678	主管税务机关及代码	锦州凌河区地税局 082846
运输项目及金额	货物名称 亚麻纱线 数/重量 2.4T 单位运价 2 000.00 计费金额 4 800.00 （铁岭货运公司 财务专用章）	其他项目及金额	装卸费 ¥0 仓储费 ¥0 保险费 ¥0 印花税 ¥0 其他 ¥0 备注：起运地：铁岭 到达地：锦州
运费小计	¥4 800.00	其他费用小计	¥0
合计（大写）	肆仟捌佰元整	（小写）	¥4 800.00

第一联 发票联 付款方记账凭证

承运人盖章：　　　　　　　　　　开票人：张同

表 10－15 　　　　　　　　　　**收　料　单**

供货单位：辽宁四海

发票号码：No00661136　　　　　201×年 1 月 12 日　　　　　收货仓库：1 号库

材料类别	材料编号	材料名称及规格	计量单位	数量		实际成本（元）			
				应收	实收	买价		运杂费	合计
						单价	金额		
亚麻	002	纱线 24N	吨	2.4	2.4	50 000.00	120 000.00	4 800.00	124 800.00
合计							120 000.00	4 800.00	124 800.00

仓库负责人：于洪　　记账：单冬冬　　仓库保管员：王景　　收料：王丹青

表 10－16 　　中国工商银行　　电汇凭证　（回单）　1

□普通　□加急　　　　委托日期　201×年 1 月 12 日

汇款人	全　称	兴业纺织品有限公司	收款人	全　称	辽宁四海有限责任公司
	账　号	02014574061459		账　号	30100112200088
	汇出地点	辽宁省锦州市		汇入地点	辽宁省铁岭市
汇出行名称		工商银行上海路支行	汇入行名称		工行南海分行
金额	人民币（大写）	壹拾肆万伍仟贰佰元整		千百万十万千百十元角分	¥ 1 4 5 2 0 0 0 0
汇出行签章		中国工商银行 上海路支行 201×.01.11 转讫	附加信息及用途： 复核　记账		

此联汇出行给汇款人的回单

2. 经济业务描述：____

____

3. 填制记账凭证（表 10－17）。

表 10－17 　　　　　　**通用记账凭证**

年　月　日　　　　　　　　　　凭证编号：6

摘　要	会计科目		借方金额										贷方金额										记账符号
	总账科目	明细科目	千	百	十	万	千	百	十	元	角	分	千	百	十	万	千	百	十	元	角	分	
附单据　张		合计：																					

会计主管：王一诺　记账：张枫林　稽核：张枫林　制单：　出纳：刘珊　交款人：

实训 7（暂不考虑运费的增值税抵扣）

1. 原始凭证见图 10－3，表 10－18、表 10－19。

中国工商银行

转账支票存根

NO. 01833952

附加信息

出票日期　201×年1月13日

收款人：	四平正宇公司
金　额：	￥21 520.00
用　途：	材料款

单位主管：　　会计：王一诺

兴业纺织品 财务

图 10－3

表 10－18　　**吉林省增值税专用发票**　　07060489

37008931632　　发　票　联　　开票日期：201×年1月13日

购货单位	名称	兴业纺织品有限公司	密码区：6＋－〈2〉6〉589＋256＋/＊加密版本 01446〈600375〈35〉〈4/＊37008931632 2－2〈2051＋24＋2618〈707060489/3－15〉〉09/5/－1〉〉〉＋2
	纳税人识别号	210757786445878	
	地址	解放中路86号	
	开户行及账号	工商银行上海路支行 0804567406459	

货物应税劳务名称	规格型号	单位	数量	单价	金额	税率	税额
打成麻	24N	吨	1	16 000	16 000	17%	2 720
合计					￥16 000		￥2 720
价税合计（大写）	人民币壹万捌仟柒佰贰拾元整						￥18 720.00

销货单位	名　　称：	四平正宇公司	备注
	纳税人识别号：	370856852173889	
	地　址：	吉林省四平市福州路8号　85247368	
	开户行及账号：	建行福州路支行　560123512985	

四平正宇公司 370856852173889 发票专用章

国税函[2003]102号海南华森实业公司

表 10－19 公路、内河货物运输业统一发票

发 票 联

200360910654

开票日期：201×年1月13日 01280098

机打代码 机打号码 机器编号	略	税控码	略
收货人及 纳税人识别码	兴业纺织品有限公司 210757786445878	承运人及 纳税人识别码	四平货运公司 130211786985 4
发货人及 纳税人识别码	四平正宇公司 370856852173889	主管税务机关 及代码	锦州凌河区地税局 082846
运输项目及金额	货物名称 打麻线 数/重量 1T 单位运价 2 800.00 计费金额 2 800.00	其他项目及金额	装卸费 ¥0 仓储费 ¥0 保险费 ¥0 印花税 ¥0 其他 ¥0 备注： 起运地：铁岭 到达地：锦州
运费小计	¥2 800.00	其他费用小计	¥0
合计（大写）	贰仟捌佰元整	（小写）	¥2 800.00

承运人盖章： 开票人：张同

（印章：四平货运公司 财务专用章）

第一联 发票联 付款方记账凭证

2. 经济业务描述：________________

3. 填制记账凭证（表 10－20）。

表 10－20 通用记账凭证

年 月 日 凭证编号：7

摘要	会计科目		借方金额										贷方金额										记账符号
	总账科目	明细科目	千	百	十	万	千	百	十	元	角	分	千	百	十	万	千	百	十	元	角	分	
附单据 张		合计：																					

会计主管：王一诺 记账：张枫林 稽核：张枫林 制单： 出纳：刘珊 交款人：

实训 8

1. 原始凭证见表 10－21。

表 10－21 收　料　单

供货单位：四平正宇

发票号码：No00661136　　201×年1月20日　　收货仓库：1号库

材料类别	材料编号	材料名称及规格	计量单位	数量		实际成本（元）			
				应收	实收	买价		运杂费	合计
						单价	金额		
亚麻	003	打成麻 24N	吨	1	1	16 000.00	16 000.00	2 800.00	18 800.00
合计							16 000.00	2 800.00	18 800.00

仓库负责人：于洪　　记账：李婉　　仓库保管员：王景　　收料：王丹青

2. 经济业务描述：______________________________

3. 填制记账凭证（表 10－22）。

表 10－22 通用记账凭证

年　月　日　　凭证编号：13

摘要	会计科目		借方金额										贷方金额										记账符号
	总账科目	明细科目	千	百	十	万	千	百	十	元	角	分	千	百	十	万	千	百	十	元	角	分	
附单据　张		合计：																					

会计主管：王一诺　　记账：张枫林　　稽核：张枫林　　制单：　　出纳：刘珊　　交款人：

第三部分　生产过程业务实训

实训 9

1. 原始凭证见表 10－23。

表 10－23 领　料　单

领料单位：一车间

用途：生产产品　　201×年1月13日　　发料仓库：1号库

材料名称	材料编号	规格	计量单位	数量		单位成本	金额	备注
				请领	实发			
亚麻	002	纱线 24N	吨	2	2	52 000.00	104 000.00	

发料人：王景　　领料单位负责人：李晶　　领料人：刘海

2. 经济业务描述：____

____

3. 填制记账凭证（表10－24）。

表10－24

通用记账凭证

年　月　日　　　　凭证编号：8

摘要	会计科目		借方金额										贷方金额										记账符号
	总账科目	明细科目	千	百	十	万	千	百	十	元	角	分	千	百	十	万	千	百	十	元	角	分	
附单据　张		合计：																					

会计主管：王一诺　记账：张枫林　稽核：张枫林　制单：　出纳：刘珊　交款人：

实训10

1. 原始凭证见图10－4。

中国工商银行
现金支票存根
NO. 01634851
附加信息
出票日期　201×年1月13日
收款人：兴业纺织品有限公司
金　额：￥3 000.00
用　途：备用
单位主管：　会计：王一诺

图10－4

2. 经济业务描述：____

____

3. 填制记账凭证（表10－25）。

表 10－25　　　　　　　　　　**通用记账凭证**

年　　月　　日　　　　　　　　　　　　凭证编号：9

摘要	会计科目		借方金额										贷方金额										记账符号
	总账科目	明细科目	千	百	十	万	千	百	十	元	角	分	千	百	十	万	千	百	十	元	角	分	
附单据　　张		合计：																					

会计主管：王一诺　　记账：张枫林　　稽核：张枫林　　制单：　　出纳：刘珊　　交款人：

实训 11

1. 原始凭证见图 10－5。

辽宁省锦州市商业货物销售剪贴发票

发票联　　　　　　　　　　204160920621

单位（人）：兴业纺织品有限公司　　　　201×年 1 月 13 日　　　　锦国税（09）17 号

货名及规格	单位	数量	单价	金额	备注
碳素笔	盒	10	12.00	120.00	本发票联大写金额与剪贴券剪留金额相符（十元以下部分除外），否则无效。
计算器	个	3	88.00	264.00	
合计金额	叁佰捌拾肆元整			￥:384.00	
结算方式	现金	开户银行及账号 现金收讫			

销货单位：（盖章有效）　　　收款人：王宁　　　开票人：李承

（印章：锦州中百商厦）

无剪贴券无效

锦州中百商厦
锦州中央大街3段1号　　电话2666632

8	7	6	5	4	3	2	1	0	十元

3	2	1	0	百元

0	千元

图 10－5　剪贴发票

2. 经济业务描述：____

____

3. 填制记账凭证（表 10－26）。

表 10－26

通用记账凭证

年 月 日

凭证编号：10

摘要	会计科目		借方金额										贷方金额										记账符号
	总账科目	明细科目	千	百	十	万	千	百	十	元	角	分	千	百	十	万	千	百	十	元	角	分	
附单据 张		合计：																					

会计主管：王一诺　　记账：张枫林　　稽核：张枫林　　制单：　　出纳：刘珊　　交款人：

实训 12

1. 原始凭证见表 10－27。

表 10－27

借　款　单

201×年 1 月 14 日

部门	供应科		借款事由	采购材料	
借款金额	金额（大写）捌佰元整　¥800.00				
领导签字	唐天浩	财务主管	王一诺	借款人	刘利

记账联

2. 经济业务描述：____

3. 填制记账凭证（表 10－28）。

表 10－28

通用记账凭证

年 月 日

凭证编号：11

摘要	会计科目		借方金额										贷方金额										记账符号
	总账科目	明细科目	千	百	十	万	千	百	十	元	角	分	千	百	十	万	千	百	十	元	角	分	
附单据 张		合计：																					

会计主管：王一诺　　记账：张枫林　　稽核：张枫林　　制单：　　出纳：刘珊　　交款人：

实训 13

1. 原始凭证见表 10－29、表 10－30。

表 10－29

差旅费报销单

部门：　　　　　　填报日期　201×年 1 月 17 日

姓名	刘利					出差事由		采购材料					出差日期	自 1×年 1 月 14 日 至 1×年 1 月 17 日 共 4 天				
起讫时间及地点						车船费		夜间乘车补助费			出差补助费			住宿费			其他	
月	日	起	月	日	讫	类别	金额	时间	标准	金额	日数	标准	金额	日数	标准	金额	摘要	金额
1	14		10	14			195	小时			4	15	60	3	45	135		
1	17		10	17			195	小时										
								小时										
								小时										
								小时										
								小时										
小计							390						60			135		
共计金额（大写）	人民币伍佰捌拾伍元整										预支 800 核销 585 退 215							

附单据共叁张

主管：王一诺　　　部门：供应科　　　审核：张枫林　　　填报人：刘利

表 10－30

借　款　单

201×年 1 月 14 日

部门	供应科		借款事由		采购材料
借款金额	金额（大写）捌佰元整　　¥800.00				
领导签字	唐天浩	财务主管	王一诺	借款人	刘利

结算联

2. 经济业务描述：____

____

3. 填制记账凭证（表 10－31）。

表 10－31

通 用 记 账 凭 证

年　　月　　日　　　　　　　　凭证编号：12

摘要	会计科目		借方金额										贷方金额										记账符号
	总账科目	明细科目	千	百	十	万	千	百	十	元	角	分	千	百	十	万	千	百	十	元	角	分	
附单据　张		合计：																					

会计主管：王一诺　　记账：张枫林　　稽核：张枫林　　制单：　　出纳：刘珊　　交款人：

实训 14

1. 原始凭证见图 10－6、表 10－32。

中国工商银行

转账支票存根

NO. 01833954

附加信息

出票日期 201×年1月21日

收款人：	锦州自来水公司
金　额：	¥6 500.00
用　途：	水费

单位主管：　　会计：王一诺

（印章：兴业纺织品……财务专……）

图 10－6

表 10－32

锦州市自来水总公司单位水费发票

发票联

121070958585

00525822

201×年1月21日　　锦国税（09）98

用户名称	兴业纺织品有限公司				编号	1789	
用水类型	本月指示数	用水量	单价	金额	排污费	滞纳金	金额
生产用水		1 600T	3.50	5 600.00			
管理用水		300T	3.00	900.00			
金额合计（大写）	陆仟伍佰元整					（小写）¥6 500.00	
供水单位名称	锦州自来水公司			纳税人识别号		10035256897	

（印章：锦州自来水公司 财务专用章）

供水单位　　章　　　　开票人：王月　　　　收款人：李志

2. 经济业务描述：____

3. 填制记账凭证（表 10－33）。

表 10－33

通用记账凭证

年　　月　　日　　　　凭证编号：14

摘要	会计科目		借方金额										贷方金额										记账符号
	总账科目	明细科目	千	百	十	万	千	百	十	元	角	分	千	百	十	万	千	百	十	元	角	分	
附单据　张		合计：																					

会计主管：王一诺　　记账：张枫林　　稽核：张枫林　　制单：　　出纳：刘珊　　交款人：

实训 15

1. 原始凭证见表 10－34、表 10－35、图 10－7。

表 10－34　　　　辽宁省电力有限公司锦州供电公司电费发票　　　　121070855699

发　票　联　　　　00026952

开票日期：201×年 1 月 22 日　　　　锦国税（09）76 号

缴费号	Y001　　0189745623					
客户名称	兴业纺织品有限公司					
地址	锦州市解放中路 86 号					
局号	上期示度	本期示度	倍率	单价	电量 KW.H	金额（元）
21075698	120.60	12 659.60		0.80	12 539	10 031.20
金额	人民币（大写）壹万零叁拾壹元贰角整					¥10 031.20

收费单位：　　收费员：　　账号：　　开户行：　　（手写无效）

表 10－35　　　　电费分配表

201×年 1 月 22 日

使用部门	用电度数	单价	分配金额
生产部门	10 539	0.80	8 431.20
管理部门	2 000	0.80	1 600.00
合计	12 539		10 031.20

会计主管：王一诺　　稽核：张枫林　　制单：

中国工商银行
转账支票存根

NO. 01833955
附加信息

出票日期　201×年1月22日

收款人：	锦州电业局
金　额：	¥10 031.20
用　途：	电费

单位主管：王一诺　　会计：

图 10－7

2. 经济业务描述：________________

3. 填制记账凭证（表10－36）。

表10－36

通用记账凭证

年　月　日

凭证编号：15

摘要	会计科目		借方金额										贷方金额										记账符号
	总账科目	明细科目	千	百	十	万	千	百	十	元	角	分	千	百	十	万	千	百	十	元	角	分	
附单据　张		合计：																					

会计主管：王一诺　记账：张枫林　稽核：张枫林　制单：　出纳：刘珊　交款人：

实训16

1. 原始凭证见图10－8、表10－37。

中国工商银行

转账支票存根

NO. 01833953

附加信息

出票日期　201×年1月30日

收款人：兴业纺织公司

金　额：￥140 000.00

用　途：发放工资

单位主管：　会计：王一诺

（印章：兴业纺织公司 财务专用章）

图10－8

表 10－37

工资结算汇总表

201×年 1 月 30 日

部门	人员	计时工资	计件工资	工资性津贴	奖金	应扣工资		实发工资
						事假	病假	
生产亚麻产品	王凡		980.00	330	60	20		1 350.00
	李月		820.00	300	50			1 180.00
	张志勇		590	320	60		10	960.00
	…	…	…	…	…	…	…	…
	小计		52 000.00	30 000.00	8 100	60	40	90 000.00
车间管理人员	王孟	4 000.00		350	100			4 450.00
	周兴宇	3 600.00		330	120			4 050.00
	…	…	…	…	…	…	…	…
	小计	11 700.00		4 800.00	1 500.00			18 000.00
行政管理人员	唐天浩	8 000.00		800.00	500.00			9 300.00
	…	…	…	…	…	…	…	…
	小计	23 800.00		4 400.00	3 800.00			32 000.00
合计		31 400.00	60 000	36 100	12 600	60	40	140 000.00

2. 经济业务描述：____

____

3. 填制记账凭证（表 10－38）。

表 10－38

通 用 记 账 凭 证

年　　月　　日

凭证编号：16

摘　要	会计科目		借方金额										贷方金额										记账符号
	总账科目	明细科目	千	百	十	万	千	百	十	元	角	分	千	百	十	万	千	百	十	元	角	分	
附单据　　张		合计：																					

会计主管：王一诺　　记账：张枫林　　稽核：张枫林　　制单：　　出纳：刘珊　　交款人：

实训 17

1. 原始凭证见表 10－39。

表 10－39 **工资费用分配汇总表**

201×年1月31日

车间、部门		应分配金额
生产成本	亚麻产品	90 000.00
制造费用		18 000.00
管理费用		32 000.00
合　计		140 000.00

2. 经济业务描述：____

3. 填制记账凭证（表 10－40）。

表 10－40 **通用记账凭证**

年　　月　　日　　　　　　　　凭证编号：18

摘　要	会计科目		借方金额										贷方金额										记账符号
	总账科目	明细科目	千	百	十	万	千	百	十	元	角	分	千	百	十	万	千	百	十	元	角	分	
附单据　　张		合计：																					

会计主管：王一诺　　记账：张枫林　　稽核：张枫林　　制单：　　出纳：刘珊　　交款人：

实训 18

1. 原始凭证见表 10－41。

表 10－41 **固定资产计提折旧明细表**

201×年1月31日

使用单位	固定资产类别	固定资产原值	月折旧率（%）	月折旧额
车间	房屋	800 000.00	0.4	3 200.00
	机器设备	936 000.00	0.83	7 768.80
	小计	1 936 000.00		10 968.80
厂部	房屋	1 000 000.00	0.2	2 000.00
	机器设备	200 000.00	0.83	1 660.00
	小计	1 200 000.00		3 660.00
合计		3 136 000.00		14 628.80

2. 经济业务描述：____

3. 填制记账凭证（表 10－42）。

表 10－42　　　　通用记账凭证

年　月　日　　　　凭证编号：19

摘要	会计科目		借方金额										贷方金额										记账符号
	总账科目	明细科目	千	百	十	万	千	百	十	元	角	分	千	百	十	万	千	百	十	元	角	分	
附单据　张		合计：																					

会计主管：王一诺　记账：张枫林　稽核：张枫林　制单：　出纳：刘珊　交款人：

实训 19

1. 原始凭证见表 10－43。

表 10－43　　　　制造费用分配表　　　　201×年 1 月 31 日

产品名称	待分配制造费用	分配额
亚麻床品	43 000. 00	43 000. 00

注：制造费用的归集：5 600. 00（车间水费）＋8 431. 20（车间电费）＋18 000（车间管理人员工资）＋10 968. 80（车间固定资产计提的折旧）＝43 000. 00 元

2. 经济业务描述：____

____

3. 填制记账凭证（表 10－44）。

表 10－44　　　　通用记账凭证

年　月　日　　　　凭证编号：20

摘要	会计科目		借方金额										贷方金额										记账符号
	总账科目	明细科目	千	百	十	万	千	百	十	元	角	分	千	百	十	万	千	百	十	元	角	分	
附单据　张		合计：																					

会计主管：王一诺　记账：张枫林　稽核：张枫林　制单：　出纳：刘珊　交款人：

实训 20

1. 原始凭证见表 10－45、表 10－46。

表 10－45

产品成本计算单

201×年1月31日

产品名称	直接材料	直接人工	制造费用	合计
亚麻床品	104 000.00	90 000.00	43 000.00	237 000.00
完工数量	2 000套		单位成本	118.50

会计主管：王一诺　　记账：张枫林　　稽核：张枫林　　制单：

表 10－46

产成品入库单

201×年1月31日

产品名称	规格	单位	单位成本	数量	总成本
亚麻床品	三件 1.8＊2.0	套	118.50	2 000	237 000.00
检验人：徐红				入库人：周晶晶	

会计主管：王一诺　　记账：张枫林　　稽核：张枫林　　制单：

2. 经济业务描述：____

____

3. 填制记账凭证（表 10－47）。

表 10－47

通用记账凭证

年　月　日　　　　凭证编号：21

摘要	会计科目		借方金额										贷方金额										记账符号
	总账科目	明细科目	千	百	十	万	千	百	十	元	角	分	千	百	十	万	千	百	十	元	角	分	
附单据　张		合计：																					

会计主管：王一诺　　记账：张枫林　　稽核：张枫林　　制单：　　出纳：刘珊　　交款人：

第四部分　销售过程业务实训

实训 21

1. 原始凭证见图 10－9、表 10－48。

中国工商银行
转账支票存根

NO. 01833956
附加信息

出票日期　201×年1月30日

收款人：	飞天广告公司
金　额：	¥11 000.00
用　途：	广告费

单位主管：　　会计：

图 10－9

表 10－48　　　　辽宁省锦州市广告业专用发票

发　票　联

发票代码 200123588577

201×年 1 月 30 日　　　　发票号码 04766878

客户名称	兴业纺织品有限公司	地址	建业中路 86 号									
项目	摘要	数量	单价	金额								
				十	万	千	百	十	元	角	分	
广告费		1 项		¥	1	1	0	0	0	0	0	
金额合计（大写）		壹万壹仟元整		¥	1	1	0	0	0	0	0	

广告收费专用章：　　　地址：南山路 99 号　　　制单：周晓

2. 经济业务描述：＿＿＿＿＿＿＿＿＿＿＿＿＿＿＿＿＿＿

3. 填制记账凭证（表 10－49）。

表 10－49　　　　通 用 记 账 凭 证

年　　月　　日　　　　凭证编号：17

摘　要	会计科目		借方金额										贷方金额										记账符号
	总账科目	明细科目	千	百	十	万	千	百	十	元	角	分	千	百	十	万	千	百	十	元	角	分	
附单据　　张		合计：																					

会计主管：王一诺　　记账：张枫林　　稽核：张枫林　　制单：　　出纳：刘珊　　交款人：

实训 22

1. 原始凭证见表 10 – 50、表 10 – 51。

表 10 – 50　　　**21079931410**　　　辽宁增值税专用发票

开票日期：201×年 1 月 30 日　　　记　账　联　　　07050345

国税函[2003]102号海南华森实业公司

购货单位	名称	东林股份有限公司		密码区	6 + – 〈2〉 6〉 589 + 256 + / ＊加密版本			
	纳税人识别号	452670569883654			01446 〈600375 〈35〉〈4/ ＊ 21079931410			
	地址	威海市北京路 28 号 7228706			2 – 2 〈2051 + 24 + 2618 〈707050345/3 –			
	开户行及账号	工商银行北京路支行 96019674			15〉〉 09/5/ – 1〉〉〉 + 2			
货物应税劳务名称		规格型号	单位	数量	单价	金额	税率	税额
亚麻床品		三件 1.8＊20	套	1 000	200	200 000	17%	34 000
合计						¥200 000		¥34 000
价税合计（大写）		人民币贰拾叁万肆仟元整					¥234 000.00	
销货单位	名　　称：	兴业纺织品有限公司			备注	兴业纺织品有限公司 财务专用章		
	纳税人识别号：	210757786445878						
	地　址：	解放中路 86 号						
	开户行及账号：	工商银行上海路支行 02014574061459						

第三联 记账联销货方记账凭证

收款人：刘珊　　复核：李婉　　开票人：　　销货单位：（章）

表 10 – 51　　　中国工商银行　进账单（收账通知）　3

201×年 1 月 30 日

收款人	全　称	兴业纺织品有限公司	付款人	全　称	东林股份有限公司
	账　号	2014574061459		账　号	96019674
	开户银行	工商银行上海路支行		开户银行	工行北京路支行
金额	人民币（大写）贰拾叁万肆仟元整				
票据种类	转账支票				
票据张数	1				
	复核：李婉　记账：张枫林			开户银行盖章	中国工商银行上海路支行 201×.01.30 转讫

亿	千	百	十	万	千	百	十	元	角	分
		¥	2	3	4	0	0	0	0	0

此联是开户银行交给持（出）票人的

2. 经济业务描述：____

____

3. 填制记账凭证（表 10 – 52）。

表 10－52 通用记账凭证

年 月 日 凭证编号：22

摘要	会计科目		借方金额										贷方金额										记账符号
	总账科目	明细科目	千	百	十	万	千	百	十	元	角	分	千	百	十	万	千	百	十	元	角	分	
附单据 张		合计：																					

会计主管：王一诺 记账：张枫林 稽核：张枫林 制单： 出纳：刘珊 交款人：

实训 23

1. 原始凭证见表 10－53。

表 10－53 21076578015 辽宁增值税普通发票

开票日期：201×年1月30日 记 账 联 021045699

国税函[2003]102号海南华森实业公司

购货单位	名称	思雨家纺			密码区	6＋－〈2〉6〉589＋256＋/ ＊加密版本 01446〈600375〈35〉〈4/ ＊21076578015 －2〈2051＋24＋2618〈702104569/3－15〉〉09/5/－1〉〉〉＋2	
	纳税人识别号	210670569225654					
	地址	锦州市上海路8号					
	开户行及账号	工商银行北京路支行 96019674					
货物应税劳务名称		规格型号	单位	数量	单价	金额	税率	税额
亚麻床品		三件 1.8＊20	套	15	199.43	2 991.45	17%	508.55
合计						2 991.45		508.55
价税合计（大写）		人民币叁仟伍佰元整				¥3 500.00		
销货单位	名称：	兴业纺织品有限公司			备注			
	纳税人识别号：	210757786445878						
	地址：	解放中路86号						
	开户行及账号：	工商银行上海路支行 02014574061459						

现金收讫

兴业纺织品有限公司 财务专用章

第三联 记账联销货方记账凭证

收款人：刘珊 复核：李婉 开票人： 销货单位：（章）

2. 经济业务描述：________________

3. 填制记账凭证（表 10－54）。

表 10－54

通 用 记 账 凭 证

年　　月　　日

凭证编号：23

摘　要	会计科目		借方金额										贷方金额										记账符号
	总账科目	明细科目	千	百	十	万	千	百	十	元	角	分	千	百	十	万	千	百	十	元	角	分	
附单据　　张		合计：																					

会计主管：王一诺　　记账：张枫林　　稽核：张枫林　　制单：　　出纳：刘珊　　交款人：

实训 24

1. 原始凭证见表 10－55。

表 10－55　　**中国工商银行　现金缴款单**（回单）　**1**

缴款日期：201×年 1 月 30 日

收款单位	全　　称	兴业纺织品有限公司											
	开户银行	工商银行上海路支行	账号	02014574061459									
款项来源	小额收款	交款单位											
人民币 （大写）：叁仟伍佰元整			千	百	十	万	千	百	十	元	角	分	
						¥	3	5	0	0	0	0	
备注： 交款单位签章			收款：　　复核： 中国工商银行 上海路支行 201×.01.30 转讫										

此联是开户银行交给持（出）票人的回单

2. 经济业务描述：________________________________

3. 填制记账凭证（表 10－56）。

表 10－56

通 用 记 账 凭 证

年　　月　　日

凭证编号：24

摘　要	会计科目		借方金额										贷方金额										记账符号
	总账科目	明细科目	千	百	十	万	千	百	十	元	角	分	千	百	十	万	千	百	十	元	角	分	
附单据　　张		合计：																					

会计主管：王一诺　　记账：张枫林　　稽核：张枫林　　制单：　　出纳：刘珊　　交款人：

实训 25

1. 原始凭证见表 10－57、表 10－58。

表 10－57 **产品出库单**

201×年 1 月 31 日

产品名称	规　格	单　位	单位成本	数　量	总成本
亚麻床品	三件 1.8×2.0	套	118.50	1 000	118 500.00

检验人：徐红　　出库人：周晶晶

会计主管：王一诺　　记账：张枫林　　稽核：张枫林　　制单：

表 10－58 **产品出库单**

201×年 1 月 31 日

产品名称	规　格	单　位	单位成本	数　量	总成本
亚麻床品	三件 1.8×2.0	套	118.50	15	1 777.50

检验人：徐红　　出库人：周晶晶

会计主管：王一诺　　记账：张枫林　　稽核：张枫林　　制单：

2. 经济业务描述：____

____

3. 填制记账凭证（表 10－59）。

表 10－59 **通用记账凭证**

年　　月　　日　　凭证编号：25

摘　要	会计科目		借方金额										贷方金额										记账符号
	总账科目	明细科目	千	百	十	万	千	百	十	元	角	分	千	百	十	万	千	百	十	元	角	分	
附单据　　张		合计：																					

会计主管：王一诺　　记账：张枫林　　稽核：张枫林　　制单：　　出纳：刘珊　　交款人：

实训 26

1. 原始凭证见表 10－60、表 10－61。

表 10－60 **应交增值税计算表**

201×年 1 月 31 日

项目	当期销项税额	当期进项税额	当期进项税额转出	当期应交增值税
金额	34 508.55	23 120.00	0	11 388.55

会计主管：王一诺　　记账：张枫林　　稽核：张枫林　　制单：

表 10－61 **应交城市维护建设税和教育费附加计算表**

201×年 1 月 31 日

税目	当期应交增值税	税率	应缴税额
城市维护建设税	11 388.55	7%	797.20
教育费附加	11 388.55	3%	341.66
合计			1 138.86

会计主管：王一诺　　记账：张枫林　　稽核：张枫林　　制单：

2. 经济业务描述：________________________________

____

3. 填制记账凭证（表 10－62）。

表 10－62 **通用记账凭证**

年　月　日　　　　凭证编号：26

摘要	会计科目		借方金额										贷方金额										记账符号
	总账科目	明细科目	千	百	十	万	千	百	十	元	角	分	千	百	十	万	千	百	十	元	角	分	
附单据　张		合计：																					

会计主管：王一诺　　记账：张枫林　　稽核：张枫林　　制单：　　出纳：刘珊　　交款人：

实训 27

1. 原始凭证见表 10－63、表 10－64。

表 10－63 **中华人民共和国**

税收电子转账专用完税证

2010（辽）　国

填发日期：201×年 1 月 31 日　　国电转完 01532586

纳税人代码	372257786445878			征收机关	凌河区国税局		
纳税人名称	兴业纺织品有限公司			收款银行	工商银行上海路支行		
税种	品目名称	税款所属时期		计税金额或销售收入	税率或单位税额	已缴或扣除额	实缴金额
增值税		201×.1.1－201×.1.31		66 991.47	17%		11 388.55
金额合计	（大写）壹万壹仟叁佰捌拾捌元伍角伍分						
税务机关（盖章） 国家税务局 征税专用		收款银行（盖章） 中国工商银行 上海路支行 201×.01.30 转讫			填票人 李珊 签章	备注	

此凭证作纳税人完税凭证

电脑打印　手工无效　　　　不得用于收取现金税款

表 10－64

中华人民共和国

税收电子转账专用完税证

2010（辽） 地

填发日期：201×年 1 月 31 日　　　　地电转完 01549863

纳税人代码	372257786445878			征收机关	凌河区地方税务局	
纳税人名称	兴业纺织品有限公司			收款银行	工商银行上海路支行	
税　　种	品目名称	税款所属时期	计税金额或销售收入	税率或单位税额	已缴或扣除额	实缴金额
城市维护建设税 教育费附加 合计		201×.1.1－201×.1.31 201×.1.1－201×.1.31	11 388.55	7% 3%		797.20 341.66 1 138.86
金额合计	（大写）壹仟壹佰叁拾捌元捌角陆分					
税务机关（盖章） 锦州地方税务局 征税专用章	中国工商银行 上海路支行 201×.01.30 收款银行（盖章） 讫			填票人 李珊 签章	备注	

此凭证作纳税人完税凭证

电脑打印　手工无效　　　　不得用于收取现金税款

2. 经济业务描述：______________________________

3. 填制记账凭证（表 10－65）。

表 10－65

通 用 记 账 凭 证

年　　月　　日　　　　凭证编号：27

摘要	会计科目		借方金额										贷方金额										记账符号
	总账科目	明细科目	千	百	十	万	千	百	十	元	角	分	千	百	十	万	千	百	十	元	角	分	
附单据　张		合计：																					

会计主管：王一诺　记账：张枫林　稽核：张枫林　制单：　出纳：刘珊　交款人：

第五部分　利润形成过程业务实训

实训 28

1 月 31 日，将损益类有关费用账户的余额转入“本年利润”。填制记账凭证（表 10－66、表 10－67）。

表 10－66

通用记账凭证

年　　月　　日

凭证编号：28 1/2

摘要	会计科目		借方金额										贷方金额										记账符号
	总账科目	明细科目	千	百	十	万	千	百	十	元	角	分	千	百	十	万	千	百	十	元	角	分	
附单据　　张		合计：																					

会计主管：王一诺　记账：张枫林　稽核：张枫林　制单：　出纳：刘珊　交款人：

表 10－67

通用记账凭证

年　　月　　日

凭证编号：28 2/2

摘要	会计科目		借方金额										贷方金额										记账符号
	总账科目	明细科目	千	百	十	万	千	百	十	元	角	分	千	百	十	万	千	百	十	元	角	分	
附单据　　张		合计：																					

会计主管：王一诺　记账：张枫林　稽核：张枫林　制单：　出纳：刘珊　交款人：

实训 29

1 月 31 日，将损益类有关收入账户的余额转入“本年利润”。填制记账凭证（表 10－68）。

表 10－68

通用记账凭证

年　　月　　日

凭证编号：29

摘要	会计科目		借方金额										贷方金额										记账符号
	总账科目	明细科目	千	百	十	万	千	百	十	元	角	分	千	百	十	万	千	百	十	元	角	分	
附单据　　张		合计：																					

会计主管：王一诺　记账：张枫林　稽核：张枫林　制单：　出纳：刘珊　交款人：

实训 30

1. 原始凭证见表 10－69。

表 10－69　　所得税计算表

税目	计税金额	税率	应缴税额
所得税	31 406.09	25%	7 851.52

会计主管：王一诺　　记账：张枫林　　稽核：张枫林　　制单：

2. 经济业务描述：____

3. 填制记账凭证（表 10－70）。

表 10－70　　通用记账凭证

年　　月　　日　　　　凭证编号：30

摘要	会计科目		借方金额										贷方金额										记账符号
	总账科目	明细科目	千	百	十	万	千	百	十	元	角	分	千	百	十	万	千	百	十	元	角	分	
附单据　张		合计：																					

会计主管：王一诺　　记账：张枫林　　稽核：张枫林　　制单：　　出纳：刘珊　　交款人：

实训 31

1 月 31 日，将所得税费用转入本年利润账户。填制记账凭证（表 10－71）。

表 10－71　　通用记账凭证

年　　月　　日　　　　凭证编号：31

摘要	会计科目		借方金额										贷方金额										记账符号
	总账科目	明细科目	千	百	十	万	千	百	十	元	角	分	千	百	十	万	千	百	十	元	角	分	
附单据　张		合计：																					

会计主管：王一诺　　记账：张枫林　　稽核：张枫林　　制单：　　出纳：刘珊　　交款人：

第三节　会计基础综合实训业务（二）

实训目的：

1. 通过实训，熟悉各种账簿的种类、格式。

2. 掌握依据记账凭证登记日记账、明细分类账和总分类账的方法。

实训要求：

1. 按照正确规范的要求登记账簿。
2. 账簿登记完成后要进行试算平衡，核对账目，做到账账相符。

实训资料：

本节实训共分为三个部分：登记日记账实训、登记明细分类账实训和登记总账实训。

本实训登记总账采用科目汇总表账务处理程序。

第一部分　登记日记账实训

1. 依据凭证编号为 9～12、23、24 的记账凭证登记库存现金日记账（表 10－72）。

表 10－72　　现 金 日 记 账

201×年		凭证编号	摘要	借方										√	贷方										√	余额									
月	日			千	百	十	万	千	百	十	元	角	分		千	百	十	万	千	百	十	元	角	分		千	百	十	万	千	百	十	元	角	分
1	1		期初余额																														0		

2. 依据凭证编号为 1～9、14～17、22、24、27 的记账凭证登记银行存款日记账（表 10－73）。

表 10－73　　银行存款日记账

201×年		凭证编号	摘要	借方										√	贷方										√	余额									
月	日			千	百	十	万	千	百	十	元	角	分		千	百	十	万	千	百	十	元	角	分		千	百	十	万	千	百	十	元	角	分
1	1		期初余额																														0		

第二部分　登记明细分类账实训

一、三栏式明细分类账

1. 依据 1 号记账凭证登记“实收资本”明细账（表 10－74）。

表 10－74　　　　实收资本　明细分类账

大连华达有限公司

201×年		凭证编号	摘要	借方										贷方										借或贷	余额									
月	日			千	百	十	万	千	百	十	元	角	分	千	百	十	万	千	百	十	元	角	分		千	百	十	万	千	百	十	元	角	分
1	1		期初余额																													0		

2. 依据 5 号记账凭证登记“短期借款”明细账（表 10－75）。

表 10－75　　　　短期借款　明细分类账

名称：工商银行

201×年		凭证编号	摘要	借方										贷方										借或贷	余额									
月	日			千	百	十	万	千	百	十	元	角	分	千	百	十	万	千	百	十	元	角	分		千	百	十	万	千	百	十	元	角	分
1	1		期初余额																													0		

3. 依据 16、18 号记账凭证登记“应付职工薪酬”明细账（表 10－76）。

表 10－76　　　　应付职工薪酬　明细分类账

名称：工资

201×年		凭证编号	摘要	借方										贷方										借或贷	余额									
月	日			千	百	十	万	千	百	十	元	角	分	千	百	十	万	千	百	十	元	角	分		千	百	十	万	千	百	十	元	角	分
1	1		期初余额																													0		

4. 依据 26、27 号记账凭证登记“应交税费——应交城市维护建设税”明细账（表 10－77）。

表 10－77　　　　　　　　**应交税费　明细分类账**

名称：应交城市维护建设税

201×年		凭证编号	摘要	借方										贷方										借或贷	余额									
月	日			千	百	十	万	千	百	十	元	角	分	千	百	十	万	千	百	十	元	角	分		千	百	十	万	千	百	十	元	角	分
1	1		期初余额																													0		

5. 依据 26、27 号记账凭证登记“应交税费——应交教育费附加”明细账（表 10－78）。

表 10－78　　　　　　　　**应交税费　明细分类账**

名称：应交教育费附加

201×年		凭证编号	摘要	借方										贷方										借或贷	余额									
月	日			千	百	十	万	千	百	十	元	角	分	千	百	十	万	千	百	十	元	角	分		千	百	十	万	千	百	十	元	角	分
1	1		期初余额																													0		

6. 依据 4 号记账凭证登记长期借款明细账（表 10－79）。

表 10－79　　　　　　　　**长期借款　明细分类账**

名称：工商银行

201×年		凭证编号	摘要	借方										贷方										借或贷	余额									
月	日			千	百	十	万	千	百	十	元	角	分	千	百	十	万	千	百	十	元	角	分		千	百	十	万	千	百	十	元	角	分
1	1		期初余额																													0		

7. 依据 22、23、29 号记账凭证登记“主营业务收入”明细账（表 10－80）。

表 10－80　　　　　　　　**主营业务收入　明细分类账**

名称：亚麻床品 1.8×1.5

201×年		凭证编号	摘要	借方										贷方										借或贷	余额									
月	日			千	百	十	万	千	百	十	元	角	分	千	百	十	万	千	百	十	元	角	分		千	百	十	万	千	百	十	元	角	分

8. 依据 25、28 号记账凭证登记“主营业务成本”明细账（表 10－81）。

表 10－81 **主营业务成本 明细分类账**

名称：亚麻床品 1.8×1.5

201×年		凭证编号	摘要	借方										贷方										借或贷	余额									
月	日			千	百	十	万	千	百	十	元	角	分	千	百	十	万	千	百	十	元	角	分		千	百	十	万	千	百	十	元	角	分

9. 依据 26、28 号记账凭证登记“营业税金及附加”明细账（表 10－82）。

表 10－82 **营业税金及附加 明细分类账**

201×年		凭证编号	摘要	借方										贷方										借或贷	余额									
月	日			千	百	十	万	千	百	十	元	角	分	千	百	十	万	千	百	十	元	角	分		千	百	十	万	千	百	十	元	角	分

10. 依据 28、29、31 号记账凭证登记“本年利润”明细账（表 10－83）。

表 10－83 **本年利润 明细分类账**

201×年		凭证编号	摘要	借方										贷方										借或贷	余额									
月	日			千	百	十	万	千	百	十	元	角	分	千	百	十	万	千	百	十	元	角	分		千	百	十	万	千	百	十	元	角	分
1	1		期初余额																													0		

11. 依据 30、31 号记账凭证登记“所得税费用”明细账（表 10－84）。

表 10－84 **所得税费用 明细分类账**

201×年		凭证编号	摘要	借方										贷方										借或贷	余额									
月	日			千	百	十	万	千	百	十	元	角	分	千	百	十	万	千	百	十	元	角	分		千	百	十	万	千	百	十	元	角	分

二、数量金额式明细分类账

1. 依据 6、8 号记账凭证登记“原材料——亚麻纱线”明细账（表 10－85）。

表 10－85 **原材料 明细分类账**

名称：亚麻纱线　　编号：002　　规格：24N　　计量单位：吨　　金额：元

201×年		凭证编号	摘要	借方												贷方											余额									
月	日			数量	单价	金额									数量	单价	金额									数量	单价	金额								
						百	十	万	千	百	十	元	角	分			百	十	万	千	百	十	元	角	分			百	十	万	千	百	十	元	角	分
10	8		期初余额																															0		

2. 依据 13 号记账凭证登记“原材料——打成麻”明细账（表 10－86）。

表 10－86 **原材料 明细分类账**

名称：打成麻　　编号：003　　规格：24N　　计量单位：吨

201×年		凭证编号	摘要	借方												贷方											余额									
月	日			数量	单价	金额									数量	单价	金额									数量	单价	金额								
						百	十	万	千	百	十	元	角	分			百	十	万	千	百	十	元	角	分			百	十	万	千	百	十	元	角	分
10	8		期初余额																															0		

3. 依据 21、25 号记账凭证登记“库存商品——亚麻床品”明细账（表 10－87）。

表 10－87 **库存商品 明细分类账**

名称：亚麻床品　　编号：001　　规格：1.8×1.5　　计量单位：套

201×年		凭证编号	摘要	借方												贷方											余额									
月	日			数量	单价	金额									数量	单价	金额									数量	单价	金额								
						百	十	万	千	百	十	元	角	分			百	十	万	千	百	十	元	角	分			百	十	万	千	百	十	元	角	分
10	8		期初余额																															0		

三、多栏式明细分类账

1. 依据 10、12、14、15、18、19、28 号记账凭证登记“管理费用”明细账（表 10－88）。

表 10－88

管理费用 明细分类账

201×年		凭证编号	摘要	借方																																																						贷方									余额								
月	日			办公费									工资福利费									折旧费									水电费									其他									合计																										
				百	十	万	千	百	十	元	角	分	百	十	万	千	百	十	元	角	分	百	十	万	千	百	十	元	角	分	百	十	万	千	百	十	元	角	分	百	十	万	千	百	十	元	角	分	百	十	万	千	百	十	元	角	分	百	十	万	千	百	十	元	角	分	百	十	万	千	百	十	元	角	分

2. 依据 2、28 号记账凭证登记“财务费用”明细账（表 10－89）。

表 10－89

财务费用 明细分类账

201×年		凭证编号	摘要	借方																																																						贷方									余额								
月	日			利息支出									汇兑损失									手续费									…									其他									合计																										
				百	十	万	千	百	十	元	角	分	百	十	万	千	百	十	元	角	分	百	十	万	千	百	十	元	角	分	百	十	万	千	百	十	元	角	分	百	十	万	千	百	十	元	角	分	百	十	万	千	百	十	元	角	分	百	十	万	千	百	十	元	角	分	百	十	万	千	百	十	元	角	分

3. 依据17、28号记账凭证登记“销售费用”明细账（表10－90）。

表10－90

<u>销售费用</u> 明细分类账

<table>
<tr><th colspan="2">201×年</th><th rowspan="3">凭证编号</th><th rowspan="3">摘要</th><th colspan="54">借方</th><th colspan="9" rowspan="2">贷方</th><th colspan="9" rowspan="2">余额</th></tr>
<tr><th rowspan="2">月</th><th rowspan="2">日</th><th colspan="9">工资福利费</th><th colspan="9">折旧费</th><th colspan="9">广告费</th><th colspan="9">…</th><th colspan="9">其他</th><th colspan="9">合计</th></tr>
<tr><th>百</th><th>十</th><th>万</th><th>千</th><th>百</th><th>十</th><th>元</th><th>角</th><th>分</th><th>百</th><th>十</th><th>万</th><th>千</th><th>百</th><th>十</th><th>元</th><th>角</th><th>分</th><th>百</th><th>十</th><th>万</th><th>千</th><th>百</th><th>十</th><th>元</th><th>角</th><th>分</th><th>百</th><th>十</th><th>万</th><th>千</th><th>百</th><th>十</th><th>元</th><th>角</th><th>分</th><th>百</th><th>十</th><th>万</th><th>千</th><th>百</th><th>十</th><th>元</th><th>角</th><th>分</th><th>百</th><th>十</th><th>万</th><th>千</th><th>百</th><th>十</th><th>元</th><th>角</th><th>分</th><th>百</th><th>十</th><th>万</th><th>千</th><th>百</th><th>十</th><th>元</th><th>角</th><th>分</th><th>百</th><th>十</th><th>万</th><th>千</th><th>百</th><th>十</th><th>元</th><th>角</th><th>分</th></tr>
<tr><td></td><td></td><td></td><td></td><td></td><td></td><td></td><td></td><td></td><td></td><td></td><td></td><td></td><td></td><td></td><td></td><td></td><td></td><td></td><td></td><td></td><td></td><td></td><td></td><td></td><td></td><td></td><td></td><td></td><td></td><td></td><td></td><td></td><td></td><td></td><td></td><td></td><td></td><td></td><td></td><td></td><td></td><td></td><td></td><td></td><td></td><td></td><td></td><td></td><td></td><td></td><td></td><td></td><td></td><td></td><td></td><td></td><td></td><td></td><td></td><td></td><td></td><td></td><td></td><td></td><td></td><td></td><td></td><td></td><td></td><td></td><td></td><td></td><td></td><td></td><td></td></tr>
<tr><td></td><td></td><td></td><td></td><td></td><td></td><td></td><td></td><td></td><td></td><td></td><td></td><td></td><td></td><td></td><td></td><td></td><td></td><td></td><td></td><td></td><td></td><td></td><td></td><td></td><td></td><td></td><td></td><td></td><td></td><td></td><td></td><td></td><td></td><td></td><td></td><td></td><td></td><td></td><td></td><td></td><td></td><td></td><td></td><td></td><td></td><td></td><td></td><td></td><td></td><td></td><td></td><td></td><td></td><td></td><td></td><td></td><td></td><td></td><td></td><td></td><td></td><td></td><td></td><td></td><td></td><td></td><td></td><td></td><td></td><td></td><td></td><td></td><td></td><td></td><td></td></tr>
<tr><td></td><td></td><td></td><td></td><td></td><td></td><td></td><td></td><td></td><td></td><td></td><td></td><td></td><td></td><td></td><td></td><td></td><td></td><td></td><td></td><td></td><td></td><td></td><td></td><td></td><td></td><td></td><td></td><td></td><td></td><td></td><td></td><td></td><td></td><td></td><td></td><td></td><td></td><td></td><td></td><td></td><td></td><td></td><td></td><td></td><td></td><td></td><td></td><td></td><td></td><td></td><td></td><td></td><td></td><td></td><td></td><td></td><td></td><td></td><td></td><td></td><td></td><td></td><td></td><td></td><td></td><td></td><td></td><td></td><td></td><td></td><td></td><td></td><td></td><td></td><td></td></tr>
</table>

4. 依据15、16、18、19、20号记账凭证登记“制造费用”明细账（表10－91）。

表10－91

<u>制造费用</u> 明细分类账

<table>
<tr><th colspan="2">201×年</th><th rowspan="3">凭证编号</th><th rowspan="3">摘要</th><th colspan="54">借方</th><th colspan="9" rowspan="2">贷方</th><th colspan="9" rowspan="2">余额</th></tr>
<tr><th rowspan="2">月</th><th rowspan="2">日</th><th colspan="9">修理费</th><th colspan="9">工资福利费</th><th colspan="9">折旧费</th><th colspan="9">水电费</th><th colspan="9">其他</th><th colspan="9">合计</th></tr>
<tr><th>百</th><th>十</th><th>万</th><th>千</th><th>百</th><th>十</th><th>元</th><th>角</th><th>分</th><th>百</th><th>十</th><th>万</th><th>千</th><th>百</th><th>十</th><th>元</th><th>角</th><th>分</th><th>百</th><th>十</th><th>万</th><th>千</th><th>百</th><th>十</th><th>元</th><th>角</th><th>分</th><th>百</th><th>十</th><th>万</th><th>千</th><th>百</th><th>十</th><th>元</th><th>角</th><th>分</th><th>百</th><th>十</th><th>万</th><th>千</th><th>百</th><th>十</th><th>元</th><th>角</th><th>分</th><th>百</th><th>十</th><th>万</th><th>千</th><th>百</th><th>十</th><th>元</th><th>角</th><th>分</th><th>百</th><th>十</th><th>万</th><th>千</th><th>百</th><th>十</th><th>元</th><th>角</th><th>分</th><th>百</th><th>十</th><th>万</th><th>千</th><th>百</th><th>十</th><th>元</th><th>角</th><th>分</th></tr>
<tr><td></td><td></td><td></td><td></td><td></td><td></td><td></td><td></td><td></td><td></td><td></td><td></td><td></td><td></td><td></td><td></td><td></td><td></td><td></td><td></td><td></td><td></td><td></td><td></td><td></td><td></td><td></td><td></td><td></td><td></td><td></td><td></td><td></td><td></td><td></td><td></td><td></td><td></td><td></td><td></td><td></td><td></td><td></td><td></td><td></td><td></td><td></td><td></td><td></td><td></td><td></td><td></td><td></td><td></td><td></td><td></td><td></td><td></td><td></td><td></td><td></td><td></td><td></td><td></td><td></td><td></td><td></td><td></td><td></td><td></td><td></td><td></td><td></td><td></td><td></td><td></td></tr>
<tr><td></td><td></td><td></td><td></td><td></td><td></td><td></td><td></td><td></td><td></td><td></td><td></td><td></td><td></td><td></td><td></td><td></td><td></td><td></td><td></td><td></td><td></td><td></td><td></td><td></td><td></td><td></td><td></td><td></td><td></td><td></td><td></td><td></td><td></td><td></td><td></td><td></td><td></td><td></td><td></td><td></td><td></td><td></td><td></td><td></td><td></td><td></td><td></td><td></td><td></td><td></td><td></td><td></td><td></td><td></td><td></td><td></td><td></td><td></td><td></td><td></td><td></td><td></td><td></td><td></td><td></td><td></td><td></td><td></td><td></td><td></td><td></td><td></td><td></td><td></td><td></td></tr>
<tr><td></td><td></td><td></td><td></td><td></td><td></td><td></td><td></td><td></td><td></td><td></td><td></td><td></td><td></td><td></td><td></td><td></td><td></td><td></td><td></td><td></td><td></td><td></td><td></td><td></td><td></td><td></td><td></td><td></td><td></td><td></td><td></td><td></td><td></td><td></td><td></td><td></td><td></td><td></td><td></td><td></td><td></td><td></td><td></td><td></td><td></td><td></td><td></td><td></td><td></td><td></td><td></td><td></td><td></td><td></td><td></td><td></td><td></td><td></td><td></td><td></td><td></td><td></td><td></td><td></td><td></td><td></td><td></td><td></td><td></td><td></td><td></td><td></td><td></td><td></td><td></td></tr>
<tr><td></td><td></td><td></td><td></td><td></td><td></td><td></td><td></td><td></td><td></td><td></td><td></td><td></td><td></td><td></td><td></td><td></td><td></td><td></td><td></td><td></td><td></td><td></td><td></td><td></td><td></td><td></td><td></td><td></td><td></td><td></td><td></td><td></td><td></td><td></td><td></td><td></td><td></td><td></td><td></td><td></td><td></td><td></td><td></td><td></td><td></td><td></td><td></td><td></td><td></td><td></td><td></td><td></td><td></td><td></td><td></td><td></td><td></td><td></td><td></td><td></td><td></td><td></td><td></td><td></td><td></td><td></td><td></td><td></td><td></td><td></td><td></td><td></td><td></td><td></td><td></td></tr>
<tr><td></td><td></td><td></td><td></td><td></td><td></td><td></td><td></td><td></td><td></td><td></td><td></td><td></td><td></td><td></td><td></td><td></td><td></td><td></td><td></td><td></td><td></td><td></td><td></td><td></td><td></td><td></td><td></td><td></td><td></td><td></td><td></td><td></td><td></td><td></td><td></td><td></td><td></td><td></td><td></td><td></td><td></td><td></td><td></td><td></td><td></td><td></td><td></td><td></td><td></td><td></td><td></td><td></td><td></td><td></td><td></td><td></td><td></td><td></td><td></td><td></td><td></td><td></td><td></td><td></td><td></td><td></td><td></td><td></td><td></td><td></td><td></td><td></td><td></td><td></td><td></td></tr>
<tr><td></td><td></td><td></td><td></td><td></td><td></td><td></td><td></td><td></td><td></td><td></td><td></td><td></td><td></td><td></td><td></td><td></td><td></td><td></td><td></td><td></td><td></td><td></td><td></td><td></td><td></td><td></td><td></td><td></td><td></td><td></td><td></td><td></td><td></td><td></td><td></td><td></td><td></td><td></td><td></td><td></td><td></td><td></td><td></td><td></td><td></td><td></td><td></td><td></td><td></td><td></td><td></td><td></td><td></td><td></td><td></td><td></td><td></td><td></td><td></td><td></td><td></td><td></td><td></td><td></td><td></td><td></td><td></td><td></td><td></td><td></td><td></td><td></td><td></td><td></td><td></td></tr>
<tr><td></td><td></td><td></td><td></td><td></td><td></td><td></td><td></td><td></td><td></td><td></td><td></td><td></td><td></td><td></td><td></td><td></td><td></td><td></td><td></td><td></td><td></td><td></td><td></td><td></td><td></td><td></td><td></td><td></td><td></td><td></td><td></td><td></td><td></td><td></td><td></td><td></td><td></td><td></td><td></td><td></td><td></td><td></td><td></td><td></td><td></td><td></td><td></td><td></td><td></td><td></td><td></td><td></td><td></td><td></td><td></td><td></td><td></td><td></td><td></td><td></td><td></td><td></td><td></td><td></td><td></td><td></td><td></td><td></td><td></td><td></td><td></td><td></td><td></td><td></td><td></td></tr>
</table>

5. 依据8、18、20、21号记账凭证登记“生产成本”明细账（表10－92）。

表10－92

生产成本 明细分类账

产品名称：亚麻床品　　上月投产数量：0套　　本月投产数量：2 000套　　本月入库：2 000套　　单位：元

201×年		凭证编号	摘要	合计									成本项目																																			
月	日												直接材料									直接人工									制造费用									其他								
				百	十	万	千	百	十	元	角	分	百	十	万	千	百	十	元	角	分	百	十	万	千	百	十	元	角	分	百	十	万	千	百	十	元	角	分	百	十	万	千	百	十	元	角	分
			月初在产品成本																																													
			领用材料																																													
			分配工资																																													
			分配制造费用																																													
			生产费用合计																																													
			转出完工产品成本																																													
			月末在产品成本																																													

6. 依据6、7、22、23号记账凭证登记“应交税费（增值税）”明细账（表10－93）。

表10－93

应交税费（增值税） 明细分类账

201×年		凭证编号	摘要	借方																																		贷方																																			
月	日			合计									进项税额									已交税金									转出未交增值税									合计									销项税额									出口退税									进项税额转出								
				百	十	万	千	百	十	元	角	分	百	十	万	千	百	十	元	角	分	百	十	万	千	百	十	元	角	分	百	十	万	千	百	十	元	角	分	百	十	万	千	百	十	元	角	分	百	十	万	千	百	十	元	角	分	百	十	万	千	百	十	元	角	分	百	十	万	千	百	十	元	角	分

7. 依据 3 号记账凭证登记“固定资产”明细账（表 10－94）。

表 10－94

固定资产 明细账

年		凭证编号		摘要	增加			减少			余额
					外购	…	合计	出售	…	合计	
月	日	字	号		百十万千百十元角分	百十万千百十元角分	百十万千百十元角分	百十万千百十元角分	百十万千百十元角分	百十万千百十元角分	百十万千百十元角分

四、横线登记式明细分类账

1. 依据 11、12 号记账凭证登记“其他应收款”明细账（表 10－95）。

表 10－95

其他应收款——备用金 明细分类账

201×年		凭证编号	摘要	户名	借方			201×年		凭证编号	贷方			余额
					原借	补付	合计				报销金额	收回金额	合计	
月	日				万千百十元角分	万千百十元角分	万千百十元角分	月	日		万千百十元角分	万千百十元角分	万千百十元角分	万千百十元角分

2. 依据 7、13 号记账凭证登记“材料采购”明细账（表 10－96）。

表 10－96

在途物资 明细分类账

201×年		凭证编号	摘要	借方金额			贷方金额					结余金额
				买价	采购费用	合计	年		凭证编号	摘要	金额	
月	日			百十万千百十元角分	百十万千百十元角分	百十万千百十元角分	月	日			百十万千百十元角分	百十万千百十元角分

第三部分　登记总分类账实训

本实训采用科目汇总表账务处理程序登记总账，即根据记账凭证汇总编制科目汇总表（表10－97），再根据科目汇总表登记总账。由于本实训所选经济业务较少，因此，汇总的时间为一个月，即全月进行一次科目汇总。

表10－97　　科目汇总表

201×年1月1日至31日

会计科目	总账页数	借方发生额	贷方发生额	记账凭证起讫号数
库存现金	略			1－31号
银行存款				
其他应收款				
在途物资				
原材料				
生产成本				
制造费用				
库存商品				
固定资产				
累计折旧				
短期借款				
应付职工薪酬				
应交税费				
长期借款				
实收资本				
本年利润				
主营业务收入				
主营业务成本				
营业税金及附加				
管理费用				
销售费用				
财务费用				
所得税费用				
合　计				

依据编制完成的科目汇总表登记总账。总账的格式一般采用三栏式（见表10－98至表10－120）。

表 10－98 总　分　类　账

会计科目：库存现金

201×年		凭证编号	摘要	借方										贷方										借或贷	余额									
月	日			千	百	十	万	千	百	十	元	角	分	千	百	十	万	千	百	十	元	角	分		千	百	十	万	千	百	十	元	角	分
1	1		期初余额																													0		

表 10－99 总　分　类　账

会计科目：银行存款

201×年		凭证编号	摘要	借方										贷方										借或贷	余额									
月	日			千	百	十	万	千	百	十	元	角	分	千	百	十	万	千	百	十	元	角	分		千	百	十	万	千	百	十	元	角	分
1	1		期初余额																													0		

表 10－100 总　分　类　账

会计科目：其他应收款

201×年		凭证编号	摘要	借方										贷方										借或贷	余额									
月	日			千	百	十	万	千	百	十	元	角	分	千	百	十	万	千	百	十	元	角	分		千	百	十	万	千	百	十	元	角	分
1	1		期初余额																													0		

表 10－101 总　分　类　账

会计科目：在途物资

201×年		凭证编号	摘要	借方										贷方										借或贷	余额									
月	日			千	百	十	万	千	百	十	元	角	分	千	百	十	万	千	百	十	元	角	分		千	百	十	万	千	百	十	元	角	分
1	1		期初余额																													0		

表 10－102 总　分　类　账

会计科目：原材料

201×年		凭证编号	摘要	借方										贷方										借或贷	余额									
月	日			千	百	十	万	千	百	十	元	角	分	千	百	十	万	千	百	十	元	角	分		千	百	十	万	千	百	十	元	角	分
1	1		期初余额																													0		

表 10－103 **总　分　类　账**

会计科目：生产成本

201×年		凭证编号	摘要	借方										贷方										借或贷	余额									
月	日			千	百	十	万	千	百	十	元	角	分	千	百	十	万	千	百	十	元	角	分		千	百	十	万	千	百	十	元	角	分
1	1		期初余额																													0		

表 10－104 **总　分　类　账**

会计科目：制造费用

201×年		凭证编号	摘要	借方										贷方										借或贷	余额									
月	日			千	百	十	万	千	百	十	元	角	分	千	百	十	万	千	百	十	元	角	分		千	百	十	万	千	百	十	元	角	分
1	1		期初余额																													0		

表 10－105 **总　分　类　账**

会计科目：库存商品

201×年		凭证编号	摘要	借方										贷方										借或贷	余额									
月	日			千	百	十	万	千	百	十	元	角	分	千	百	十	万	千	百	十	元	角	分		千	百	十	万	千	百	十	元	角	分
1	1		期初余额																													0		

表 10－106 **总　分　类　账**

会计科目：固定资产

201×年		凭证编号	摘要	借方										贷方										借或贷	余额									
月	日			千	百	十	万	千	百	十	元	角	分	千	百	十	万	千	百	十	元	角	分		千	百	十	万	千	百	十	元	角	分
1	6		期初余额																													0		

表 10－107 **总　分　类　账**

会计科目：累计折旧

201×年		凭证编号	摘要	借方										贷方										借或贷	余额									
月	日			千	百	十	万	千	百	十	元	角	分	千	百	十	万	千	百	十	元	角	分		千	百	十	万	千	百	十	元	角	分
1	1		期初余额																													0		

表 10－108　　**总 分 类 账**

会计科目：短期借款

201×年		凭证编号	摘要	借方										贷方										借或贷	余额									
月	日			千	百	十	万	千	百	十	元	角	分	千	百	十	万	千	百	十	元	角	分		千	百	十	万	千	百	十	元	角	分
1	1		期初余额																													0		

表 10－109　　**总 分 类 账**

会计科目：应付职工薪酬

201×年		凭证编号	摘要	借方										贷方										借或贷	余额									
月	日			千	百	十	万	千	百	十	元	角	分	千	百	十	万	千	百	十	元	角	分		千	百	十	万	千	百	十	元	角	分
1	1		期初余额																													0		

表 10－110　　**总 分 类 账**

会计科目：应交税费

201×年		凭证编号	摘要	借方										贷方										借或贷	余额									
月	日			千	百	十	万	千	百	十	元	角	分	千	百	十	万	千	百	十	元	角	分		千	百	十	万	千	百	十	元	角	分
1	1		期初余额																													0		

表 10－111　　**总 分 类 账**

会计科目：长期借款

201×年		凭证编号	摘要	借方										贷方										借或贷	余额									
月	日			千	百	十	万	千	百	十	元	角	分	千	百	十	万	千	百	十	元	角	分		千	百	十	万	千	百	十	元	角	分
1	1		期初余额																													0		

表 10－112　　**总 分 类 账**

会计科目：实收资本

201×年		凭证编号	摘要	借方										贷方										借或贷	余额									
月	日			千	百	十	万	千	百	十	元	角	分	千	百	十	万	千	百	十	元	角	分		千	百	十	万	千	百	十	元	角	分
1	1		期初余额																													0		

表 10－113 总 分 类 账

会计科目：本年利润

201×年		凭证编号	摘要	借方										贷方										借或贷	余额									
月	日			千	百	十	万	千	百	十	元	角	分	千	百	十	万	千	百	十	元	角	分		千	百	十	万	千	百	十	元	角	分
1	1		期初余额																													0		

表 10－114 总 分 类 账

会计科目：主营业务收入

201×年		凭证编号	摘要	借方										贷方										借或贷	余额									
月	日			千	百	十	万	千	百	十	元	角	分	千	百	十	万	千	百	十	元	角	分		千	百	十	万	千	百	十	元	角	分

表 10－115 总 分 类 账

会计科目：主营业务成本

201×年		凭证编号	摘要	借方										贷方										借或贷	余额									
月	日			千	百	十	万	千	百	十	元	角	分	千	百	十	万	千	百	十	元	角	分		千	百	十	万	千	百	十	元	角	分

表 10－116 总 分 类 账

会计科目：营业税金及附加

201×年		凭证编号	摘要	借方										贷方										借或贷	余额									
月	日			千	百	十	万	千	百	十	元	角	分	千	百	十	万	千	百	十	元	角	分		千	百	十	万	千	百	十	元	角	分

表 10－117 总 分 类 账

会计科目：管理费用

201×年		凭证编号	摘要	借方										贷方										借或贷	余额									
月	日			千	百	十	万	千	百	十	元	角	分	千	百	十	万	千	百	十	元	角	分		千	百	十	万	千	百	十	元	角	分

表 10－118 总 分 类 账

会计科目：销售费用

201×年		凭证编号	摘要	借方										贷方										借或贷	余额									
月	日			千	百	十	万	千	百	十	元	角	分	千	百	十	万	千	百	十	元	角	分		千	百	十	万	千	百	十	元	角	分

表 10－119　　　　　　　　　　　　**总　分　类　账**

会计科目：财务费用

201×年		凭证编号	摘要	借方										贷方										借或贷	余额									
月	日			千	百	十	万	千	百	十	元	角	分	千	百	十	万	千	百	十	元	角	分		千	百	十	万	千	百	十	元	角	分

表 10－120　　　　　　　　　　　　**总　分　类　账**

会计科目：所得税费用

201×年		凭证编号	摘要	借方										贷方										借或贷	余额									
月	日			千	百	十	万	千	百	十	元	角	分	千	百	十	万	千	百	十	元	角	分		千	百	十	万	千	百	十	元	角	分

第四部分　进行试算平衡和对账

根据总账和有关明细账账户发生额及余额情况编制试算平衡表（见表 10－121），并将总账与相关明细账进行对账。

表 10－121　　　　　　**总分类账户本期发生额及余额试算平衡表**

201×年 1 月 31 日　　　　　　　　　　　　单位：元

账户名称	期初余额		本期发生额		期末余额	
	借方	贷方	借方	贷方	借方	贷方
库存现金	0					
银行存款	0					
其他应收款	0					
材料采购	0					
原材料	0					
生产成本	0					
制造费用	0					
库存商品	0					
固定资产	0					
累计折旧		0				
短期借款		0				
应付职工薪酬		0				
应交税费		0				
长期借款		0				
实收资本		0				
本年利润						

续表

账户名称	期初余额		本期发生额		期末余额	
	借方	贷方	借方	贷方	借方	贷方
主营业务收入						
主营业务成本						
营业税金及附加						
管理费用						
销售费用						
财务费用						
所得税费用						
合计						

第四节　会计基础综合实训业务（三）

实训目的：

通过实训，学会编制资产负债表和利润表。

实训要求：

根据第三节提供的账簿资料，完成会计报表的编制。

实训资料：

本节实训共分为两个部分：一是资产负债表的编制实训；二是利润表的编制实训。

第一部分　编制资产负债表实训

根据有关总账账户余额情况编制资产负债表（表 10－122）。

表 10－122　　　　资产负债表（简表）　　　　会企 01 表

编制单位：兴业纺织品有限公司　　　　201×年 1 月 31 日　　　　单位：元

资产	期末余额	年初余额	负债及所有者权益	期末余额	年初余额
流动资产：			流动负债：		
货币资金			短期借款		
应收票据			应付票据		
应收账款			应付账款		
预付款项			预收款项		
应收股利			应付职工薪酬		

续表

资产	期末余额	年初余额	负债及所有者权益	期末余额	年初余额
其他应收款			应交税费		
存货			应付股利		
流动资产合计			其他应付款		
非流动资产：			流动负债合计		
长期股权投资			非流动负债：		
固定资产			长期借款		
在建工程			非流动负债合计		
工程物资			负债合计		
固定资产清理			所有者权益：		
无形资产			实收资本		
长期待摊费用			资本公积		
非流动资产合计			盈余公积		
			未分配利润		
			所有者权益合计		
资产总计			负债和所有者权益总计		

第二部分　编制利润表实训

根据有关总账账户发生额情况编制利润表（表 10－123），计算本年利润。

表 10－123　　**利润表**（简表）　　会企 02 表

编制单位：兴业纺织品有限公司　　201×年 1 月　　单位：元

项　　目	本期金额	上期金额
一、营业收入		
减：营业成本		
营业税金及附加		
销售费用		
管理费用		
财务费用		
加：投资收益（净损失以“－”号填列）		
二、营业利润（亏损以“－”号填列）		
加：营业外收入		
减：营业外支出		
三、利润总额（亏损总额以“－”号填列）		
减：所得税费用		
四、净利润（净亏损以“－”号填列）		

附录：

《小企业会计制度》与《企业会计准则》主要会计科目对比

《小企业会计制度》	《企业会计准则》
现金	库存现金
短期投资	交易性金融资产
应收账款	应收账款 预收账款
长期股权投资	长期股权投资 长期股权投资减值准备
长期债权投资	持有至到期投资 持有至到期投资减值准备
应收股息	应收股利 应收利息
物资采购	材料采购
材料	原材料
低值易耗品	周转材料
待摊费用	科目表中没有但企业根据需要可以增设或在“预付账款”中核算
无形资产	无形资产 累计摊销 商　誉
应付账款	应付账款 预付账款
应付福利费 应付工资	应付职工薪酬
应交税金 其他应交款	应交税费

应付利润……………………………………………… 应付股利

预提费用……………………………………………… 科目表中没有，预提利息可在“应付利息”中核算

其他业务支出………………………………………… 其他业务成本

主营业务税金及附加………………………………… 营业税金及附加

营业费用……………………………………………… 销售费用

所得税………………………………………………… 所得税费用

参考文献

1. 中华人民共和国财政部制定的《企业会计准则》，经济科学出版社2006年版。

2. 中华人民共和国财政部制定的《企业会计准则——应用指南》，中国财政经济出版社2006年版。

3. 财政部会计资格评价中心编写的《初级会计实务》《中级会计实务》，中国财政经济出版社2008年版。

4. 中华人民共和国财政部制定的《2009年全国初级会计专业技术资格考试大纲》，中国财政经济出版社2008年版。

5. 中华人民共和国财政部制定的《会计从业资格考试大纲》，经济科学出版社2008年版。

6. 张玉森、陈伟清主编的中等职业教育国家规划教材《基础会计》，高等教育出版社2007年版。

7. 葛家澍新编财务与会计培训丛书《会计业务轻松过关》，企业管理出版社2006年版。

8. 李海波新编《基础会计》，立信会计出版社2006年版。